分野別
漢検 でる順 問題集

旺文社

目次

でる順 Ⓒランク

予想問題

別冊付録

編集協力　有限会社アリエッタ・株式会社研文社・株式会社友人社・榊原久仁子
本文デザイン　伊藤幸恵・作間達也
本文イラスト　三木謙次

漢字検定（漢検）とは

本書が目指す「漢字検定（漢検）」とは、公益財団法人日本漢字能力検定協会が主催する「日本漢字能力検定」のことです。漢字検定は1級から、準1級・準2級を含む10級までの12段階に分かれています。

●受検資格

年齢・学歴などにかかわらず、だれが何級を受検してもかまいません。検定時間が異なれば4つの級まで受検できます。受検には個人受検と団体受検があります（詳しくは10ページ）。

●出題対象となる漢字

漢字検定では、それぞれの級に定められた出題範囲があります。それぞれの級で新たに出題対象となる漢字を配当漢字といい、当該級はそれ以下の級の配当漢字も出題範囲に含まれることが原則です。

準1級では、小・中・高校で習う常用漢字2136字と、準1級対象漢字の、約3000字が出題の対象となります。

●問い合わせ先

公益財団法人　日本漢字能力検定協会

本　部　〒605－0074
京都府京都市東山区祇園町南側 551 番地
TEL. 075－757－8600
FAX. 075－532－1110

東京事務所　〒108－0023
東京都港区芝浦 3 丁目 17－11　天翔田町ビル 6 階

URL　https://www.kanken.or.jp/

●漢字検定準1級の審査基準

程度	常用漢字を含めて、約3000字の漢字の音・訓を理解し、文章の中で適切に使える。
領域・内容	**《読むことと書くこと》** 常用漢字の音・訓を含めて、約3000字の漢字の読み書きに慣れ、文章の中で適切に使える。 ・熟字訓、当て字を理解していること ・対義語、類義語、同音・同訓異字などを理解していること ・国字を理解していること(峠、凧、畠　など) ・複数の漢字表記について理解していること(國―国、交叉―交差　など) **《四字熟語・故事・諺》** 典拠のある四字熟語、故事成語・諺を正しく理解している。 **《古典的文章》** 古典的文章の中での漢字・漢語を理解している。

●漢字検定準1級の採点基準

字の書き方	正しい筆画で明確に書きましょう。くずした字や乱雑な書き方は採点の対象外です。
字種・字体	1級および準1級の解答は、『漢検要覧1／準1級対応』(公益財団法人日本漢字能力検定協会発行)に示す「標準字体」「許容字体」「旧字体一覧表」によります。 ※1級および準1級の解答は、問題文にとくに指定がなければ、旧字体を用いて答えてもかまいません。 ※準1級の解答は、1級配当漢字で答えてもかまいません。
読み	①2～10級の解答は、内閣告示「常用漢字表」(平成22年)によります。 ②1級および準1級の解答には、①の規定は適用されません。
仮名遣い	内閣告示「現代仮名遣い」によります。
送り仮名	内閣告示「送り仮名の付け方」によります。
合格基準	合格のめやすは、正答率80%程度です。200点満点ですから、160点以上とれれば合格の可能性大です。

●おもな対象学年と出題内容　※2023年 11 月現在

<table>
<tr><th>内容／級</th><th>レベル</th><th>漢字の書取</th><th>誤字訂正</th><th>同音・同訓異字</th><th>四字熟語</th><th>対義語・類義語</th><th>送り仮名</th><th>熟語の構成</th><th>部首・部首名</th><th>故事・諺</th><th>漢字の読み</th><th>検定時間</th><th>検定料</th></tr>
<tr><td rowspan="2">1</td><td rowspan="2">大学
・
一般程度</td><td>○</td><td>○</td><td>○</td><td>○</td><td>○</td><td></td><td></td><td></td><td>○</td><td>○</td><td rowspan="2">60 分</td><td rowspan="2">6000 円</td></tr>
<tr><td colspan="10">《対象漢字数》
約 6000 字（常用漢字 2136 字＋
1 級・準 1 級対象漢字）
※常用漢字表に示されたもの以外の読みを含む。</td></tr>
<tr><td rowspan="2">準1</td><td rowspan="2">大学
・
一般程度</td><td>○</td><td>○</td><td>○</td><td>○</td><td>○</td><td></td><td></td><td></td><td>○</td><td>○</td><td rowspan="2">60 分</td><td rowspan="2">5500 円</td></tr>
<tr><td colspan="10">《対象漢字数》
約 3000 字（常用漢字 2136 字＋準 1 級対象漢字）
※常用漢字表に示されたもの以外の読みを含む。</td></tr>
<tr><td rowspan="2">2</td><td rowspan="2">高校卒業
・
大学
・
一般程度</td><td>○</td><td>○</td><td>○</td><td>○</td><td>○</td><td>○</td><td>○</td><td>○</td><td></td><td>○</td><td rowspan="2">60 分</td><td rowspan="2">4500 円</td></tr>
<tr><td colspan="10">《対象漢字数》
2136 字（準 2 級までの対象漢字 1951 字＋
2 級配当漢字 185 字）
※高等学校で習う読みを含む</td></tr>
<tr><td rowspan="2">準2</td><td rowspan="2">高校在学
程度</td><td>○</td><td>○</td><td>○</td><td>○</td><td>○</td><td>○</td><td>○</td><td>○</td><td></td><td>○</td><td rowspan="2">60 分</td><td rowspan="2">3500 円</td></tr>
<tr><td colspan="10">《対象漢字数》
1951 字（3 級までの対象漢字 1623 字＋
準 2 級配当漢字 328 字）
※高等学校で習う読みを含む</td></tr>
</table>

※内容は変更されることがありますので、日本漢字能力検定協会のホームページをご確認ください。

特長① でる順が最短ルートでの合格を実現する

合格に必要な実力養成のために、過去の検定試験で実際に出題された漢字を約10年分、独自にコンピュータで分析し、よくでる順に編集・構成しました。同じ対象漢字でも、出題用例ごとに頻度を分析しましたので、効果的な学習が可能です。

特長② 新審査基準にもしっかり対応

漢検協会では、2012年度第1回試験より審査基準の変更をおこなっています。そこでこの本では、最新の試験問題を分析し、試験本番で戸惑わないように新審査基準に対応した問題を収録しました。

※漢検協会では、予告なく出題形式や問題数の変更をおこなう可能性があることを公表していますので、必ずしもこのままの形で出題されるとは限りません。

特長③ 本番形式の予想問題付き

検定試験の対策として、本番形式の予想問題を3回分収録しています。この予想問題は、過去に実際に出題された問題を分析して考えられる出題形式を収録しました。学習の総仕上げなので、時間をきちんと計って取り組んでください。

特長④ 実戦的な漢字資料付き—別冊付録

「準1級漢字表」「覚えておきたい表外読み」「覚えておきたい四字熟語」「覚えておきたい故事・成語・諺」「部首索引」を、見やすい形で別冊に収録しています。

学習の基礎資料としてはもちろん、別冊に収録しているので持ち運びもしやすく、検定会場での直前チェックにも使えます。

●解答について

準1級の解答は、1級配当漢字で解答してもかまいません。「書き取り」「誤字訂正」「故事・諺」「文章題」にて、(　)で示した解答は1級の漢字となっています。「対義語・類義語」にて、(　)で示した熟語は、1級の漢字を使った熟語となっています。また、本書の解答は試験の標準解答によります。

※本書では、文章問題等で現在では不適切と受け取られる可能性がある表現が見られる場合もありますが、原典の表現を尊重し、そのままの形で掲載しております。

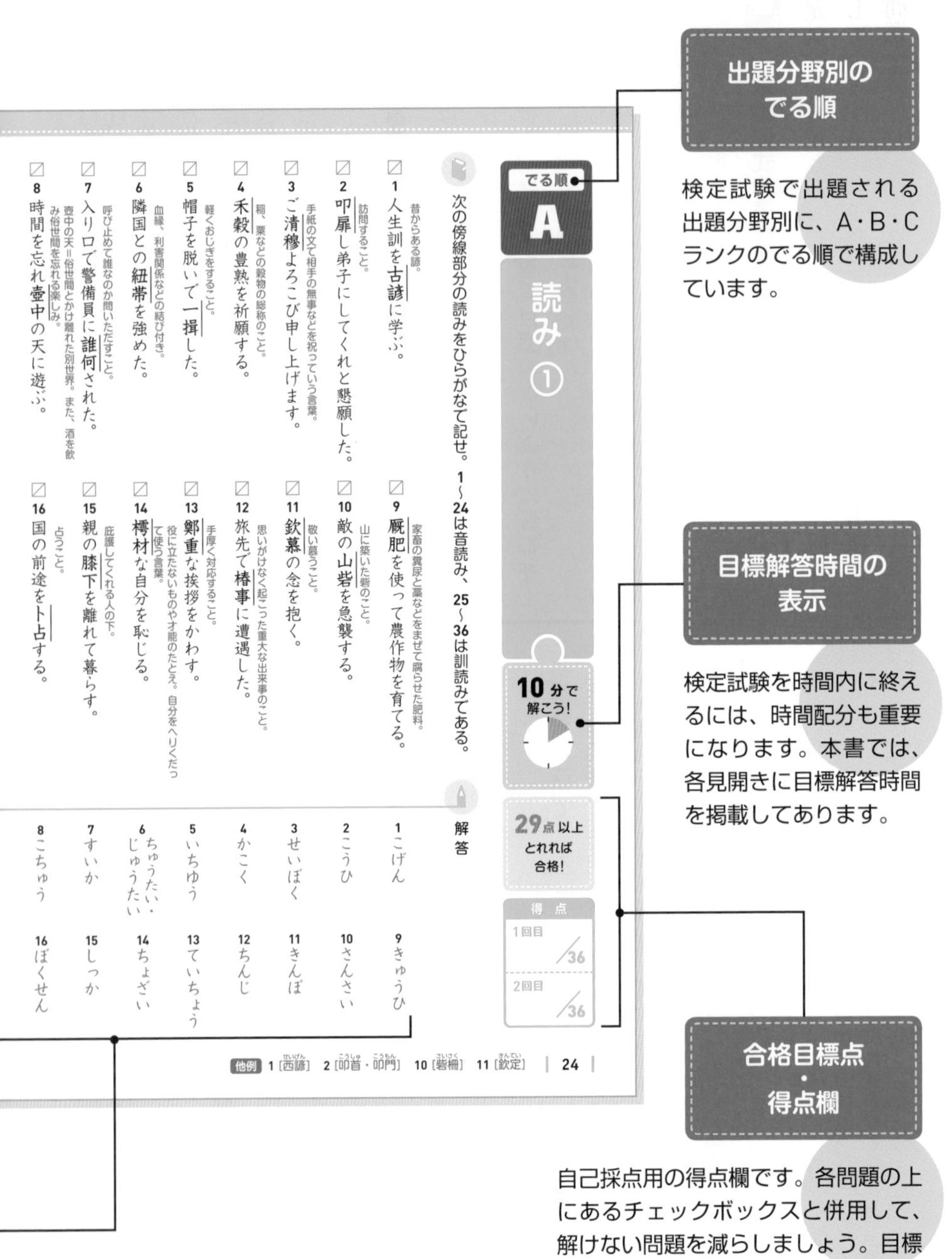
でる順
A
読み ①
次の傍線部分の読みをひらがなで記せ。1～24は音読み、25～36は訓読みである。
1 人生訓を古諺に学ぶ。
昔からある諺。
2 叩扉し弟子にしてくれと懇願した。
訪問すること。
3 ご清穆よろこび申し上げます。
手紙の文で相手の無事などを祝っていう言葉。
4 禾穀の豊熟を祈願する。
稲、粟などの穀物の総称のこと。
5 帽子を脱いで一揖した。
軽くおじぎをすること。
6 隣国との紐帯を強めた。
血縁、利害関係などの結び付き。
7 入り口で警備員に誰何された。
呼び止めて誰なのか問いただすこと。
8 時間を忘れ壺中の天に遊ぶ。
壺中の天＝俗世間とかけ離れた別世界。また、酒を飲み俗世間を忘れる楽しみ。
9 厩肥を使って農作物を育てる。
家畜の糞尿と藁などをまぜて腐らせた肥料。
10 敵の山砦を急襲する。
山に築いた砦のこと。
11 欽慕の念を抱く。
敬い慕うこと。
12 旅先で椿事に遭遇した。
思いがけなく起こった重大な出来事のこと。
13 鄭重な挨拶をかわす。
手厚く対応すること。
14 樗材な自分を恥じる。
役に立たないものや才能のたとえ。自分をへりくだって使う言葉。
15 親の膝下を離れて暮らす。
庇護してくれる人の下。
16 国の前途を卜占する。
占うこと。
10分で解こう！
29点以上とれれば合格！
得点
1回目 /36
2回目 /36
解答
1 こげん
2 こうひ
3 せいぼく
4 かこく
5 いちゆう
6 ちゅうたい・じゅうたい
7 すいか
8 こちゅう
9 きゅうひ
10 さんさい
11 きんぼ
12 ちんじ
13 ていちょう
14 ちょざい
15 しっか
16 ぼくせん
他例 1［西諺］ 2［叩首・叩門］ 10［砦柵］ 11［欽定］
24

出題分野別のでる順

検定試験で出題される出題分野別に、A・B・Cランクのでる順で構成しています。

目標解答時間の表示

検定試験を時間内に終えるには、時間配分も重要になります。本書では、各見開きに目標解答時間を掲載してあります。

合格目標点・得点欄

自己採点用の得点欄です。各問題の上にあるチェックボックスと併用して、解けない問題を減らしましょう。目標得点は全体の8割です。

Aランク…… 検定試験で必ずといっていいほど出題される最重要問題

Bランク…… 検定試験でよくねらわれる合否を左右する重要問題

Cランク…… 出題される頻度は低いものの実力に差をつける問題

読み ①

表外の読み

熟語の読み

共通の漢字

書き取り

誤字訂正

四字熟語

対義語・類義語

故事・諺

文章題

17 年始は荏苒として日を過ごした。
何もせず月日が過ぎゆくこと。

18 典刑は夙昔に在り。
昔から現在までの間。

19 禿筆を使い続ける。
穂先の擦り切れてしまった筆。

20 去住彼此消息無し。
あれとこれ。あれこれ。

21 二〇一〇年は庚寅の年だった。
干支の一つで、二十七番目の組み合わせ。

22 女性をめぐって隙を生じる。
仲たがい。

23 侃侃の議論を続ける。
信念を曲げない剛直なさま。

24 老妓が若い芸子に踊りを仕込む。
歌舞音曲など宴席に興を添えることを仕事としている、年をとった女性のこと。

25 籾の状態で保存する。
外皮をとる前の米。

26 荒れていた波が凪いできた。
凪ぐ＝風や波が静かになる。

27 心に積もった憎しみの澱が消える。
吐き出せず心に積もったもの。

28 犯人は鞄を掠めて逃走した。
掠める＝奪いとる。

29 山の硲に生まれ育った里がある。
物と物の間の狭い場所。谷間。

30 坐に故国の母が思い出される。
理由もなく。

31 あえて大変な岨道を選んだ。
険しい山道のこと。

32 栂の林に遊歩道が整備された。
マツ科の常緑高木。

33 蔀を上げて風通しをよくする。
寝殿造りなどで使われる、格子を付けた戸のこと。

34 愛馬の鐙を取りかえる。
馬の鞍の両脇に付けて足を踏みかけて使う馬具。

35 鴫が日本に渡ってきた。
チドリ目の鳥。

36 廃屋の沓石を再利用する。
柱や縁の束柱の下に据える石のこと。

17 じんぜん　18 しゅくせき　19 とくひつ　20 ひし　21 こういん　22 げき　23 かんかん　24 ろうぎ　25 もみ　26 な

27 おり　28 かす　29 はざま　30 そぞろ　31 そばみち・そわみち　32 つが・とが　33 しとみ　34 あぶみ　35 しぎ　36 くついし

25

他例 24［舞妓・名妓］ 25［種籾・籾殻］ 26［朝凪・油凪］ 28［掠れる］ 30［坐ら］

充実した解説

学習の手助けになるように解説を充実させました。各問題で問われている熟語などには全てその文章で使用されている意味を記載しています。また、解答欄はもとより、ページの欄外にも解説を入れてあり、わざわざ辞書を使わなくてもポイントを押さえた学習が可能です。解説も赤い字で書かれており、付属の赤色シートでかくすことができます。（文語的な問題文などでは、出題漢字について口語・現代仮名遣いでの解説になっているものがあります）

赤色シートで消える解答

解答は赤い字で書かれており、付属の赤色シートでかくすことができます。このシートを使えば、同じページの中にある解答を気にすることなく学習できます。

漢字検定を受検する方法は、大きく分けて3つあります。公開会場で受ける「個人受検」と、コンピュータを使って受検する「漢検CBT」、学校や企業・塾などで一定人数以上がまとまって受ける「団体受検」です。準1級は、公開会場での「個人受検」をおこなうことになります。

公開会場

検定日……原則として毎年、6月・10月・翌年1月か2月の日曜日の年3回。申し込み期間は、検定日の約3か月前から約1か月前。

検定会場……全国主要都市および海外主要都市。

インターネットで申し込み

日本漢字能力検定協会（以下漢検協会）のホームページ（http://www.kanken.or.jp/）にアクセスし、必要事項を入力。

取り扱い書店で申し込み

取り扱い書店で願書を手に入れ、書店で検定料を支払って書店払込証書を入手。

取り扱い機関で申し込み

取り扱い書店などで願書を入手、または取り扱い機関（新聞社など）に郵送にて願書を請求。

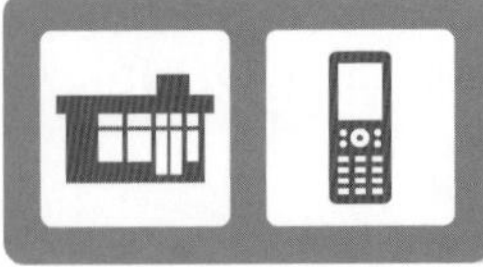

※公開会場での個人受検を申し込むには、他にもコンビニエンスストアや携帯電話を使う方法があります。

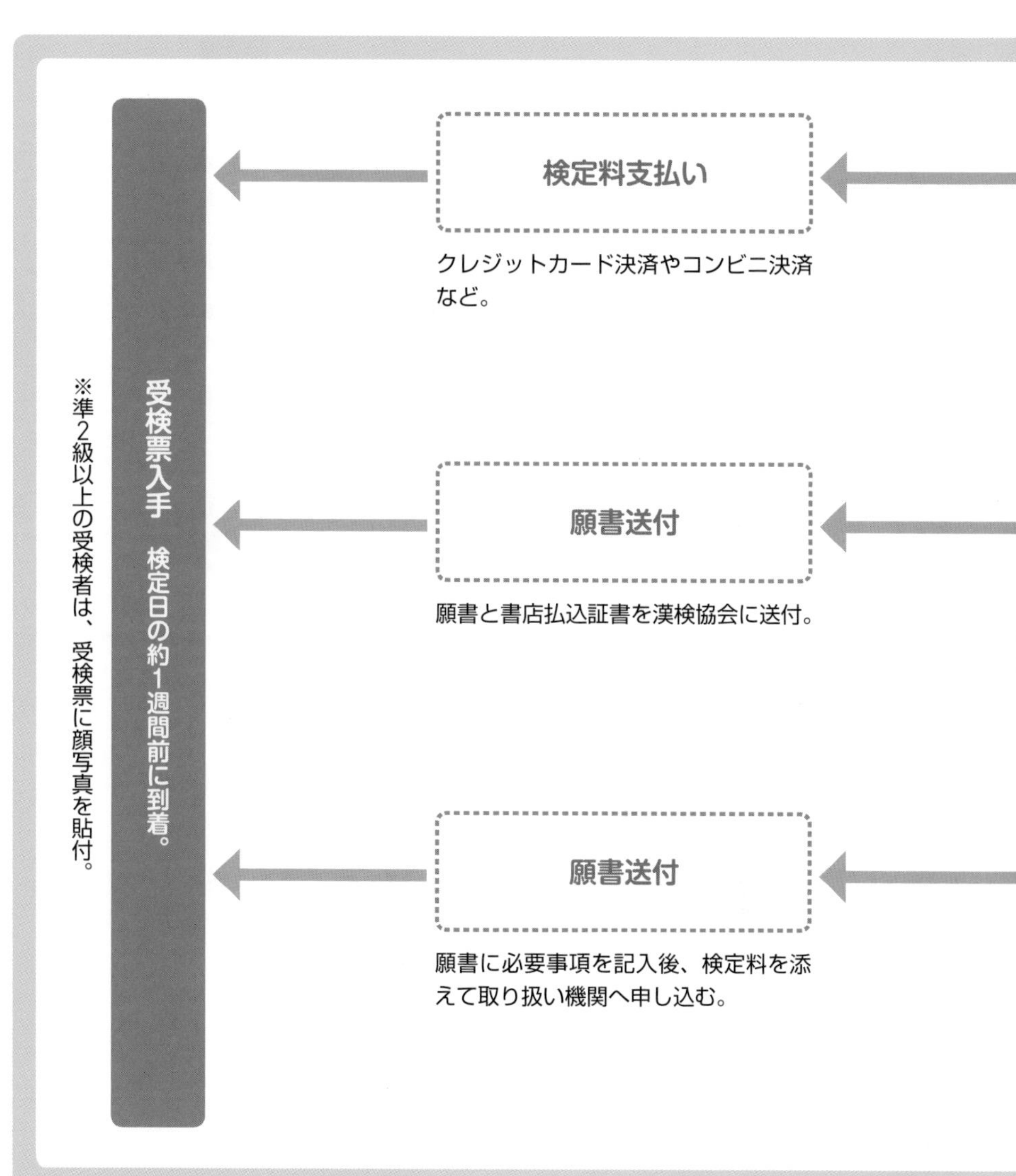

検定料支払い
クレジットカード決済やコンビニ決済など。
願書送付
願書と書店払込証書を漢検協会に送付。
願書送付
願書に必要事項を記入後、検定料を添えて取り扱い機関へ申し込む。
受検票入手　検定日の約1週間前に到着。
※準2級以上の受検者は、受検票に顔写真を貼付。

※申し込み方法に関する詳しい情報は、日本漢字能力検定協会のホームページをご確認下さい。

漢字検定　合格までの道

自分の学習レベルと審査基準を照らし合わせて、受検級を決めましょう。受検日を決めたら、『でる順問題集』で勉強を始めましょう！

三か月前

まずは最低限！

合格に最低限必要とされるAランクの問題を確実に解けるようにしよう！

確かな合格力を！

Aランクが一通り終わったら、Bランク・Cランクにステップアップ！

申し込みを忘れずに！

申し込み期間は三か月前から一か月前。忘れないように、早めに申し込んでおこう！

一か月前

一週間前

受検票をゲット！

一週間前までに受検票が送られてくる。受検会場・検定時間をしっかり確認しておこう！

予想問題で実力チェック！

巻末の予想問題で自分の弱点を確認！　全3回収録されているので、定期的に解いてみよう！

前日

試験本番は落ち着いて！

別冊を使って最後の確認を。試験本番では今までがんばった自分を信じて、あわてずしっかりと問題を解こう！
とめ・はねなどははっきりと！　時間が余ったら、見直すことも忘れずに。

試験当日

忘れ物は厳禁！

試験当日には、
①受検票（顔写真を貼付）
②消しゴム
③筆記用具（HB かBのえんぴつ、またはシャープペンシル）
④本書
を必ず持っていこう！
万年筆やボールペンは不可で、ルーペは持ち込み可となっている。

一か月後

合格の通知！

検定の約四十日後をめやすに、合格者には合格証書・合格証明書と検定結果通知が、不合格者には検定結果通知が郵送される。

次の級へチャレンジ！

見事に合格できたら、さっそく次の級の受検を考えよう！
今回と同じ方法で勉強すれば、きっと大丈夫!!

読み

配点　1点×30問

出題傾向

短文中の漢字の読みを答える問題。出題は音読み・訓読みともに、準1級配当漢字が中心。出題では、音読み（主に二字熟語）が約20問、訓読み（主に一字訓）が約10問出題される。

※本書では、問題番号1～24を音読み、25～36を訓読みで構成しています。

攻略のポイント

●音読みの問題か訓読みの問題か

漢字の中には、文章中で音読みでも訓読みでも文意が通じるものがあります。その問題において、音読みを問われているのか訓読みを問われているのかに注意しましょう。

例　笈→（音読みは「キュウ」　訓読みは「おい」）
隙→（音読みは「ゲキ」　訓読みは「すき」）

●現代仮名遣いのルールを守る

仮名遣いは内閣訓令・告示「現代仮名遣い」によります。「じ」と「ぢ」、「ず」と「づ」の使い分けなど、意外に間違って覚えている場合もあります。読みがわかっていても正確に答えられなければ不正解です。

●複数の読み方がある漢字は文脈を理解する

複数の読み方をもつ漢字の場合、読み方を変えると意味まで変わるものもあります。文脈を理解して、それに合う読み方をしましょう。

例　穿った
- （うが）…物事の真相などをたくみにとらえる。
- （ほじく・ほじ）…つつくなどし、穴をあける。

※実試験に倣った文語的な問題文では、出題漢字について口語・現代仮名遣いでの解説になっているものがあります。

表外の読み

配点　1点×10問

出題傾向

短文中の漢字の読みを答える問題。常用漢字2136字の常用漢字表に示されたもの以外の音読み・訓読みから出題される。

攻略のポイント

●表外の読みを確実に学習する

学習する時に、その漢字の読みが表外読みなのかどうか、しっかり覚えましょう。間違って常用漢字表内の読みを書かないように注意しましょう。

例　鈍る…………（表外読みは「なま（る）」。「にぶ（る）」は常用漢字表内の読み。）

細やかな…（表外読みは「ささ（やかな）」。「こま（やかな）」は常用漢字表内の読み。）

●複数の読み方がある漢字は文脈を理解する

複数の読み方をもつ漢字の場合、読み方を変えると意味まで変わるものもあります。文脈を理解して、それに合う読み方をしましょう。

例　件┬（くだん）…前に述べたこと。例の。
　　　└（くだり）…文章のある一部分。

熟語の読み

配点 1点×10問

出題傾向

二字熟語の読みと、それの語義にふさわしい一字訓の読みを答える問題。二字熟語にはほぼ準1級の漢字が含まれる。

攻略のポイント

●熟語の意味をしっかり覚える

複数の読み方をもつ一字訓に対応するため、熟語の意味を正確に覚えましょう。

例 翫弄…翫ぶ→（「がんろう」…もてあそぶこと。「もてあそ（ぶ）」。）
翫笑…翫る→（「がんしょう」…あなどりわらうこと。「あなど（る）」。）

共通の漢字

配点 2点×5問

出題傾向

二つの短文中の空欄に共通してあてはまる語（ひらがな）を、選択肢から選び常用漢字に直して答える問題。

攻略のポイント

●熟語力が問われる

比較的簡単な常用漢字を書かせる問題が多いのですが、普段聞きなれないような難しい熟語も出題されます。日頃から聞きなれない熟語に注目して、意味も確認しましょう。また、片方の空欄にあてはまるからといって即断してしまうと間違いになる場合があるので注意しましょう。

書き取り

配点　2点×20問

出題傾向

問題文中のカタカナを漢字で書く問題と、2組の短文中にある同じ読みの異なる漢字を、それぞれ書いて答える問題。準1級配当漢字を中心に常用漢字すべてから出題される。

※本書では、問題番号33～34を同音異字、35～36を同訓異字で構成しています。

攻略のポイント

●正しく明確に書く

「とめる・はねる」「突き出す・突き出さない」「つける・はなす」「画の長短」など、正しい筆画で明確に書くことが求められます。くずした字や乱雑な書き方は採点の対象外です。

例
牛…とめる（平　車）
京…はねる（守　可）
令…つける（全　命）
分…はなす（穴　公）
凄…突き出す（事　書）
急…突き出さない（当　雪）
末…上が長い（士　志）
未…上が短い（土　夫）

●総画数の多い漢字は要注意

画数の多い漢字や複雑な字体の漢字は何度も書いて覚えましょう。また、試験では許容字体でも正解となります。「蠅…蝿」や「麴…麹」など、標準字体と許容字体とを比べて覚えやすい方を使いましょう。

●同音同訓問題は漢字を使い分ける力が必要

漢字を使い分けるためには漢字の意味を知ることが近道です。同じ読みの漢字は複数あるので、日頃から同じ読みの漢字には注目して、意味も確認しましょう。問題の短文をしっかり読み、その文脈にあった熟語を選ぶことが必要です。

誤字訂正

配点　2点×5問

出題傾向

問題文中の漢字のうち、間違って使われている漢字1字を正しい漢字に書き直す問題。準1級配当漢字を中心に、常用漢字すべてから出題される。

攻略のポイント

●誤字の見つけ方

誤字を見つけるためには、文章を1字ずつ、じっくり読むことが大切です。あやしいと思う漢字が見つかった時は、漢字の意味と文脈を照らし合わせて考えるようにしましょう。誤字の種類としては次のパターンがあります。

①形が似ている漢字

例　窟・屈　梗・硬

②形も意味も違う漢字

例　藤・董・闘

四字熟語

配点　2点×15問

出題傾向

四字熟語を構成する上の2字または下の2字が空欄になっていて、そこにあてはまる語（ひらがな）を選択肢から選んで漢字に直し、四字熟語を完成させる問題（10問）と、意味から選択肢にある四字熟語を選び、傍線部分の漢字の読みを答える問題（5問）の2つが出題される。四字熟語は典拠のあるものを中心に、「拍手喝采（喝彩）」のような一般的な用語も出題される。

攻略のポイント

●四字熟語の構成を理解する

①数字が使われているもの

例　一張一弛　張三李四

②上の2字と下の2字が似た意味で対応しているもの

例　天佑（天祐）神助…天佑（天の助け）＝神助（神の助け）

③上の2字と下の2字が反対の意味で対応しているもの

例 雲集霧散…雲集（雲のように集まる）↔霧散（霧のように離れる）

④上の2字も下の2字もそれぞれの漢字が反対語で、さらに上の2字と下の2字が対になっているもの

例 出処進退…「出（外に出る）↕処（家にいる）」—「進↕退」

⑤上の2字と下の2字が主語と述語の関係のもの

例 旭日昇天…旭日「が」昇天「する」

⑥上の2字と下の2字が修飾・被修飾の関係、または連続しているもの

例 笑面夜叉…笑面の夜叉

⑦ 4つの字が対等なもの

例 規矩準縄…規＝矩＝準＝縄

●意味が複数ある四字熟語は全て覚えておく

試験では辞典に載っている第一の意味が出るとは限りません。第二の意味で出題されることもあります。しっかり覚えましょう。

例 竹頭木屑…①役立たない物のこと。
②つまらないものも役立つ時があるため、ぞんざいにしないこと。
（試験では②の意味で出題）

対義語・類義語

配点　2点×10問

対義語は、2つの語が正反対の関係にあるもの（輸入と輸出）と、正反対ではなくても対の関係にあるもの（青年と老人）をいう。類義語は、2つの語の意味する範囲が同じもの（永遠と永久）と、意味する範囲が一部重なったり近い関係にあったりするもの（先生と教師）をいう。

出題傾向

問題の熟語に対して、対義語・類義語となる語（ひらがな）を選択肢から選んで漢字に直す問題。問題の熟語を構成するのは準1級配当漢字を中心に、常用漢字すべてから出題される。

攻略のポイント

●対義語の構成を理解する

①上の字、もしくは下の字がそれぞれ同じもの

例　喬木↕灌木　駿馬↕駄馬

②上下の字がそれぞれ対応しているもの

例　僅少↕莫大　暗鬱↕明朗

③上下の字がどちらも対応していないもの

例　坦夷↕峻険　刹那↕永劫

●類義語の構成を理解する

①上の字がそれぞれ同じもの

例　口吻＝口調

②下の字がそれぞれ同じもの

例　吻合＝契合　銘記＝牢記

③上の字か下の字が同じもの

例　敏捷＝機敏

④同じ字がないもの

例　杏林＝医者　領袖＝首魁

故事・諺

配点 2点×10問

出題傾向

故事・成語・諺中のカタカナを漢字で書く問題。準1級配当漢字を中心に出題される。

攻略のポイント

●一文に出ている他の漢字も書けるように

故事・成語・諺には準1級の漢字を二つ以上含むものもあります。出題された問題だけでなく、一文を書けるようにしましょう。

例 紺屋の白袴→（「紺屋」、「白袴」のどちらも出題実績があります。）

文章題

配点 2点×5問 1点×10問

出題傾向

明治から昭和初期にかけての名高い文芸作品や評論の一部が、2～3文出される。その文章中のカタカナを漢字で書く問題（5問）と、漢字の読みを答える問題（10問）。準1級配当漢字を中心に表外読みや熟字訓・当て字など常用漢字すべてから出題される。

※本書では、過去に出題された作家の作品から文を抜粋し作問しています。また、適宜文を省略したり仮名遣いを改めたりしたものもあります。出題漢字についての解説は、口語・現代仮名遣いでの解説になっているものがあります。

攻略のポイント

●当時の文学に慣れる

当時の文学では現在ではあまり聞きなれない表現や言い回しが多く出てきます。日頃から当時の文芸作品に接して慣れておきましょう。また、試験では文章が省略されている場合があるので、自分の知っている文章と違っていても落ち着いて対応しましょう。

許容の範囲

印刷物は一般的に明朝活字と呼ばれる字体のものが多く、楷書体とは活字デザイン上若干の違いがあります。検定試験では「とめる・はねる」「つける・はなす」など、解答として許容されるものがあります。これは「常用漢字表」の「(付)字体についての解説」に取り上げられており、「明朝活字の形と筆写の楷書の形との間には、いろいろな点で違いがある。それらは、印刷上と手書き上のそれぞれの習慣の相違に基づく表現の差とみるべきもの」と記されています。

以下、明朝体と楷書体の差異に関する例の一部を抜粋します。検定試験ではどちらで書いても正解となります。

①長短に関する例

無→無＝無

②方向に関する例

主→主＝主

③つけるか、はなすかに関する例

月→月＝月

④はらうか、とめるかに関する例

骨→骨＝骨

⑤はねるか、とめるかに関する例

糸→糸＝糸

⑥その他

令→令＝令

●準1級配当漢字の許容字体

準1級の漢字検定では、『漢検要覧1／準1級対応』(公益財団法人　日本漢字能力検定協会) 収録の「標準字体」「許容字体」「旧字体一覧表」に示された字体で書くことが定められています。許容字体は、別冊の漢字表を確認してください。

例　溢→溢 と書いても正解

祇→祇 と書いても正解

でる順 A ランク

検定試験で必ずといっていいほど
出題される最重要問題

でる順 A

読み ①

10分で解こう!

29点以上とれれば合格!

次の傍線部分の読みをひらがなで記せ。1〜24は音読み、25〜36は訓読みである。

1 人生訓を**古諺**に学ぶ。
昔からある諺。

2 **叩扉**し弟子にしてくれと懇願した。
訪問すること。

3 ご**清穆**よろこび申し上げます。
手紙の文で相手の無事などを祝っていう言葉。

4 **禾穀**の豊熟を祈願する。
稲、粟などの穀物の総称のこと。

5 帽子を脱いで**一揖**した。
軽くおじぎをすること。

6 隣国との**紐帯**を強めた。
血縁、利害関係などの結び付き。

7 入り口で警備員に**誰何**された。
呼び止めて誰なのか問いただすこと。

8 時間を忘れ**壺中**の天に遊ぶ。
壺中の天＝俗世間とかけ離れた別世界。また、酒を飲み俗世間を忘れる楽しみ。

9 **厩肥**を使って農作物を育てる。
家畜の糞尿と藁などをまぜて腐らせた肥料。

10 敵の**山砦**を急襲する。
山に築いた砦のこと。

11 **欽慕**の念を抱く。
敬い慕うこと。

12 旅先で**椿事**に遭遇した。
思いがけなく起こった重大な出来事のこと。

13 **鄭重**な挨拶をかわす。
手厚く対応すること。

14 **樗材**な自分を恥じる。
役に立たないものや才能のたとえ。自分をへりくだって使う言葉。

15 親の**膝下**を離れて暮らす。
庇護してくれる人の下。

16 国の前途を**卜占**する。
占うこと。

解答

1 こげん
2 こうひ
3 せいぼく
4 かこく
5 いちゆう
6 ちゅうたい・じゅうたい
7 すいか
8 こちゅう
9 きゅうひ
10 さんさい
11 きんぼ
12 ちんじ
13 ていちょう
14 ちょざい
15 しっか
16 ぼくせん

他例 1［西諺（せいげん）］ 2［叩首（こうしゅ）・叩門（こうもん）］ 10［砦柵（さいさく）］ 11［欽定（きんてい）］

☐ 17 年始は荏苒として日を過ごした。
何もせず月日が過ぎゆくこと。

☐ 18 典刑は夙昔に在り。
昔から現在までの間。

☐ 19 禿筆を使い続ける。
穂先の擦り切れてしまった筆。

☐ 20 去住彼此消息無し。
あれとこれ。あれこれ。

☐ 21 二〇一〇年は庚寅の年だった。
干支の一つで、二十七番目の組み合わせ。

☐ 22 女性をめぐって隙を生じる。
仲たがい。

☐ 23 侃侃の議論を続ける。
信念を曲げない剛直なさま。

☐ 24 老妓が若い芸子に踊りを仕込む。
歌舞音曲などで宴席に興を添えることを仕事としている、年をとった女性のこと。

☐ 25 籾の状態で保存する。
外皮をとる前の米。

☐ 26 荒れていた波が凪いできた。
凪ぐ＝風や波が静かになる。

☐ 27 心に積もった憎しみの澱が消える。
吐き出せず心に積もったもの。

☐ 28 犯人は鞄を掠めて逃走した。
掠める＝奪いとる。

☐ 29 山の硲に生まれ育った里がある。
物と物の間の狭い場所。谷間。

☐ 30 坐に故国の母が思い出される。
理由もなく。

☐ 31 あえて大変な岨道を選んだ。
険しい山道のこと。

☐ 32 栂の林に遊歩道が整備された。
マツ科の常緑高木。

☐ 33 蔀を上げて風通しをよくする。
寝殿造りなどで使われる、格子を付けた戸のこと。

☐ 34 愛馬の鐙を取りかえる。
馬の鞍の両脇に付けて足を踏みかけて使う馬具。

☐ 35 鴫が日本に渡ってきた。
チドリ目の鳥。

☐ 36 廃屋の沓石を再利用する。
柱や縁の束柱の下に据える石のこと。

---

17 じんぜん
18 しゅくせき
19 とくひつ
20 ひし
21 こういん
22 げき
23 かんかん
24 ろうぎ
25 もみ
26 な
27 おり
28 かす
29 はざま
30 そぞろ
31 そばみち・そわみち
32 つが・とが
33 しとみ
34 あぶみ
35 しぎ
36 くついし

他例 24［舞妓（ぶぎ）・名妓（めいぎ）］ 25［種籾（たねもみ）・籾殻（もみがら）］ 26［朝凪（あさなぎ）・油凪（あぶらなぎ）］ 28［掠（かす）れる］ 30［坐（いなが）ら］

でる順 **A**

読み ②

10分で解こう！

29点以上とれれば合格！

次の傍線部分の読みをひらがなで記せ。1～24は音読み、25～36は訓読みである。

1 孤鞍雨を衝いて**茅茨**を叩く。
茅と荊で葺いた粗末な屋根や家のこと。

2 **挽歌**を聞いて涙を流す。
人の死を悼んで作る詩歌のこと。

3 新事業開拓の**尖兵**となった。
他より先に新しい分野などに進出する人のたとえ。

4 墳墓から青銅製の**戟**が出土した。
戈(か)と矛を組み合わせた、古代中国の武器。

5 広告を壁に**貼付**する。
貼ること。

6 **杏林**としての誉れが高い。
医者のこと。

7 新しい**廟宇**が完成した。
祖先などをまつる建物のこと。

8 **弓箭**の道をすすむ。
弓と矢。また、弓矢をとる武士。

9 演習場内に**廠舎**を建てる。
軍隊が演習先などで仮設する建物のこと。

10 **赫灼**たる炎があたりを照らした。
光り輝いていて明るいさま。

11 明治文学を**枕頭**の書としている。
枕頭の書＝愛読書。

12 **都邑**の賑わいを懐かしむ。
都と村。また、都会。

13 今の日本を予測する**慧眼**があった。
本質を見抜く鋭い洞察力のこと。

14 徳川家の**後胤**を名乗る。
子孫のこと。

15 **圃畦**に新芽吹く。
畑の畝のこと。

16 説話の**談藪**を収集する。
様様な話を集めた本のこと。

解答

1 ぼうし
2 ばんか
3 せんぺい
4 げき
5 ちょうふ・てんぷ
6 きょうりん
7 びょうう
8 きゅうせん
9 しょうしゃ
10 かくしゃく
11 ちんとう
12 とゆう
13 けいがん
14 こういん
15 ほけい
16 だんそう

他例 1［茅屋(ぼうおく)］ 4［剣戟(けんげき)・矛戟(ぼうげき)］ 13［慧敏(けいびん)］ 14［落胤(らくいん)］ 15［花圃(かほ)］

17 人の云為を論うな。
云為＝言ったりなしたりすること。

18 子どもの頃から穎哲であった。
穎哲＝すぐれて賢いこと。

19 劫初を描いた絵が見つかる。
劫初＝（仏教で）この世の初めのこと。

20 鶴、九皐に鳴き声天に聞こゆ。
九皐＝曲がりくねった奥深い沢のこと。

21 戊夜に至るまで勉強に集中する。
戊夜＝およそ午前三時から五時。寅の刻。

22 道路新設のため水路を暗渠にした。
暗渠＝地下に設けたり、おおいをしたりした溝のこと。

23 暢達な墨跡の手紙をいただいた。
暢達＝のびのびとしていること。

24 英彦ともてはやされる。
英彦＝すぐれた男子のこと。

25 建築材料に樫の木を用いた。
樫＝ブナ科の常緑高木。

26 道の俣の道祖神が目印だ。
俣＝分かれている場所。

27 本番宛らの緊張感だ。
宛ら＝本物同然の。まるで。

28 空き地に八重葎が茂っている。
八重葎＝アカネ科の一年草または越年草。

29 殆うきは慎むべき。
殆うい＝危ない。

30 高齢者を蔑ろにするな。
蔑ろ＝あってもないもののように軽んじること。

31 祖父は鑓の達人だったらしい。
鑓＝長い柄の先に細長い刃物を付けた武器のこと。

32 神社の狛犬を洗う。
狛犬＝神社の社頭や社殿の前に魔よけとして対にして置く獅子・犬に似た像。

33 朋ありて遠方に之く。
之く＝目的地に向かう。

34 軽軽しく誹らないよう注意する。
誹る＝他人を非難する。

35 忘年会で古典の噺家を呼ぶ。
噺家＝落語などを演じる職の人のこと。

36 奴凧が上空まで揚がった。
奴凧＝奴が両袖を左右に引っ張った姿の凧。

---

17 うんい
18 えいてつ
19 ごうしょ
20 きゅうこう
21 ぼや
22 あんきょ
23 ちょうたつ
24 えいげん
25 かし
26 また
27 さなが
28 やえむぐら
29 あや
30 ないがし
31 やり
32 こまいぬ
33 ゆ
34 そし
35 はなしか
36 やっこだこ

他例 27［宛（あたか）も］ 29［殆（ほとほと）］

でる順 A

読み ③

10分で解こう！

29点以上とれれば合格！

得点 1回目 /36 2回目 /36

次の傍線部分の読みをひらがなで記せ。1～24は音読み、25～36は訓読みである。

1 儲君の誕生に皆が喜んだ。
皇太子。また、貴族の世継ぎの子のこと。

2 凄惨な光景に目を背ける。
目を背けたくなるほど惨いさま。

3 這般の事情により辞退いたします。
前に述べた事柄を指す言葉。これら。

4 奥から哀咽の声がする。
悲しんで息がつまるほど泣くこと。

5 新入生の中に尤物がいるらしい。
多くの中で特にすぐれているもの。

6 着物に唐草模様を捺染する。
染料を糊にまぜ、布に直接摺りつけて染める方法。

7 乃父と誓った約束を守る。
他人の父親。また、自分の父親。

8 すでに屢述したとおりです。
繰り返し述べること。

9 芳馨がそこはかとなく漂う。
よい香りのこと。

10 この稗史は歴史的価値がある。
昔、中国で書かれた小説風の歴史書。民間の歴史書。

11 天皇の叡断を仰いだ。
天子の決断のこと。

12 今年度の赤字を補塡した。
不足や欠損部分を埋めること。

13 先輩の緩頰を煩わせた。
緩頰を煩わす＝それとなく他人に自分のことを伝えてもらう。

14 飢えと祁寒に耐えた。
厳しい寒さのこと。

15 自伝的小説が梓行された。
出版すること。

16 長年にわたり杵臼の交わりが続く。
杵臼の交わり＝身分の違いを問題にせず親しくすること。

解答

1 ちょくん
2 せいさん
3 しゃはん
4 あいえつ
5 ゆうぶつ
6 なっせん
7 だいふ
8 るじゅつ
9 ほうけい
10 はいし
11 えいだん
12 ほてん
13 かんきょう
14 きかん
15 しこう
16 しょきゅう

他例 6［押捺（おうなつ）］ 13［豊頰（ほうきょう）］ 15［上梓（じょうし）］

☐ **17** **芝蘭**の友と連絡をとる。
才能などがすぐれた人のたとえ。

☐ **18** 春に**郁郁**たる花花を愛でる。
香りが盛んなさま。

☐ **19** **青黛**の山山を眺める。
黛のような濃い青色。

☐ **20** 近所の神社で**禰宜**を任された。
神社で宮司などを補佐する神職。

☐ **21** 彼とは**爾汝**の交わりを結んだ。
爾汝の交わり＝とても親しいつきあいのたとえ。

☐ **22** 会社の**徽章**を縫い付ける。
職業・所属などを示すために衣服や帽子などに付けるしるし。

☐ **23** 悲しい過去を聞いて**憐情**を持つ。
人を憐れむ心。

☐ **24** この絵に強い**怨念**を感じる。
深く怨む心。

☐ **25** 執事侍所の辺に**賄**う。
賄う＝物を贈る。

☐ **26** 薪を**堆**く積み上げる。
堆い＝高く盛り上がっている。

☐ **27** 敵を見てから矢を**矧**ぐ。
矧ぐ＝矢を作る。

☐ **28** 世の中の**柵**から抜け出せない。
引き留めるもの。

☐ **29** **艮**の方角は鬼門と呼ばれる。
丑と寅の中間の方角のこと。北東。

☐ **30** 掘っ建て小屋で味噌を**粥**いでいた。
粥ぐ＝売る。

☐ **31** **俄**仕立てのチームで戦う。
俄仕立て＝間に合わせで急いでつくること。

☐ **32** 開運のお**呪**いを唱える。
呪い＝神霊などに働きかけ、超自然現象などにより、病気などを起こしたり治したりすること。

☐ **33** **矢鱈**なことを言うな。
根拠などがないさま。

☐ **34** 突然の大声に彼は**怯**んだ。
怯む＝怖じ気づく。

☐ **35** 庭に大きな**椙**の木が立っている。
常緑針葉樹。多く、建築や家具などに使われる。

☐ **36** **乍**ちのうちに食事を平らげた。
乍ち＝きわめて短い時間のうちに行われるさま。

---

17 しらん
18 いくいく
19 せいたい
20 ねぎ
21 じじょ
22 きしょう
23 れんじょう
24 おんねん
25 まいな
26 うずたか
27 は
28 しがらみ
29 うしとら
30 ひさ
31 にわか
32 まじな
33 やたら
34 ひる
35 すぎ
36 たちま

他例 19［黛青(たいせい)］ 30［粥腹(かゆばら)］ 34［怯(おび)える・怯(お)じる］ 36［乍(なが)ら］

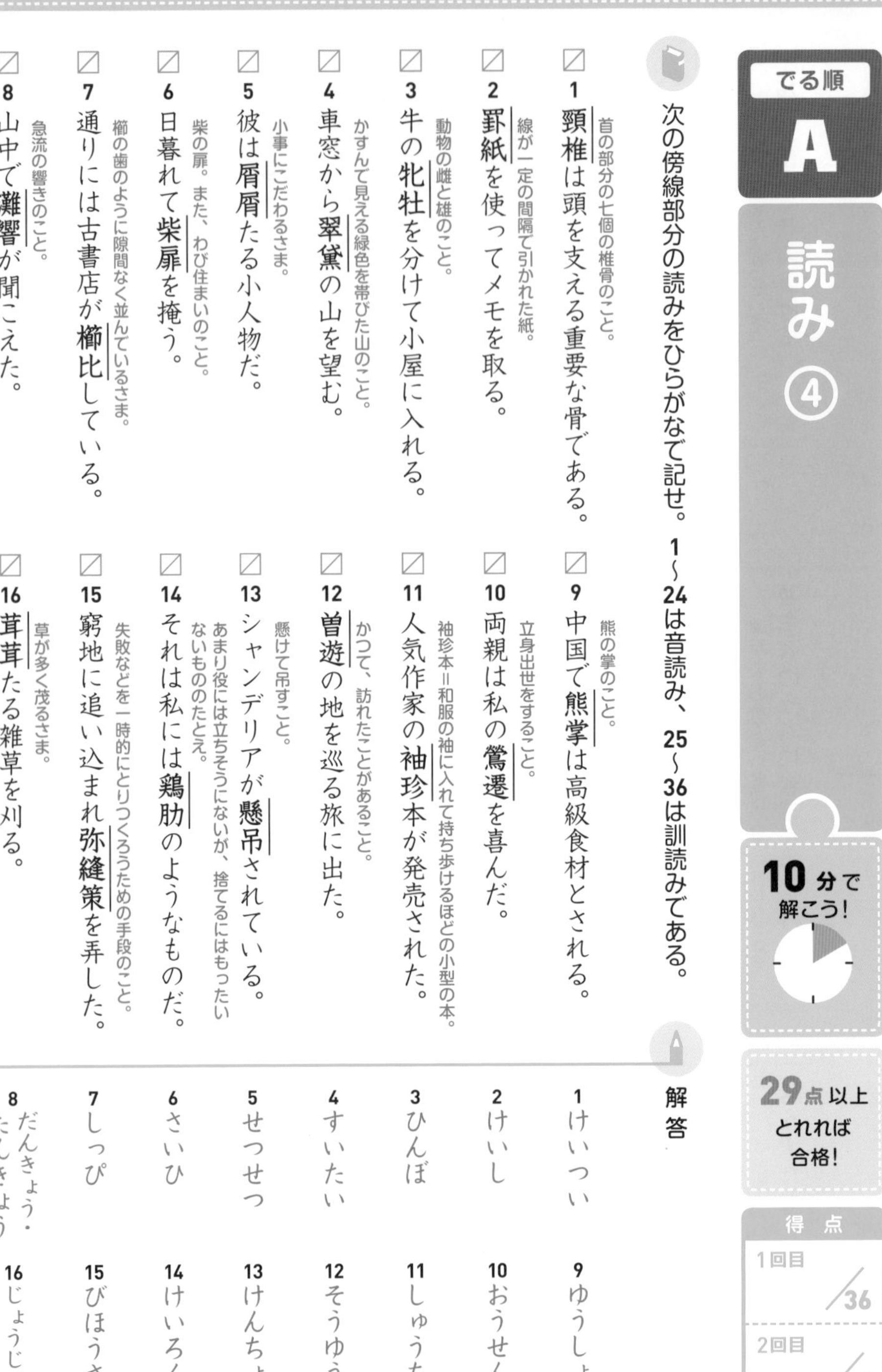

でる順 **A**

読み ④

10分で解こう！

29点以上とれれば合格！

得点
1回目 ／36
2回目 ／36

次の傍線部分の読みをひらがなで記せ。1～24は音読み、25～36は訓読みである。

1 **頸椎**は頭を支える重要な骨である。
首の部分の七個の椎骨のこと。

2 **罫紙**を使ってメモを取る。
線が一定の間隔で引かれた紙。

3 牛の**牝牡**を分けて小屋に入れる。
動物の雌と雄のこと。

4 車窓から**翠黛**の山を望む。
かすんで見える緑色を帯びた山のこと。

5 彼は**屑屑**たる小人物だ。
小事にこだわるさま。

6 日暮れて**柴扉**を掩う。
柴の扉。また、わび住まいのこと。

7 通りには古書店が**櫛比**している。
櫛の歯のように隙間なく並んでいるさま。

8 山中で**灘響**が聞こえた。
急流の響きのこと。

9 中国で**熊掌**は高級食材とされる。
熊の掌のこと。

10 両親は私の**鶯遷**を喜んだ。
立身出世をすること。

11 人気作家の**袖珍**本が発売された。
袖珍本＝和服の袖に入れて持ち歩けるほどの小型の本。

12 **曽遊**の地を巡る旅に出た。
かつて、訪れたことがあること。

13 シャンデリアが**懸吊**されている。
懸けて吊すこと。

14 それは私には**鶏肋**のようなものだ。
あまり役には立ちそうにないが、捨てるにはもったいないもののたとえ。

15 窮地に追い込まれ**弥縫策**を弄した。
失敗などを一時的にとりつくろうための手段のこと。

16 **茸茸**たる雑草を刈る。
草が多く茂るさま。

解答

1 けいつい
2 けいし
3 ひんぼ
4 すいたい
5 せつせつ
6 さいひ
7 しっぴ
8 だんきょう・たんきょう
9 ゆうしょう
10 おうせん
11 しゅうちん
12 そうゆう
13 けんちょう
14 けいろく
15 びほうさく
16 じょうじょう

他例 4［翠微（すいび）］ 11［長袖（ちょうしゅう）］ 15［弥漫（びまん）］

☐ 17 陰湿にも姦詐を画策した。
嘘を吐いたりして、他人を陥れようとすること。

☐ 18 王の姫妾だった女性の半生を描く。
妾のこと。

☐ 19 なにとぞ、御諒恕下さい。
相手の立場などを思い、許すこと。

☐ 20 駅前で托鉢する僧を見かけた。
修行僧が経を唱えながら、鉄鉢に食物や金銭の施しを受けること。

☐ 21 チームで一人、気焔を吐く。
燃え上がるような盛んな意気のこと。

☐ 22 友と翰墨を楽しむ。
詩などを作ること。

☐ 23 この湖は溶岩が堰塞してできた。
水の流れを土砂などで止めること。

☐ 24 庖厨に入って朝食を用意した。
台所。

☐ 25 天を怨みず人を尤めず。
尤める＝過ちや罪を責める。

☐ 26 華やかな廓の場面に目を奪われる。
遊女屋が集まる地域のこと。

☐ 27 広告の載った摺り物をもらう。
摺る＝印刷する。

☐ 28 椛の小さな盆栽を買う。
カエデの別名。

☐ 29 秋は鰯の旬の時季だ。
ニシン科などの真鰯や潤鰯などの総称。

☐ 30 川の阿に船をとめる。
曲がって入り組んだところ。

☐ 31 記憶をもとに道程を辿った。
辿る＝ある手がかりをもとに進む。

☐ 32 プレッシャーに精神が蝕まれた。
蝕む＝少しずつからだや精神を損なう。

☐ 33 悪事を奄うこと許さず。
奄う＝かぶせて下のものを隠す。

☐ 34 屢彼等の話題になった。
幾度となく繰り返されるさま。

☐ 35 劇の裳着のシーンが印象的だった。
公卿の女子が成人したしるしに初めて裳を着る儀式のこと。

☐ 36 伸びた真菰を刈りに行く。
イネ科の多年草。

---

17 かんさ
18 きしょう
19 りょうじょ
20 たくはつ
21 きえん
22 かんぼく
23 えんそく
24 ほうちゅう
25 とが
26 くるわ

27 す
28 もみじ
29 いわし
30 くま
31 たど
32 むしば
33 おお
34 しばしば
35 もぎ
36 まこも

他例 23［堰堤（えんてい）］ 30［阿る（おもね）・四阿（あずまや）］ 33［奄ち（たちま）］ 35［裳裾（もすそ）］

でる順 A

読み ⑤

10分で解こう!

29点以上とれれば合格!

次の傍線部分の読みをひらがなで記せ。1~24は音読み、25~36は訓読みである。

1 輔弼の任をとかれた。
天子や君主などの政治を補佐すること。

2 耳を聾する騒音に悩まされる。
聾する=耳が聞こえなくなる。聞こえなくする。

3 辰砂を漢方に用いる。
深紅色または赤褐色の鉱物。

4 文献に重大な錯謬が発見された。
間違えること。

5 没義道な待遇に耐え忍ぶ。
人の道に外れた行為。

6 肴核なしに酒を飲む。
酒の肴と果物。また、料理。

7 近所の神社に有名な老杉がある。
長い年月を経た杉。

8 彼は薙髪し修行に入った。
髪を剃ること。仏門に入ること。

9 烹炊員の一人として働く。
煮ることと、炊くこと。

10 或問形式の質疑に慣れる。
仮に設けた質問に答える形で、自分の意見を述べる文章形式の一つ。

11 岸荻色づくを愛でる。
岸にある荻のこと。

12 古寺から歌唄の声が聞こえる。
仏をたたえる歌のこと。

13 陰暦でいう亥月に生まれた。
陰暦の十月。

14 胡乱な者の話は聞くな。
胡散臭いこと。

15 鶴は渉禽類に属する。
渉禽類=浅い水辺で水生動植物を餌としている鳥。

16 宋の国に狙公なる者有り。
猿を飼っている人のこと。

解答

1 ほひつ
2 ろう
3 しんしゃ
4 さくびゅう
5 もぎどう
6 こうかく
7 ろうさん
8 ちはつ・ていはつ
9 ほうすい
10 わくもん
11 がんてき
12 かばい
13 がいげつ
14 うろん
15 しょうきん
16 そこう

□ 17 当時の慣習から**蟬脱**するべきだ。
俗世から抜け出し悟ること。

□ 18 **辛酉**の年に改元が起こった。
干支の一つで、五十八番目の組み合わせ。

□ 19 **甜菜**がメインの料理を作る。
砂糖大根。

□ 20 **杜撰**な工事で事故が起きた。
手法がぞんざいでミスの多いこと。

□ 21 友人が酒色に**耽溺**してしまった。
（多くよくないことに）のめり込むこと。

□ 22 もはや**釜中**の魚であった。
釜中の魚＝目前に死や危険が差し迫っていることのたとえ。

□ 23 各地の特産物を**蒐荷**する。
荷物を集めること。

□ 24 神社の**神鹿**に給餌する。
神の使いとして神社で飼う鹿。

□ 25 水に**晒**したジャガイモを調理する。
晒す＝水に漬けて、あくなどを抜く。

□ 26 **鴇色**の振袖を選んだ。
鴇の羽のような薄い桃色。

□ 27 芸者の**艶姿**に見とれてしまった。
色っぽく美しい姿。

□ 28 同僚の**誼**で仕事を手伝う。
ゆかり。また、親しいつきあい。

□ 29 書架より本を**擢**き出す。
擢く＝全体の中から一部を取り出す。

□ 30 周の衰うるを見て**迺**ち遂に去る。
迺ち＝そして。

□ 31 その理由なら遅刻を**恕**せる。
恕す＝大目に見る。

□ 32 **煽**てられると調子に乗ってしまう。
煽てる＝相手の喜ぶことを言って得意にさせる。

□ 33 閑かに水石を**翫**ぶ。
翫ぶ＝手に持っていじる。心の慰みとして愛好する。

□ 34 私は**荊**の道を歩んできました。
荊の道＝険しい人生のたとえ。

□ 35 霊験**灼**な御札。
神仏の利益や薬の効き目が抜群にあること。

□ 36 足を**掬**ってひっくり返す。
掬う＝下から素早く持ち上げる。

---

17 せんだつ
18 しんゆう
19 てんさい
20 ずさん
21 たんでき
22 ふちゅう
23 しゅうか
24 しんろく
25 さら
26 ときいろ

27 あですがた
28 よしみ
29 ぬ
30 すなわ
31 ゆる
32 おだ
33 もてあそ
34 いばら
35 あらたか
36 すく

他例　19［甜瓜（てんか）］　25［店晒し（たなざらし）］

でる順 **A**

読み ⑥

10分で解こう!

29点以上とれれば合格!

得点	
1回目	/36
2回目	/36

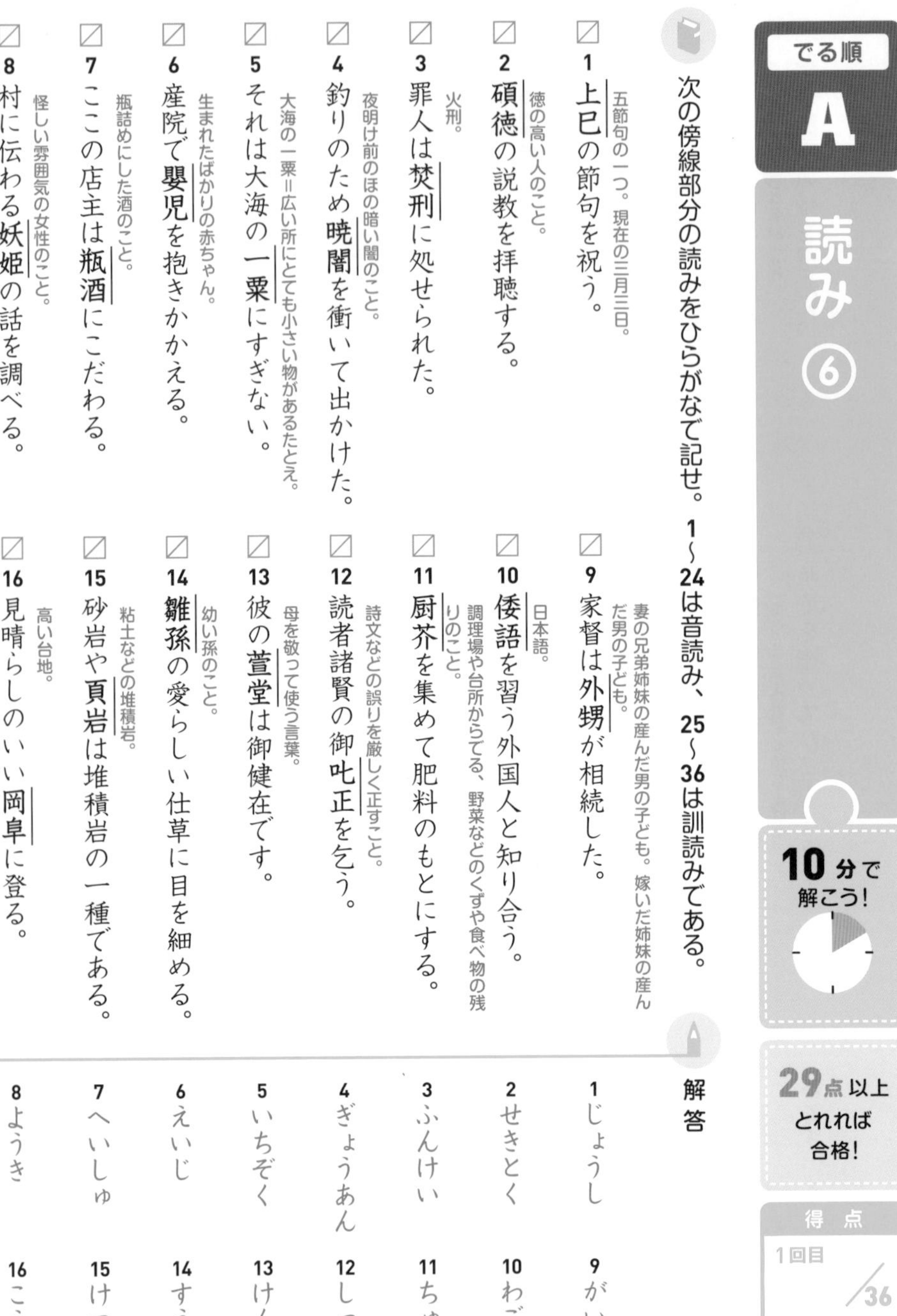

次の傍線部分の読みをひらがなで記せ。1～24は音読み、25～36は訓読みである。

☐ 1 上巳の節句を祝う。
五節句の一つ。現在の三月三日。

☐ 2 碩徳の説教を拝聴する。
徳の高い人のこと。

☐ 3 罪人は焚刑に処せられた。
火刑。

☐ 4 釣りのため暁闇を衝いて出かけた。
夜明け前のほの暗い闇のこと。

☐ 5 それは大海の一粟にすぎない。
大海の一粟＝広い所にとても小さい物があるたとえ。

☐ 6 産院で嬰児を抱きかかえる。
生まれたばかりの赤ちゃん。

☐ 7 ここの店主は瓶酒にこだわる。
瓶詰めにした酒のこと。

☐ 8 村に伝わる妖姫の話を調べる。
怪しい雰囲気の女性のこと。

☐ 9 家督は外甥が相続した。
妻の兄弟姉妹の産んだ男の子ども。嫁いだ姉妹の産んだ男の子ども。

☐ 10 倭語を習う外国人と知り合う。
日本語。

☐ 11 厨芥を集めて肥料のもとにする。
調理場や台所からでる、野菜などのくずや食べ物の残りのこと。

☐ 12 読者諸賢の御叱正を乞う。
詩文などの誤りを厳しく正すこと。

☐ 13 彼の萱堂は御健在です。
母を敬って使う言葉。

☐ 14 雛孫の愛らしい仕草に目を細める。
幼い孫のこと。

☐ 15 砂岩や頁岩は堆積岩の一種である。
粘土などの堆積岩。

☐ 16 見晴らしのいい岡阜に登る。
高い台地。

解答

1 じょうし
2 せきとく
3 ふんけい
4 ぎょうあん
5 いちぞく
6 えいじ
7 へいしゅ
8 ようき
9 がいせい
10 わご
11 ちゅうかい
12 しっせい
13 けんどう
14 すうそん
15 けつがん
16 こうふ

他例 5 [稲粟(とうぞく)] 11 [厨子(ずし)] 12 [叱責(しっせき)] 14 [雛僧(すうそう)]

17 前監督を名誉監督に推戴する。
推し戴くこと。代表者として迎えること。

18 鉄桶水を漏らさぬ守備陣だった。
鉄桶水を漏らさず＝守備などが堅固で隙がない。

19 蔚蔚たる原生林が広がっている。
草や木が茂っているさま。

20 鼠盗の正体はまだ幼い兄弟だった。
こそどろのこと。

21 インフレが昂進する。
物事の度合いが激しくなる。

22 吃緊の問題の解決が先である。
差し迫ってとても重要な事柄。

23 世界の諺を集輯する。
掻き集め編集すること。

24 諜報活動が失敗に終わる。
敵の情報を探り、味方に知らせること。

25 神棚に榊を捧げる。
ツバキ科の常緑小高木。また、神事に用いる木の総称。

26 人を動かす春色多きを須いず。
須いる＝求める。必要とする。

27 轡を並べて審査に向かった。
轡を並べる＝揃って同じことをする。

28 真珠の計量に匁の単位を使った。
尺貫法の重さの単位。

29 古い檜垣を造り直す。
檜の板を編んで造った垣根。

30 心穏やかでない事態を戚える。
戚える＝心配する。

31 池の塘に菜の花が咲いている。
水をためるために造った土手。

32 頃く思案して首肯した。
頃く＝わずかな時間。

33 反撃の機会を覗っている。
覗う＝様子を探る。

34 城跡の周りの壕を埋める。
地面を掘り造った溝のこと。

35 美しい斑入りの花が咲いた。
斑入り＝地の色とは違う色が斑に入りまじっていること。

36 武勲をあげた家来を嘉する。
嘉する＝褒めたたえる。

---

17 すいたい
18 てっとう
19 うつうつ
20 そとう
21 こうしん
22 きっきん
23 しゅうしゅう
24 ちょうほう
25 さかき
26 もち
27 くつわ
28 もんめ
29 ひがき
30 うれ
31 つつみ
32 しばら
33 うかが
34 ほり
35 ふい
36 よみ

他例 26［須（ま）つ］ 29［檜扇（ひおうぎ）］ 30［戚（いた）む］ 35［虎斑（とらふ）］

でる順 A

読み ⑦

次の傍線部分の読みをひらがなで記せ。1～24は音読み、25～36は訓読みである。

1 蛙声がひまなく聞こゆ。
蛙の鳴き声のこと。

2 彼は豪宕な気性の持ち主だ。
気持ちが大きく、小さなことにこだわらないこと。

3 戎器の密輸を摘発する。
戦争で使う器具など。

4 電気自動車の乗り心地を嘗試する。
試してみること。

5 逆転ゴールに快哉を叫ぶ。
とても痛快だと思うこと。

6 調合のため薬を精密に秤量する。
秤で重量をはかること。

7 長身痩軀の俳優に憧れる。
長身痩軀＝背が高くて、痩せていること。

8 異なる環境に馴化する。
異なった環境に移った動植物が、その環境に適応した性質にかわること。

9 ここの勾欄は見る価値がある。
宮殿などの廊下や橋などに、転落防止や装飾のために付けられた柵状のもの。

10 君の正論には駁する余地はない。
駁する＝他人の意見などに反論する。

11 不壊の志を持ち続ける。
壊れないこと。

12 湿気に強い桐油紙を用いた。
桐油紙＝桐油をひいた紙のこと。

13 以前は暴戾な君主であった。
乱暴で道理に反する行為。

14 彼の功績は広く喧伝された。
盛んに言いふらし、世間に知らせること。

15 味方の戦闘機を掩護する。
敵の攻撃から味方を守ること。

16 持論を喋喋と語っていた。
口数の多いさま。

10分で解こう！

29点以上とれれば合格！

得点
1回目 /36
2回目 /36

解答

1 あせい
2 ごうとう
3 じゅうき
4 しょうし
5 かいさい
6 しょうりょう・ひょうりょう
7 そうく
8 じゅんか
9 こうらん
10 ばく
11 ふえ
12 とうゆ
13 ぼうれい
14 けんでん
15 えんご
16 ちょうちょう

他例 4［大嘗会（だいじょうえ）］ 8［馴致（じゅんち）］ 10［論駁（ろんばく）］ 15［掩蔽（えんぺい）］

17 あの動物は鋭い爪牙をもっている。
爪と牙。

18 天地を呑吐する志を抱く。
飲むことと、吐くこと。飲んだり吐いたりすること。

19 結婚の允許をもらう。
許すこと。

20 汀渚に立って海の状態を見る。
渚。

21 不服そうな口吻を洩らした。
口吻を洩らす＝それとなく感情を言葉にする。

22 董狐の筆を約束する。
董狐の筆＝権勢を恐れず、ありのままに事実を発表すること。

23 祖父はよく伽羅細工を作っていた。
伽羅細工＝名木で様様な細工をすること。

24 坤軸が揺らいだかと錯覚した。
大地の中心を貫き支えていると想像されている軸のこと。

25 彼は友人を詑いている。
詑く＝だます。

26 歪な形の茶碗ができあがった。
形が歪んでいること。

27 思想が広く行き亘る。
亘る＝ある範囲に及ぶ。

28 丁重な饗しを受けた。
饗し＝待遇のこと。

29 熟練した職人が和紙を漉く。
漉く＝水に溶かした原料を薄く伸ばし、紙などを作る。

30 二次会は弥が上にも盛り上がった。
弥が上に＝さらにその上に。

31 梅の花は百花の魁と言われる。
他よりも物事のはじめとなること。

32 彼は僻事ばかり言う。
道理や事実に反すること。

33 軒下から雨の雫が垂れる。
したたり落ちる液体の粒のこと。

34 姑くこの論やむ事なし。
姑く＝ちょっとの間。

35 甑に坐するが如く暑い日だ。
甑に坐するが如し＝夏の暑さの甚だしいことのたとえ。

36 戦争での悪夢が祖父を苛んでいる。
苛む＝責める。苦しめる。

---

17 そうが
18 どんと
19 いんきょ
20 ていしょ
21 こうふん
22 とうこ
23 きゃら
24 こんじく
25 あざむ
26 いびつ

27 わた
28 もてな
29 す
30 いや
31 さきがけ
32 ひがごと
33 しずく
34 しばら
35 こしき
36 さいな

他例 18［併呑（へいどん）］ 19［允可（いんか）］ 21［吻合（ふんごう）］ 22［骨董（こっとう）］ 24［乾坤（けんこん）］

でる順 **A**

読み ⑧

10分で解こう!

29点以上とれれば合格!

次の傍線部分の読みをひらがなで記せ。1～24は音読み、25～36は訓読みである。

1 布袋葵が異常蕃殖している。
動物・植物が生まれ増えること。

2 修験者が錫杖を振り鳴らす。
僧侶などが持つ杖。

3 学校で斯道について学んだ。
孔子の説く道。

4 斧斤で杉の大木を伐る。
斧。

5 艶冶な美人画に見とれる。
艶かしく美しいこと。

6 俗諺を多用する。
世間で使われている諺。

7 叩頭して無礼を謝った。
頭を地面に付けておじぎをすること。

8 穆穆たる宮の内の明かり。
態度が立派なさま。また、静かなさま。

9 今年は禾穂の成長が遅い。
稲などの穂のこと。

10 才能ある朋輩を欽羨とする。
敬い羨ましがること。

11 儲君に揖譲す。
平和のうちに天子の位を譲ること。

12 祖母の椿寿を祝った。
長生きをすること。

13 馬を厩舎に戻す。
馬などを飼う小屋のこと。

14 銅壺で湯を沸かす。
銅などで作られた湯沸かし器のこと。

15 領主は堅強な城砦を築いた。
城と砦のこと。

16 侃直なる男に優るものなし。
強く正しいこと。

解答

1 はんしょく
2 しゃくじょう
3 しどう
4 ふきん
5 えんや
6 ぞくげん
7 こうとう
8 ぼくぼく
9 かすい
10 きんせん
11 ゆうじょう
12 ちんじゅ
13 きゅうしゃ
14 どうこ
15 じょうさい
16 かんちょく

他例 1［蕃境（ばんきょう）］ 3［斯界（しかい）］ 4［斧正（ふせい）］

17 隣の茅舎が取り壊された。
茅葺きの家のこと。

18 樗の枝を分ける。
ニガキ科の落葉高木。

19 枕辺に蠟燭を置いておく。
枕元。

20 無数の飛箭が彼をおそった。
飛んでくる矢のこと。

21 造兵廠の跡地を公園にする。
兵器などの設計や製造などを行う機関・工場のこと。

22 鄭声を聞かないようにする。
野卑な音楽のこと。

23 王胤だと主張する男が現れた。
王の子孫のこと。

24 偉人の霊廟を建て直す。
先祖などをまつった建物のこと。

25 彼はいつも穿った見方をする。
穿つ＝物事の真相などをたくみにとらえる。

26 だんだんと夢が萎んでいった。
萎む＝勢いがなくなっていく。

27 見事に袱紗（ふくさ）を捌く。
捌く＝絡まっているものなどを解き分ける。

28 父の教えは忽せにできない。
忽せ＝物事をいいかげんにすること。

29 楽しむも矩を犯さず。
掟（おきて）。規則。

30 乱は天より降るに匪ず。
匪ず＝〜ではない。

31 この雨は天からの禄いである。
禄い＝天からもらう幸せのこと。

32 ざるを使って米を淘げる。
淘げる＝米を水に入れてゆらしてとぐ。

33 神社にあった辻札を取りかえる。
禁令などを書いた、辻に立てた札。

34 彼には嵩高な印象しかない。
横柄なさま。

35 塙に立って渓谷を望む。
山の突き出ている場所のこと。小高い場所。

36 家族全員が申年生まれだ。
十二支の九番目の年。

17 ぼうしゃ
18 ちょ
19 ちんぺん
20 ひせん
21 ぞうへいしょう
22 ていせい
23 おういん
24 れいびょう
25 うが
26 しぼ

27 さば
28 ゆるが
29 のり
30 あら
31 さいわ
32 よな
33 つじふだ
34 かさだか
35 はなわ
36 さるどし

他例 21［工廠（こうしょう）］ 24［廟議（びょうぎ）・廟堂（びょうどう）］ 25［穿る（ほじる）］

読み ⑨

10分で解こう!

29点以上とれれば合格!

得点 1回目 /36 2回目 /36

次の傍線部分の読みをひらがなで記せ。1～24は音読み、25～36は訓読みである。

1 美しい芸妓に見とれる。
音楽などで、宴席に興を添えることを仕事としている女性のこと。

2 海辺の邑落を訪れる。
村里のこと。

3 親友との小隙はすぐに消えた。
ちょっとした不仲。

4 慧悟なるべくんば理を知らん。
賢く、悟りの早いこと。

5 敵はみな兵戟を所持している。
刀や矛などの武器。

6 手紙を送るため切手を貼用する。
貼って使うこと。

7 横柄な態度に赫怒した。
激しく怒ること。

8 神前なので膝行して進んだ。
神前などで、ひざまずいた状態のまま進退すること。

9 夙夜の労をねぎらう。
早朝から夜遅くまで。

10 活動が尖鋭化する集団を監視する。
思想や行動などが急進的であること。

11 庚申の日の夜は寝ずに過ごした。
干支の一つで、五十七番目の組み合わせ。

12 亀卜で吉凶を占った。
亀の甲を焼き、そのひび割れの仕方により吉凶を占うこと。

13 会長の推挽で監督となる。
人をある地位などにすすめること。

14 舟が急灘に乗った。
速い流れの瀬のこと。

15 律詩の頸聯は対句にする。
律詩の第五・六の句のこと。

16 砕屑岩を調べる。
砕屑岩＝風化などでできた岩の破片が堆積してできたもの。

解答

1 げいぎ
2 ゆうらく
3 しょうげき
4 けいご
5 へいげき
6 ちょうよう
7 かくど
8 しっこう
9 しゅくや
10 せんえい
11 こうしん
12 きぼく
13 すいばん
14 きゅうだん・きゅうたん
15 けいれん
16 さいせつ

他例 2［辺邑（へんゆう）］ 3［空隙（くうげき）・寸隙（すんげき）］ 9［夙志（しゅくし）］ 10［舌尖（ぜっせん）］

17 刀下の鳥林藪に交わる。
刀下の鳥林藪に交わる＝九死に一生を得て蘇る心地をいう。

18 怨霊にたたられる。
恨みをもって死んだ人の霊などのこと。

19 所持する牝馬がレースに出場した。
雌の馬。

20 白紙に罫線を引く。
一定の間隔で引かれた線のこと。

21 幕府などが薬圃を直営していた。
薬草を栽培する畑のこと。

22 御清聴の諸彦に告ぐ。
（主に男性が）多くの男性に対して敬意を表する時に使う言葉。すぐれた多くの人のこと。

23 待ち望まれていた儲嗣が誕生した。
天子などの世継ぎのこと。

24 祖父と私は戊寅の年の生まれだ。
干支の一つで、十五番目の組み合わせ。

25 山の景色を嘗め味わい給う。
嘗める＝舌先でなでる。また、味わう。

26 麿、この歌の返しせむ。
一人称の人代名詞。

27 常日比感じていることを書き出す。
ふだん。

28 話が旨すぎるのが曲者だ。
用心すべき事柄。

29 心頭を滅却すれば火も亦涼し。
同様に。

30 今稽うべきを知る。
稽える＝物事をつきつめ、頭を働かせる。

31 腕のいい杢を雇う。
木を使って建物などを造る人のこと。

32 初めて父に楯突いた。
楯突く＝目上の者に反抗する。

33 海人の苫屋で一休みする。
苫で屋根を葺いた家のこと。

34 仕立てるのに二疋の紬が必要だ。
布を数える場合の単位。

35 斯くの如き尊大な態度は目に余る。
斯く＝このように。

36 元（おお）いに亨る、貞（ただ）しきに利（よ）ろし。
亨る＝さしさわりなく行われる。

---

17 りんそう
18 おんりょう
19 ひんば
20 けいせん
21 やくほ
22 しょげん
23 ちょし
24 ぼいん
25 な
26 まろ
27 ひごろ
28 くせもの
29 また
30 かんが
31 もく
32 たてつ
33 とまや
34 ひき
35 か
36 とお

他例　17［藪沢（そうたく）］　21［花圃（かほ）］　22［俊彦（しゅんげん）］

でる順 **A**

表外の読み①

10分で解こう!

29点以上とれれば合格!

次の傍線部分は常用漢字である。その表外の読みをひらがなで記せ。

1 全国制覇に与って力がある。
与って力がある＝大きく貢献する。

2 食卓を洋風に設える。
設える＝飾り付ける。備え付ける。

3 件の事件は解決した。
前に述べたこと。例の。

4 予てから噂の二人が結婚した。
予て＝以前から。前もって。

5 退却のときの殿を務めた。
退却する軍隊の最後尾で、敵の追撃に備えること。隊列などの最後尾。

6 夫の優柔不断な態度を詰る。
詰る＝相手のミスなどを問いつめ責めたてる。

7 いまだ解決の緒がつかめない。
手がかり。また、物事の始まりのこと。

8 自分の身に起きた不運を託つ。
託つ＝不満を言う。他のもののせいにする。

9 秋に、ここで集く虫の音を聞く。
集く＝虫などがたくさん集まって鳴く。

10 女王として権力を縦にしてきた。
自分の思い通りに行動するさま。

11 上京して十年の歳月を閲する。
閲する＝年月を過ごす。

12 生徒たちの行動を具に観察する。
具に＝詳しく。

13 久久に実家でゆっくり寛いだ。
寛ぐ＝身体を休めるなどしてのんびりした気分になる。

14 姉の幸運に肖りたい。
肖る＝相手の影響をうけて同じ状態になる。

15 薦被りを神社に奉納する。
薦被り＝薦で包んだ四斗入りの酒樽のこと。

16 転た懐旧の念に堪えない。
転た＝ますます。いよいよ。

解答

1 あずか
2 しつら
3 くだん
4 かね
5 しんがり
6 なじ
7 いとぐち
8 かこ
9 すだ
10 ほしいまま
11 けみ
12 つぶさ
13 くつろ
14 あやか
15 こもかぶ
16 うた

他例 1［与(くみ)する］ 3［件(くだり)］ 4［予(あらかじ)め］ 8［託(ことづ)かる］ 9［集(たか)る］ 13［寛(ひろ)い］

17 やる気が殺がれる一言だった。
殺ぐ＝勢いなどを弱める。

18 貧しくても強かに生きる。
強か＝強くて簡単には屈しないさま。

19 現場は大勢の人が屯していた。
屯する＝一か所に多くの人が集まる。

20 今日の出来事を日記に認めた。
認める＝書き記す。

21 漫ろに亡母を思い出す。
漫ろに＝明確な理由もなく。

22 彼は多少の寒さには戦かない。
戦く＝恐怖などのため、体や手足が震える。

23 邪な考えを見透かされた。
正しくないこと。道にはずれたこと。

24 支出を約めることになった。
約める＝節約する。

25 父は商才に長けていた。
長ける＝ある方面の才能などがすぐれている。

26 徐に立ち上がり、話し始めた。
徐に＝ゆっくりと落ち着いているさま。

27 御高批を辱くする。
辱い＝感謝の気持ちでいっぱいになる。

28 生誕地に因む名前をつける。
因む＝ある物事と関連をもつ。

29 試験は粗満点のできだった。
だいたい。

30 二人の詠む和歌を番える。
番える＝二つ以上のものを組み合わす。

31 後輩に労いの言葉をかける。
労う＝苦労などに感謝する。

32 移り住んで十年に垂とする。
垂とする＝その状態になろうとする。

33 全員が斉しく雄叫びを上げた。
斉しい＝いっせいに。

34 彼は自分の立場をよく弁えている。
弁える＝正しく判断し、物事に対処する。心得ている。

35 持っていた某かの金を渡す。
多くない金額などを漠然と表す。

36 明日は概ね晴れるでしょう。
概ね＝だいたい。

17 そ
18 したた
19 たむろ
20 したた
21 そぞ
22 おのの
23 よこしま
24 つづ
25 た
26 おもむろ

27 かたじけな
28 ちな
29 ほぼ
30 つが
31 ねぎら
32 なんなん
33 ひと
34 わきま
35 なにがし
36 おおむ

他例 21［漫りに（みだりに）］ 28［因に（ちなみに）］ 33［斉える（ととのえる）］

でる順 A

表外の読み ②

10分で解こう！

29点以上とれれば合格！

次の傍線部分は常用漢字である。その表外の読みをひらがなで記せ。

1 会社の前で適恩師に会った。（偶然。）

2 よく部活の先輩に扱かれていた。（扱く＝とても厳しく訓練する。）

3 神前に額ずく人が減った。（額ずく＝額が地に付くほど礼拝する。）

4 ついに決勝で両雄が見える。（見える＝対面する。）

5 申し出を渋渋諾う。（諾う＝承知する。）

6 成功には莫大な時間が購われた。（購う＝何かを代償にして得る。）

7 買い物の序でに他の用も済ませる。（序で＝あることをする際、同時に他のことをするよい機会。）

8 長期入院で体が鈍った。（鈍る＝力などが弱くなる。）

9 細やかなプレゼントを贈る。（細やか＝形ばかりの。）

10 彼は人並み外れて鼻が敏い。（敏い＝感覚や反応などが鋭い。）

11 彼らは未開の土地を墾いた。（墾く＝土地を切り開く。）

12 大会に村人が挙って参加した。（挙って＝全員で。）

13 暗くなり、剰え雨も降ってきた。（剰え＝その上。）

14 濃やかな心遣いに感謝する。（濃やか＝配慮が隅隅に行き届いているさま。）

15 花嫁修業に勤しんでいる。（勤しむ＝つとめ励む。）

16 困難を耐え忍び、克く勉強する。（克く＝十分に。）

解答

1 たまたま
2 しご
3 ぬか
4 まみ
5 うべな
6 あがな
7 つい
8 なま
9 ささ
10 さと
11 ひら
12 こぞ
13 あまつさ
14 こま
15 いそ
16 よ

他例 1［適う（かな）］ 8［鈍色（にびいろ）］

17 万、承ります。
万＝全てのこと。万事。

18 肯えて困難な道を選ぶ。
肯えて＝自分からすすんで。

19 実力の程を験された。
験す＝物事の真偽などの実際を調べる。

20 月の食費を均すと一日七百円だった。
均す＝中間の値を出す。

21 二人の背は略同じ高さだ。
略＝完全に近い。だいたい。

22 巻を措く能わず。
巻を措く能わず＝書物に夢中になって中断せず最後まで読まずにはいられない。

23 妄りに木を切ってはいけない。
妄りに＝むやみに。

24 賢しい口の利き方に苛立った。
賢しい＝利口ぶること。

25 真相を審らかにする。
審らか＝詳しいさま。

26 鈴の音が清かに聞こえる。
清か＝音や声がよく聞こえるさま。

27 証言の真偽を糾して判断する。
糾す＝厳しく問う。

28 荘かな雰囲気に包まれる。
荘か＝大きく、いかめしいさま。

29 祖父の容体が革まった。
革まる＝病態が急に悪くなる。

30 筆の遊びに随筆を書く。
遊び＝気の向くままに行うこと。

31 姉は両親に事えた。
事える＝目上の人に奉仕する。

32 碑に故人の辞世の句を刻む。
碑＝功績などを後世に伝えるため文字などを刻み、建てる石のこと。

33 他人の忠告を頑に受け入れない。
頑＝意地を張り、自分の意見などを変えないさま。

34 態とではないと釈明する。
態と＝意図的に。故意に。

35 直向きな姿勢を示す。
直＝（動詞などの上について）一つに心を集中するなどの意味を表す。

36 相手の気持ちを慮る。
慮る＝周りの状況などを見てよく考える。

---

17 よろず
18 あ
19 ため
20 なら
21 ほぼ
22 お
23 みだ
24 さか
25 つまび
26 さや
27 ただ
28 おごそ
29 あらた
30 すさ
31 つか
32 いしぶみ
33 かたくな
34 わざ
35 ひた
36 おもんぱか

他例 18 肯う（うべなう）

でる順 A

表外の読み ③

10分で解こう！

29点以上とれれば合格！

次の傍線部分は常用漢字である。その表外の読みをひらがなで記せ。

1 総会で社長を斥ける。
斥ける＝職などを辞めさせる。

2 今は詳らかな事情は話せない。
詳らか＝物事の細部まで明瞭なさま。

3 寧ろ失敗してよかった。
寧ろ＝二つを比べ、もう一方よりもこちらを選ぶ気持ちを表す。

4 命存えて生き恥を曝す。
存える＝長く生きる。

5 これは調理中にできた創です。
切るなどして皮膚や筋肉が裂けたりした部分。

6 努努お忘れなきように。
(後ろに禁止を表す語を伴って)決して。

7 卒業できたのも偏に先生のお蔭だ。
偏に＝ただその理由だけであるさま。

8 かたい肉が解れる。
解れる＝食物のかたまりなどが細かくなる。

9 だんだんと人間が熟れてきた。
熟れる＝世慣れして円満になる。

10 舞子の項に白粉をつける。
首の後ろの部分のこと。

11 これは夢か現か幻か。
現実のこと。

12 いまさら論うことはない。
論う＝物事の可否などを議論する。

13 自らの意志の弱さを憾んだ。
憾む＝思い通りにいかず残念に思う。

14 壺の括れにひびが入った。
括れ＝中ほどが細くなっていること。

15 二人の間に凝りが残った。
凝り＝物事が終わった後に残るわだかまり。

16 雅やかな舞を披露する。
雅やか＝品があり雅趣に富むさま。

解答

1 しりぞ
2 つまび
3 むし
4 なが
5 きず
6 ゆめゆめ
7 ひとえ
8 ほぐ
9 こな
10 うなじ
11 うつつ
12 あげつら
13 うら
14 くび
15 しこ
16 みやび

得点
1回目 /36
2回目 /36

他例 1 [斥(うかが)う]

17 事務所の事務全般を掌る。
掌る＝職務として行う。管理などをする。

18 王に殉う者が多く出た。
殉う＝命を投げ出してつくす。死者を追って死ぬ。

19 待つことに焦れて店を出る。
焦れる＝思うようにことが進まず、いらいらする。

20 疑問点を関係機関に質す。
質す＝質問をして確かめる。

21 凡て問題を処理した。
凡て＝ことごとく。全部。

22 彼の心の貞しさに嫉妬すら覚える。
貞しい＝まっすぐで人の道を曲げないさま。

23 大きな形の男が号泣している。
体つき。

24 錦彩なす秋の山を歩く。
彩なす＝種種の美しい色などで飾る。

25 斜向かいの家で火事があった。
斜向かい＝斜め前。

26 異しい事件に関わった。
異しい＝普通ではない。不思議な。

27 試験の問題文と原本とを校べる。
校べる＝二つ以上の物を付き合わせ、相違などを調べる。

28 歯を重ね人格者となる。
年齢。

29 将来のため故に厳しく育てる。
故に＝考えがあってわざと。

30 規則に遵って対処した。
遵う＝法律などの定めのとおりにする。

31 人の恩を徒や疎かにはできない。
徒や疎か＝（「～に」の形で、後に否定の語を伴って）いいかげんに扱う。

32 謀は密なるをよしとする。
物事がうまく運ぶように事前に考えた計画のこと。たくらみ。

33 役のため郭詞を学ぶ。
遊女が使っていた言葉。

34 毎日線香を薫いている。
薫く＝火をつけて香などをくゆらす。

35 船の賦を数え録す。
支配者に献上する金品などのこと。

36 寒くてコートの領を立てた。
衣服の首回りの所。

17 つかさど
18 したが
19 じ
20 ただ
21 すべ
22 ただ
23 なり
24 あや
25 はす
26 あや

27 くら
28 よわい
29 ことさら
30 したが
31 あだ
32 はかりごと
33 くるわことば
34 た
35 みつぎ
36 えり

誤答例 19［こが（れて）］ 25［ななめ］ 29［ゆえ※常用漢字表内の読み］

でる順 A

熟語の読み ①

10分で解こう!

36点以上とれれば合格!

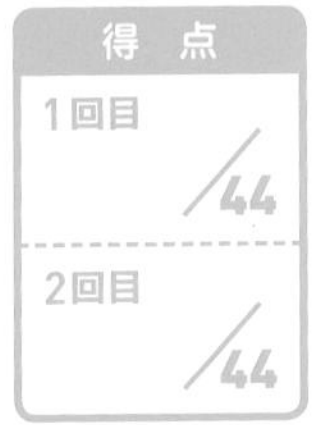

次の熟語の読み（音読み）と、その語義にふさわしい訓読みを（送りがなに注意して）ひらがなで記せ。

例 健勝……勝れる → けんしょう……すぐ

ア 1 畢生……2 畢わる
一生の間。

イ 3 肇造……4 肇める
初めてつくること。

ウ 5 鍾寵……6 鍾める
手厚く寵愛すること。

エ 7 凋残……8 凋む
衰えてしまうこと。

オ 9 優渥……10 渥い
心がこもっていて手厚いこと。

カ 11 瀆職……12 瀆す
（特に公務員が）職を瀆すこと。

キ 13 捷報……14 捷つ
勝利の知らせのこと。

ク 15 盈虚……16 盈ちる
月の満ち欠け。また、繁栄と衰退。

解答

ア 1 ひっせい……2 お
イ 3 ちょうぞう……4 はじ
ウ 5 しょうちょう……6 あつ
エ 7 ちょうざん……8 しぼ
オ 9 ゆうあく……10 あつ
カ 11 とくしょく……12 けが
キ 13 しょうほう……14 か
ク 15 えいきょ……16 み

誤答例 10［うるお（い）］

☐ ケ 17 允可……18 允す
許すこと。許可。

☐ コ 19 砥礪……20 礪く
努力すること。研ぎ磨くこと。

☐ サ 21 檮昧……22 昧い
愚かなこと。

☐ シ 23 烹煎……24 烹る
煮ることと焼くこと。料理すること。

☐ ス 25 諫死……26 諫める
死んだり死を覚悟したりすることで諫めること。

☐ セ 27 趨向……28 趨く
物事がある方向に進むこと。

☐ ソ 29 曝書……30 曝す
蔵書を広げ、風に当てること。書物の虫干し。

☐ タ 31 蒐荷……32 蒐める
荷物を集めること。

☐ チ 33 騒擾……34 擾れる
集団で騒ぎ、社会の秩序を乱すこと。

☐ ツ 35 翫弄……36 翫ぶ
手に持っていじる。

☐ テ 37 編輯……38 輯める
資料などをある方針のもとに集め、書物などにすること。

☐ ト 39 切瑳……40 瑳く
学問などに励むこと。

☐ ナ 41 劃定……42 劃る
区切りをはっきり定めること。

☐ ニ 43 匡弼……44 匡す
間違いを正し、足りない部分を補うこと。

ケ 17 いんか……18 ゆる
コ 19 しれい……20 みが
サ 21 とうまい……22 くら
シ 23 ほうせん……24 に
ス 25 かんし……26 いさ
セ 27 すうこう……28 おもむ
ソ 29 ばくしょ……30 さら
タ 31 しゅうか……32 あつ
チ 33 そうじょう……34 みだ
ツ 35 がんろう……36 もてあそ
テ 37 へんしゅう……38 あつ
ト 39 せっさ……40 みが
ナ 41 かくてい……42 くぎ
ニ 43 きょうひつ……44 ただ

他例 21［蒙昧（もうまい）］

でる順 A

熟語の読み ②

10分で解こう！

36点以上とれれば合格！

次の熟語の読み（音読み）と、その語義にふさわしい訓読みを（送りがなに注意して）ひらがなで記せ。

例 健勝……勝れる→けんしょう……すぐ

ア 1 渥恩……2 渥い
豊かな恩恵のこと。

イ 3 醇風……4 醇い
人情が厚い風習のこと。

ウ 5 徽言……6 徽い
良い言葉のこと。

エ 7 蕃殖……8 蕃る
動物・植物が生まれ増えること。

オ 9 堰塞……10 堰く
水の流れを土砂などで止めること。

カ 11 嘉尚……12 嘉する
とても褒めること。

キ 13 綿亙……14 亙る
長くつながり続いていること。

ク 15 萌生……16 萌す
物事が始まる兆しがあらわれること。

解答

ア 1 あくおん……2 あつ
イ 3 じゅんぷう……4 あつ
ウ 5 きげん……6 よ
エ 7 はんしょく……8 しげ
オ 9 えんそく……10 せ
カ 11 かしょう……12 よみ
キ 13 めんこう……14 わた
ク 15 ほうせい・ぼうせい……16 きざ

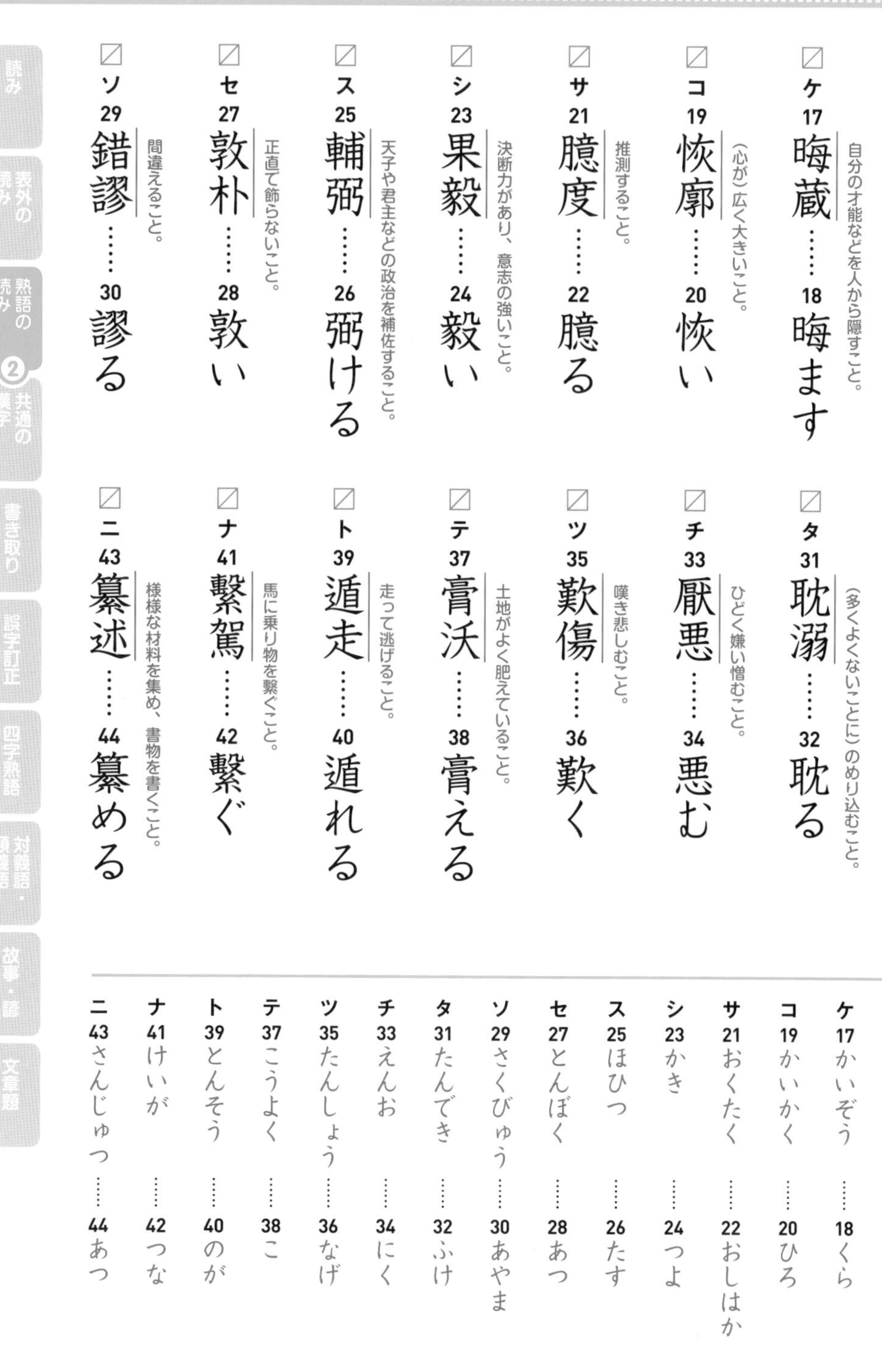

ケ 17 晦蔵……18 晦ます
自分の才能などを人から隠すこと。

コ 19 恢廓……20 恢い
(心が)広く大きいこと。

サ 21 臆度……22 臆る
推測すること。

シ 23 果毅……24 毅い
決断力があり、意志の強いこと。

ス 25 輔弼……26 弼ける
天子や君主などの政治を補佐すること。

セ 27 敦朴……28 敦い
正直で飾らないこと。

ソ 29 錯謬……30 謬る
間違えること。

タ 31 耽溺……32 耽る
(多くよくないことに)のめり込むこと。

チ 33 厭悪……34 悪む
ひどく嫌い憎むこと。

ツ 35 歎傷……36 歎く
嘆き悲しむこと。

テ 37 膏沃……38 膏える
土地がよく肥えていること。

ト 39 遁走……40 遁れる
走って逃げること。

ナ 41 繋駕……42 繋ぐ
馬に乗り物を繋ぐこと。

ニ 43 纂述……44 纂める
様様な材料を集め、書物を書くこと。

ケ 17 かいぞう……18 くら
コ 19 かいかく……20 ひろ
サ 21 おくたく……22 おしはか
シ 23 かき……24 つよ
ス 25 ほひつ……26 たす
セ 27 とんぼく……28 あつ
ソ 29 さくびゅう……30 あやま
タ 31 たんでき……32 ふけ
チ 33 えんお……34 にく
ツ 35 たんしょう……36 なげ
テ 37 こうよく……38 こ
ト 39 とんそう……40 のが
ナ 41 けいが……42 つな
ニ 43 さんじゅつ……44 あつ

誤答例 39 [じゅんそう]

でる順 A

熟語の読み ③

10分で解こう!

36点以上とれれば合格!

次の熟語の読み（音読み）と、その語義にふさわしい訓読みを（送りがなに注意して）ひらがなで記せ。

例 健勝……勝れる → けんしょう……すぐ

ア 1 渥彩……2 渥う
潤いのある彩りのこと。

イ 3 凋零……4 凋む
花などが萎み、落ちること。

ウ 5 鍾美……6 鍾める
美を一身に集める。

エ 7 大捷……8 捷つ
大きく差をつけ勝利すること。

オ 9 歩趨……10 趨る
歩くことと小走りすること。

カ 11 瀆聖……12 瀆す
神聖な存在を瀆すこと。

キ 13 苦諫……14 諫める
（主に目上の人に）言い辛いことを言い、改めるよう忠告すること。

ク 15 幽昧……16 昧い
暗いこと。明らかでないこと。

解答

ア 1 あくさい……2 うるお
イ 3 ちょうれい……4 しぼ
ウ 5 しょうび……6 あつ
エ 7 たいしょう……8 か
オ 9 ほすう……10 はし
カ 11 とくせい……12 けが
キ 13 くかん……14 いさ
ク 15 ゆうまい……16 くら

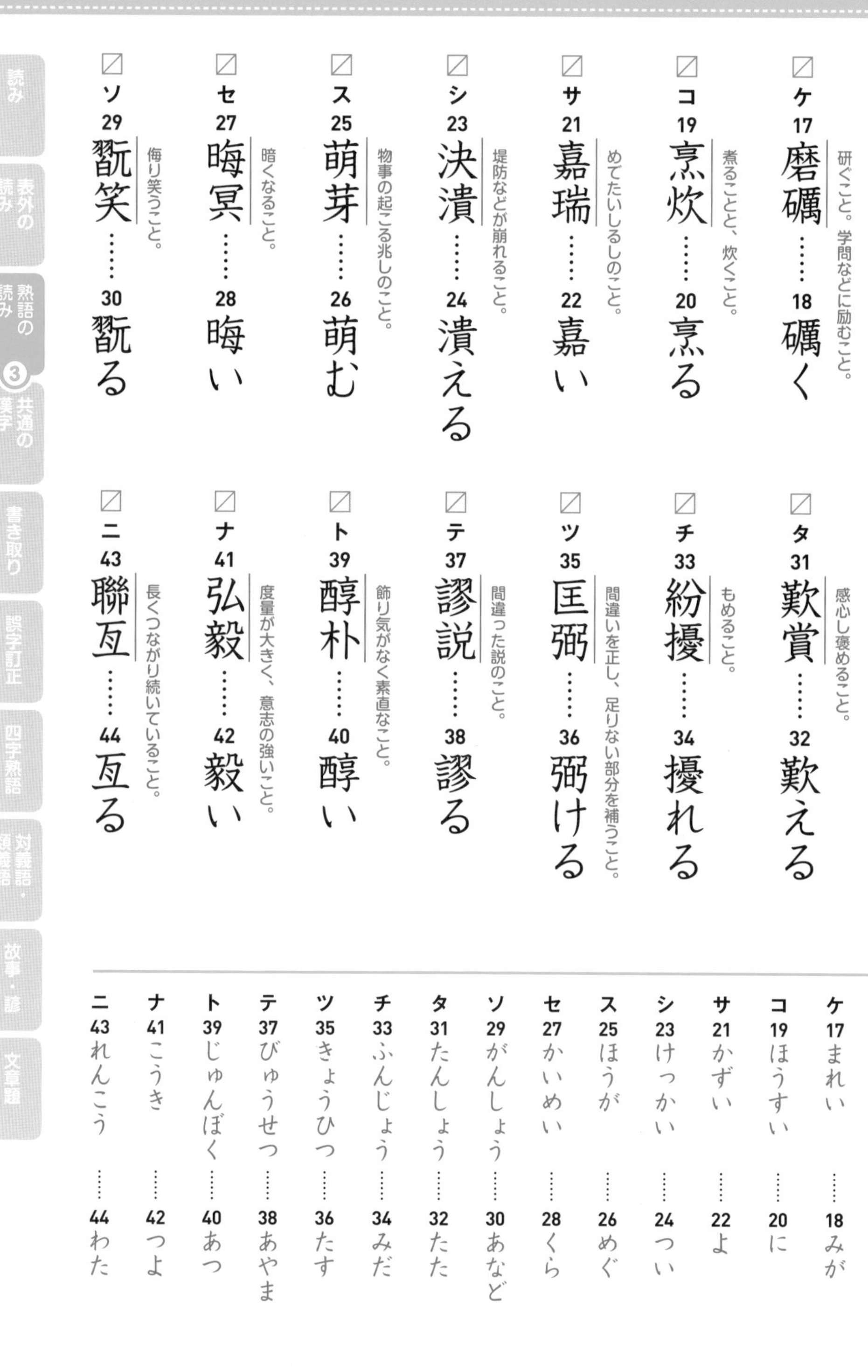

☐ ケ 17 磨礪……18 礪く
研ぐこと。学問などに励むこと。

☐ コ 19 烹炊……20 烹る
煮ることと、炊くこと。

☐ サ 21 嘉瑞……22 嘉い
めでたいしるしのこと。

☐ シ 23 決潰……24 潰える
堤防などが崩れること。

☐ ス 25 萌芽……26 萌む
物事の起こる兆しのこと。

☐ セ 27 晦冥……28 晦い
暗くなること。

☐ ソ 29 翫笑……30 翫る
侮り笑うこと。

☐ タ 31 歎賞……32 歎える
感心し褒めること。

☐ チ 33 紛擾……34 擾れる
もめること。

☐ ツ 35 匡弼……36 弼ける
間違いを正し、足りない部分を補うこと。

☐ テ 37 謬説……38 謬る
間違った説のこと。

☐ ト 39 醇朴……40 醇い
飾り気がなく素直なこと。

☐ ナ 41 弘毅……42 毅い
度量が大きく、意志の強いこと。

☐ ニ 43 聯亙……44 亙る
長くつながり続いていること。

ケ 17 まれい……18 みが
コ 19 ほうすい……20 に
サ 21 かずい……22 よ
シ 23 けっかい……24 つい
ス 25 ほうが……26 めぐ
セ 27 かいめい……28 くら
ソ 29 がんしょう……30 あなど
タ 31 たんしょう……32 たた
チ 33 ふんじょう……34 みだ
ツ 35 きょうひつ……36 たす
テ 37 びゅうせつ……38 あやま
ト 39 じゅんぼく……40 あつ
ナ 41 こうき……42 つよ
ニ 43 れんこう……44 わた

他例 17 [礪行(れいこう)]

でる順 **A**

共通の漢字 ①

12点以上とれれば合格!

次の各組の二文の（　）には共通する漢字が入る。その読みを後の［　］から選び、常用漢字（一字）で記せ。

1
- 発言が批評家の（　）餌となった。（批判などの対象となること。）
- 皆が羨ましがる（　）一対の夫婦だ。（調和している組み合わせのこと。）

2
- 逃亡中の（　）徒が逮捕された。（人を殺傷するなどの悪行を働く者のこと。）
- 去年は米が（　）荒だった。（農作物の出来がきわめて悪いこと。）

3
- （　）心より謝罪いたします。（心の底。）
- 苦（　）を察して挨拶を控える。（苦しい心の中。）

［きょう・こう・ちゅう・ぼう・やく・りょ］

4
- 俗世間から超（　）した生活を送る。（俗世間から離れること。）
- 穎（　）した頭脳をもっていた。（才能が他を凌駕してすぐれていること。）

5
- 過去の事（　）をたずねる。（事柄の行われたしるし。）
- 墨（　）から人物像を絞る。（墨で書いた文字。）

6
- （　）累を断ち旅行に出かける。（煩わしい物事。）
- いまだ（　）属中の事件である。（訴訟が特定の裁判所で審理中であること。）

［いつ・けい・こん・せき・せん・だつ］

解答

1 好
- 好餌（こうじ）
- 好一対（こういっつい）

2 凶
- 凶徒（きょうと）
- 凶荒（きょうこう）

3 衷
- 衷心（ちゅうしん）
- 苦衷（くちゅう）

4 脱
- 超脱（ちょうだつ）
- 穎脱（えいだつ）

5 跡
- 事跡（じせき）
- 墨跡（ぼくせき）

6 係
- 係累（けいるい）
- 係属（けいぞく）

誤答例 1［香一対］

7 回り遠いこと。
方法が迂（　）すぎて分かりにくい。
不正に自分だけもうけること。
私（　）は一切ない。

8 心が満たされていると思い喜ぶこと。
欣（　）の至りでございます。
よいついで。
手紙を（　）便に託した。

9 敵の得になることをする。
彼の（　）敵行為が明るみに出た。
ある立場や境遇などによって受ける恩恵のこと。
役者冥（　）に尽きる褒め言葉だ。

10 悲しみなどで気分が沈むこと。
憂（　）に閉ざされた彼女を励ます。
（　）眉を開く＝心配事がなくなり、ほっとする。
生存の報告に（　）眉を開いた。

おん・きょく・こう・しゅう・はく・ふ・ゆう・り

11 旅用の衣服のこと。
すぐに旅（　）をととのえた。
華やかに着飾ること。
彼女は式典のため盛（　）している。

12 自然界を支配している法則のこと。
自然の（　）理に従って生きる。
論理学で、ある概念がより一般的な概念に内包されていること。
包（　）された概念から考える。

13 一番前に立ち、勢いよく行動すること。
彼は独立運動の急（　）鋒である。
思想や行動が過激になること。
（　）鋭化する若者を諌めた。

14 慎み深くして、へりくだること。
彼の（　）謙な態度が気に入る。
感謝を意味する時に使う言葉。
御言葉、（　）悦至極でございます。

かつ・き・きょう・こう・せつ・せん・そう・ゆ

---

7 曲：迂曲（うきょく）・私曲（しきょく）

8 幸：欣幸（きんこう）・幸便（こうびん）

9 利：利敵（りてき）・冥利（みょうり）

10 愁：憂愁（ゆうしゅう）・愁眉（しゅうび）

11 装：旅装（りょそう）・盛装（せいそう）

12 摂：摂理（せつり）・包摂（ほうせつ）

13 先：急先鋒（きゅうせんぽう）・先鋭化（せんえいか）

14 恭：恭謙（きょうけん）・恭悦（きょうえつ）

他例　8［射幸（しゃこう）・薄幸（はっこう）］　9［利鞘（りざや）・犀利（さいり）］

でる順 A

共通の漢字 ②

10分で解こう!

12点以上とれれば合格!

得点 1回目 /14 2回目 /14

次の各組の二文の（　）には共通する漢字が入る。その読みを後の[　]から選び、常用漢字（一字）で記せ。

1
- （　）然として演奏に聴き入る。（うっとりするさま。）
- 人間性の（　）冶に励む。（人の性質などを鍛え育てること。）

2
- 毎月の発行部数を（　）算する。（数を次次と加えて計算すること。累計。）
- （　）怨を晴らす機会をうかがう。（以前からの恨みのこと。）

3
- （　）雲たれこめる場所で取材する。（武力衝突が起こりそうな緊迫した気配のこと。）
- 和（　）両様の備えをしている。（和解と武力を用いた争いのこと。）

えん・けい・せき・せん・ぞう・とう

4
- 商売（　）昌を願うため参詣する。（賑わい栄えること。）
- 清潔にして雑菌の（　）殖を防ぐ。（動物・植物が生まれ増えること。）

5
- 放（　）な生活にも飽きた。（勝手気ままなこと。）
- 独身の頃は（　）楽に耽っていた。（自由気ままに遊び楽しむこと。）

6
- 庭園の半分を（　）水が占める。（庭園の池のこと。）
- 義母は（　）下の客となった。（（　）下の客となる＝亡くなる。）

いつ・えん・きょう・せん・はん・りょう

解答

1 陶 — 陶然（とうぜん）　陶冶（とうや）

2 積 — 積算（せきさん）　積怨（せきえん）

3 戦 — 戦雲（せんうん）　和戦（わせん）

4 繁 — 繁昌（はんじょう）　繁殖（はんしょく）

5 逸 — 放逸（ほういつ）　逸楽（いつらく）

6 泉 — 泉水（せんすい）　泉下（せんか）

7
- 周辺の風（　）と調和をはかる。 （特に自然の）趣のこと。
- 馬を新しい環境に馴（　）させる。 なれさせること。

8
- 一（　）の僧舎を建てる。 一棟の建物などのこと。
- 酒が入ると気（　）壮大になる。 気（　）壮大＝心持ちが並外れて大きいこと。

9
- 何かが（　）糊として存在している。 ぼんやりしているさま。
- 和解への道を（　）索する。 色色と試しながら探すこと。

10
- 教授に淡い（　）情を抱く。 （特に異性に対して）親しく思う心持ちのこと。
- 気高い信念に欽（　）の情が湧く。 敬い仰ぐこと。

う・けん・こ・せん・ち・のう・ぼ・も

11
- 彼には部下を統（　）する力がない。 全体をまとめ、支配すること。
- 年賀状に筆で（　）慶と書いた。 新年を祝う言葉。およろこび。

12
- 日本企業の（　）体化の理由を探る。 組織などの勢力が衰えること。
- 怯（　）なのに言うことは勇ましい。 気の小さいこと。

13
- 若者が（　）歯の会の発起人になる。 高齢者を尊敬すること。
- 大衆の好（　）に合わせる。 好み。また、はやり。
- 決算の（　）飾が発覚した。 （　）飾決算＝利益を実際より多く、または少なく計上すること。

14
- （　）黛を施してお座敷に出る。 おしろいと黛。化粧。

が・ぎ・きょ・ぎょ・じゃく・しょう・ふ・ふん

---

7 **致**　風致（ふうち）　馴致（じゅんち）

8 **宇**　一宇（いちう）　気宇（きう）

9 **模**　模糊（もこ）　模索（もさく）

10 **慕**　慕情（ぼじょう）　欽慕（きんぼ）

11 **御**　統御（とうぎょ）　御慶（ぎょけい）

12 **弱**　弱体化（じゃくたいか）　怯弱（きょうじゃく）

13 **尚**　尚歯（しょうし）　好尚（こうしょう）

14 **粉**　粉飾（ふんしょく）　粉黛（ふんたい）

誤答例 8［気迂］

でる順 A

共通の漢字 ③

10分で解こう!

12点以上とれれば合格!

次の各組の二文の（　）には共通する漢字が入る。その読みを後の［　］から選び、常用漢字（一字）で記せ。

1
- 本心などをへりくだって使う言葉。どうか微（　）お察しください。
- 嘘や偽りのない心のこと。彼等の（　）情をくみとる。

2
- 一度提出などをした物事を取り下げること。前言撤（　）を要求する。
- 旅客や荷物を船で運ぶこと。港に（　）漕問屋が立ち並んでいた。

3
- 非常に速いことのたとえ。（　）兎のごとく逃げ出した。
- 原稿を書き終えること。卒業論文を（　）稿した。

かい・げん・たい・だっ・ちゅう・れん

4
- その時代の悪い風習や慣習。時（　）を改めることに尽力する。
- 破れた履物。また、なんの価値もないもの。（　）履を棄つるが如し。

5
- 殺人などのむごい行いのこと。（　）行に及んだ経緯を調べる。
- 不吉な出来事のこと。彼女は（　）変を予知した。

6
- 集中を妨げる思い。（　）念を払い勉学に励む。
- 様様なものが入りまじり、整っていないこと。蕪（　）な言辞を弄してしまった。

かい・かん・きょう・ざつ・しん・へい

解答

1 衷
微衷（びちゅう）　衷情（ちゅうじょう）

2 回
撤回（てっかい）　回漕（かいそう）

3 脱
脱兎（だっと）　脱稿（だっこう）

4 弊
時弊（じへい）　弊履（へいり）

5 凶
凶行（きょうこう）　凶変（きょうへん）

6 雑
雑念（ざつねん）　蕪雑（ぶざつ）

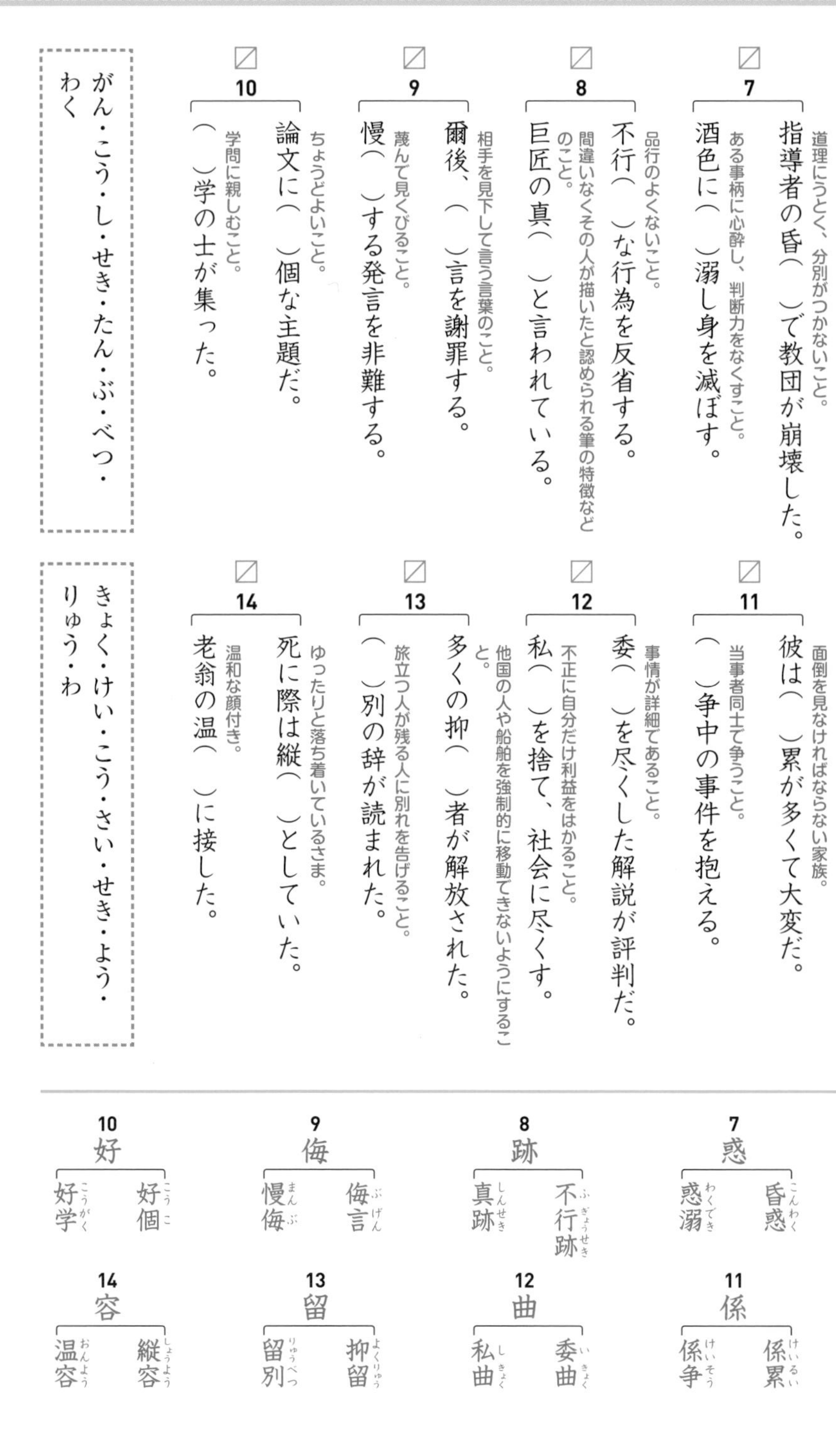

7
- 指導者の昏(　)で教団が崩壊した。（道理にうとく、分別がつかないこと。）
- 酒色に(　)溺し身を滅ぼす。（ある事柄に心酔し、判断力をなくすこと。）

8
- 不行(　)な行為を反省する。（品行のよくないこと。）
- 巨匠の真(　)と言われている。（間違いなくその人が描いたと認められる筆の特徴などのこと。）

9
- 爾後、(　)言を謝罪する。（相手を見下して言う言葉のこと。）
- 慢(　)する発言を非難する。（蔑んで見くびること。）

10
- 論文に(　)個な主題だ。（ちょうどよいこと。）
- (　)学の士が集った。（学問に親しむこと。）

がん・こう・し・せき・たん・ぶ・べつ・わく

11
- 彼は(　)累が多くて大変だ。（面倒を見なければならない家族。）
- (　)争中の事件を抱える。（当事者同士で争うこと。）

12
- 委(　)を尽くした解説が評判だ。（事情が詳細であること。）
- 私(　)を捨て、社会に尽くす。（不正に自分だけ利益をはかること。）

13
- 多くの抑(　)者が解放された。（他国の人や船舶を強制的に移動できないようにすること。）
- (　)別の辞が読まれた。（旅立つ人が残る人に別れを告げること。）

14
- 死に際は縦(　)としていた。（ゆったりと落ち着いているさま。）
- 老翁の温(　)に接した。（温和な顔付き。）

きょく・けい・こう・さい・せき・よう・りゅう・わ

---

7 惑：昏惑（こんわく）／惑溺（わくでき）

8 跡：不行跡（ふぎょうせき）／真跡（しんせき）

9 侮：侮言（ぶげん）／慢侮（まんぶ）

10 好：好個（こうこ）／好学（こうがく）

11 係：係累（けいるい）／係争（けいそう）

12 曲：委曲（いきょく）／私曲（しきょく）

13 留：抑留（よくりゅう）／留別（りゅうべつ）

14 容：縦容（しょうよう）／温容（おんよう）

誤答例　12［私細］

でる順 A

書き取り ①

29点以上
とれれば
合格!

次の傍線部分のカタカナを漢字で記せ。

1 侍に**フンソウ**し撮影に臨む。
役柄に合わせて身なりなどを整えること。

2 **ヘラ**を使って糊を伸ばす。
木や竹などを平らに削り、先端をとがらせた道具。

3 泣き叫ぶ子どもを**ナダ**める。
ナダめる＝怒りや不満で興奮している人を静める。

4 **ホリュウ**の質の母を気遣う。
ホリュウの質＝体質が弱く、病気にかかりやすいこと。

5 **ケタチガ**いの実力を見せつけた。
ケタチガい＝規模などが他と比べものにならない。

6 珍しい形の**ハニワ**が出土した。
古墳の上部や周囲に立て並べた素焼きの土製品のこと。

7 目が**サ**えて眠れなかった。
サえる＝頭や体の調子がはっきりする。

8 先輩に就職を**アッセン**してもらう。
両者がうまくいくように取り持つこと。

9 正確な意味を**ハソク**する。
意味などをしっかり理解すること。

10 彼は**ヒンシ**の状態で発見された。
今にも命が果てそうなこと。

11 数奇な運命に**ホンロウ**される。
思うままにもてあそぶこと。

12 彼はよく**ホラ**を吹く。
ホラを吹く＝物事を誇張して言う。でたらめを言う。

13 納豆を食べて**タンパク**質を補う。
タンパク質＝重要な栄養素の一つ。

14 ここの**フトウ**で釣りは禁止です。
船を横付けし、船客の乗降や荷物の積みおろしをする区域のこと。

15 路上のゴミを**マタ**いで通る。
マタぐ＝またを開いて物の上を越える。

16 快勝の**ガイカ**をあげた。
勝利を祝うた。

解答

1 扮装
2 篦
3 宥
4 蒲柳
5 桁違
6 埴輪
7 冴（冱）
8 斡旋
9 把捉
10 瀕死
11 翻弄
12 法螺
13 蛋白
14 埠頭
15 跨
16 凱歌

読み
表外の読み
熟語の読み
共通の漢字
書き取り①
誤字訂正
四字熟語
対義語・類義語
故事・諺
文章題

17 山の**フモト**の旅館に泊まる。
山の下の部分のこと。

18 満面に笑みを**タタ**えて迎えた。
タタえる＝表情を表す。

19 台所の壁が**スス**けている。
ススける＝すすがついて黒く汚れる。古くなって汚れた色になる。

20 復興の**ツチオト**が響いている。
建築などが行われている場合に使う言葉。

21 **ダキ**すべき犯罪行為を許さない。
ひどく軽蔑し嫌うこと。

22 事業の損失を**ホテン**した。
不足や欠損部分を埋めること。

23 年賀状を**トウカン**する。
郵便物をポストに入れること。

24 山のすそに**カスミ**がたなびく。
空気中の水滴などのため、遠くの景色がはっきりと見えない現象のこと。

25 雲が山頂付近を**ヨウエイ**している。
ゆらゆらとただようこと。

26 地球は**ダエン**の形をしている。
二つの定点からの距離の和が一定な点の軌跡。

27 仕入れた商品が全部**サバ**けた。
サバく＝売る。

28 イナゴの**ツクダニ**の作り方を習う。
小魚や海藻などを醤油やみりんなどで味付けし、熱を通した食べもの。

29 挑戦者が王者に**イッシュウ**された。
相手を簡単に負かすこと。

30 災害時に備え**ロウソク**を買う。
より糸のまわりをろうなどで円柱状に固めたもの。

31 軽傷なのに**オオゲサ**に痛がる。
物事を実際より誇張すること。

32 ころんで**ダイタイ**部を損傷した。
足の付け根から膝までの部分のこと。

33 新しい学説を**シイ**する。
よく考えること。

34 **シイ**的な判断をするな。
自分勝手な考えのこと。

35 **ウ**の花を植える。
ウの花＝ウツギの花。

36 意見をなんでも**ウ**呑みにするな。
ウ呑み＝物事の内容を熟考せず受け入れること。

---

17 麓（埜）
18 湛
19 煤
20 槌音
21 唾棄
22 補塡
23 投函
24 霞
25 揺曳
26 楕円
27 捌
28 佃煮
29 一蹴
30 蠟燭
31 大袈裟
32 大腿
33 思惟
34 恣（肆）意
35 卯
36 鵜

他例 20［相槌（あいづち）・鉄槌（てっつい）］

でる順 A

書き取り ②

次の傍線部分のカタカナを漢字で記せ。

1 買い物に出かけるのが**オックウ**だ。
面倒で気が進まないさま。

2 美しい**フスマ**絵に見とれる。
フスマ絵＝木の骨組みに紙などを張った、部屋を仕切るための建具に絵を描いたもの。

3 予定の**リョウセン**ルートに出る。
峰から峰へと続くせんのこと。尾根。

4 **ウレ**しい知らせが舞い込む。
ウレしい＝望ましい結果に喜ぶ。

5 国技館に力士が**セイゾロ**いした。
セイゾロい＝一か所に多くの人が集まること。

6 業者に**アマドイ**の修理を頼む。
軒先からあまみずを受けて地上に流す装置。

7 ボートを**コ**いで反対岸に行く。
コぐ＝櫂(かい)などを使い、舟を進める。

8 童話から**グウイ**を読み取る。
本当の内容を直接表さず、他の物に託して表すこと。

9 息子は食欲が**オウセイ**です。
活力があり、とても勢いのあるさま。

10 二人の関係が**イビツ**になった。
状態が正常でないこと。

11 師を世の**ボクタク**として崇拝する。
世の中の人を教え導く人のこと。

12 初期の**コウトウガン**が見つかる。
呼吸器の一部にできる悪性の腫瘍のこと。

13 伝聞には**オヒレ**が付きやすい。
オヒレが付く＝ある事ない事が付加されて、話が大袈裟になる。

14 向かってくる敵を**ナ**ぎ倒す。
ナぎ倒す＝連続して相手を打ち負かしていく。

15 叱責の**サジ**加減を学ぶ。
サジ加減＝物事を行う時の手加減のこと。

16 **リンゴ**の皮を上手に剝く。
バラ科の落葉高木にできる果実。

29点以上とれれば合格!

解答

1 億劫
2 襖
3 稜線
4 嬉
5 勢揃
6 雨樋
7 漕
8 寓意
9 旺盛
10 歪
11 木鐸
12 喉頭癌
13 尾鰭
14 薙
15 匙(匕)
16 林檎

他例 2［襖紙(ふすまがみ)］

読み
表外の読み
熟語の読み
共通の漢字
書き取り2
誤字訂正
四字熟語
対義語・類義語
故事・諺
文章題

17 **コンペキ**の空を見上げる。
黒みのある深い青色。

18 ついに生涯の**ハンリョ**を得た。
配偶者。

19 車内は**リッスイ**の余地もない。
リッスイの余地もない＝人がぎっしり集まり、少しの隙間もない。

20 従兄は**ウルウ**日に生まれた。
ウルウ日＝太陽暦で四年に一度ある二月二十九日。

21 **ミケン**にしわを寄せて私を見た。
額の中央部分。

22 **コウシジマ**のシャツを買った。
線を縦横に組み合わせた模様のこと。

23 カラタチは**カンキツ**類の一種だ。
カンキツ類＝ミカン科のミカン属など。

24 仕事中に手首を**ネンザ**した。
手足などの関節に強い外力がかかり、靱帯や腱(けん)を損傷すること。

25 丁寧に**コンポウ**して発送する。
品をつつみ、ひもなどをかけて荷造りすること。

26 過酷な環境に労働者が**ホウキ**した。
大勢が一斉に暴動などをおこすこと。

27 その釈明は**フンパン**ものだった。
ふきだして笑ってしまうこと。

28 数数の非礼を**ワ**びる。
ワびる＝自分の非を認め許しを求める。

29 中傷されても**キゼン**としている。
意志が強く、物事に動じないさま。

30 国の財政が**ヒッパク**している。
余裕のない状態になること。

31 時**アタカ**も桜散る季節だった。
アタカも＝ちょうどその時。また、ある物事が他とよく似ていることを表す。まるで。

32 冷奴に**ショウユ**を垂らす。
小麦と大豆を原料とする調味料。

33 檀家の**ホウガ**金を集める。
神仏に金品を寄進すること。

34 世代交代の**ホウガ**をみる。
物事の起こる兆しのこと。

35 最後にから**ブ**きで掃除を終える。
からブき＝乾いた布でふくこと。

36 かわら**ブ**きの家が少なくなった。
かわらブき＝かわらで屋根をおおうこと。

17 紺碧
18 伴侶
19 立錐
20 閏
21 眉間
22 格子縞
23 柑橘
24 捻挫
25 梱包
26 蜂起
27 噴飯
28 詫（侘）
29 毅然
30 逼迫
31 恰・宛
32 醤油
33 奉加
34 萌芽
35 拭
36 葺

誤答例 24［念挫］

でる順 A

書き取り ③

15分で解こう!

29点以上とれれば合格!

次の傍線部分のカタカナを漢字で記せ。

1 授業で**メシベ**を観察した。
種子植物の花の中心部にある、メスの生殖器官。

2 愛馬に新しい**テイテツ**を付ける。
馬のひづめの底に打つ金具のこと。

3 盗賊の**シュカイ**が捕まった。
悪事などの張本人のこと。

4 **ヒノキ**風呂の香りを楽しむ。
ヒノキ科の常緑高木。

5 **ホオヅエ**をついて聞いている。
肘をつき、手のひらでほおを支えること。

6 昨夜から**コンスイ**状態に陥った。
意識が完全になくなり、刺激に反応を示さない状態のこと。

7 川を渡るヌーの一群を**ワニ**が襲う。
ワニ目の爬虫類。

8 祖父は**ギキョウ**心の強い男だ。
正しい道理などを重んじ、弱者を助けること。

9 **アケボノ**の空に流れ星を見る。
ほのぼのと夜が明ける頃。

10 他国との貿易を**シュンキョ**した。
厳しい態度で断ること。

11 三国**テイリツ**の様相を呈する。
三者がお互い張り合い、譲らないこと。

12 **カイショウ**無しとの結婚は嫌だ。
カイショウ無し＝頼りない人。

13 **アカヌ**けたデザインの服を探す。
アカヌける＝洗練される。

14 理想の環境に**ジュンチ**する。
徐徐にある状態になっていくこと。なれさせること。

15 長時間待たされて**イラ**だつ。
イラだつ＝いらいらする。

16 **ドウコウ**は明るい所で小さくなる。
眼球の中央にある穴で、目に入る光量を調節する器官。

解答

1 雌蕊
2 蹄鉄
3 首魁
4 檜
5 頰杖
6 昏睡
7 鰐
8 義侠
9 曙
10 峻拒
11 鼎立
12 甲斐性
13 垢抜
14 馴致
15 苛
16 瞳孔

17 大雪が大事故を**ジャッキ**した。
事件や問題などをひきおこすこと。

18 チーズが**トロ**けるまで焼く。
トロける＝固形のものが溶ける。

19 外国の会社に**クラ**替えした。
クラ替え＝仕事などをかえる。

20 激しい**ツバ**競り合いを演じた。
ツバ競り合い＝勢力が拮抗(きっこう)していて、緊迫した状況の中で争うこと。

21 悪徳商法の**エジキ**となった。
人の野心や欲望などのため、犠牲となるもの。

22 **ロッカン**筋を痛める。
あばら骨のあいだ。

23 **カバン**を電車に忘れる。
書類などを入れて持ち運ぶための用具。

24 **ホウマツ**の思いを抱く。
あわのようにはかないもののたとえ。

25 赤ん坊に髪を**ワシヅカ**みにされた。
ワシヅカみ＝手のひらを大きく開き手荒につかむこと。

26 引っ越しの**テハズ**は整った。
物事を行う前に決めておく順序など。

27 乾燥させた**ケイフン**を肥料にした。
にわとりのふんのこと。

28 **ボダイジュ**は釈迦に縁のある木だ。
クワ科の常緑高木。

29 昔話に**コウコウヤ**が登場する。
やさしい老人のこと。

30 有名選手と**ゴ**して戦う。
ゴする＝他人と同じ位置に並ぶ。

31 自由**キママ**な暮らしをしている。
遠慮などをせず自分の思うままに振る舞うこと。

32 **アイサツ**をしない若者が増えた。
人に会った時や別れる時に交わす、礼儀にかなった言葉や動作のこと。

33 **セッコウ**を流し込んで鋳型を作る。
硫酸カルシウムと水からなる鉱物。

34 精鋭部隊が**セッコウ**に出る。
相手の動静や地形を調べること。また、そのために派遣する兵士のこと。

35 いつも会長の**ツル**の一声で決まる。
ツルの一声＝多くの人を従わせる権力者などの一言。

36 瓜の長い**ツル**を切る。
何かに巻きついたりする植物の茎。

17 惹起
18 蕩(盪)
19 鞍
20 鍔(鐔)
21 餌食
22 肋間
23 鞄
24 泡沫
25 鷲掴
26 手筈
27 鶏糞
28 菩提樹
29 好好爺
30 伍
31 気儘
32 挨拶
33 石膏
34 斥候
35 鶴
36 蔓

他例 35・36 [弦(つる)]

でる順 A

書き取り ④

15分で解こう!

29点以上とれれば合格!

次の傍線部分のカタカナを漢字で記せ。

1 世の中は不公平だと**ヒガ**む。
ヒガむ＝物事を素直に受け取らず、自分が不利だと思い込む。

2 **サワラビ**を摘みに行く。
芽を出したばかりのわらび。

3 恋の**サヤア**てを目撃する。
サヤアて＝二人の男性が一人の女性を巡り争うこと。

4 海外旅行の**ダイゴミ**を楽しむ。
物事の本当の面白さのこと。

5 **サワ**やかな笑顔の青年だった。
サワやか＝気持ちがすっきりして快い。

6 彼らは海の**モクズ**と消えた。
海のモクズと消える＝海戦などで海に沈み死ぬ。

7 **ヘンボウ**を遂げた街を案内する。
姿・様子が違う状態になること。

8 **ワキメ**も振らずに勉学に勤しむ。
ワキメも振らず＝よそ見せず、その事だけを見たり、専念したりする。

9 **コトナカ**れ主義の役員を指弾する。
コトナカれ主義＝問題が起こらず、平穏に済ませたいと望む消極的な考え方のこと。

10 手際よく**ハイゼン**する。
客の前に料理を行き渡らせること。

11 生まれた子猫の**モラ**い手を探す。
モラい手＝もらう人のこと。

12 その行為は**ケイベツ**に値する。
劣ったものとして見下げること。

13 肩を**スボ**めて歩いた。
スボめる＝小さく縮める。

14 院長の**イス**をうかがう。
官職などの地位。

15 ヒトの**ジンゾウ**は左右に一対ある。
脊椎動物の泌尿器系の器官。

16 自給自足の生活に**アコガ**れる。
アコガれる＝理想とする物事などに心をひかれる。

解答

1 僻
2 早蕨
3 鞘当
4 醍醐味
5 爽
6 藻屑
7 変貌
8 脇目
9 事勿
10 配膳
11 貰
12 軽蔑
13 窄（歙）
14 椅子
15 腎臓
16 憧（憬）

誤答例 15［腎蔵］

☐ 17 金メダルが**サンゼン**と輝く。
はっきりと鮮やかに輝くさま。

☐ 18 交渉が**マト**まった。
マトまる＝話し合いなどに決着がつく。

☐ 19 一男一女を**モウ**けた。
モウける＝子どもをさずかる。

☐ 20 **セッケン**をよく泡立てて洗う。
汚れを落とすために使う洗剤の一つ。

☐ 21 身を**テイ**して家族を守る。
身をテイする＝自分の身を投げ出してことに当たる。

☐ 22 同僚の出世を**ウラヤ**んだ。
ウラヤむ＝他人の恵まれた環境などを悔しがり、自分もそうなりたいと思う。

☐ 23 子どもたちも**ミコシ**を担いだ。
かみのみたまなどが乗るとされる乗り物。

☐ 24 **サクソウ**した状況を打開する。
複雑に入り組むこと。

☐ 25 小鳥が熟れた実を**ツイバ**んでいる。
ツイバむ＝鳥がくちばしで物をつついて食べる。

☐ 26 **ボッコン**鮮やかに和歌を書く。
筆で書いたすみのあとのこと。

☐ 27 一階から母の**シッセイ**が聞こえた。
しかるこえのこと。

☐ 28 身命を**ト**して主君を諫める。
トする＝ある目的のために、失うことを覚悟してさし出す。

☐ 29 チームの**キュウセンポウ**に立つ。
一番前に立ち、勢いよく行動すること。

☐ 30 通りから**ニギ**やかな音が聞こえる。
ニギやか＝人の声などが盛んに聞こえてくるさま。

☐ 31 強打し肩を**ダッキュウ**した。
骨の関節がはずれること。

☐ 32 熱帯の海に**サンゴショウ**が広がる。
サンゴや藻類などが集積してできた隆起した岩礁や島。

☐ 33 山村ならではの**シュコウ**を供する。
さけとさかな。

☐ 34 君の論評には**シュコウ**しかねる。
賛成すること。

☐ 35 **クシ**の歯をひくように事が起きる。
クシの歯をひく＝絶え間なく続く。

☐ 36 野菜や肉に**クシ**を打って焼く。
魚や野菜などを刺すための先のとがった細長い棒。

---

17 燦（粲）然
18 纏
19 儲
20 石鹸
21 挺
22 羨
23 神輿・御輿
24 錯綜
25 啄（啅）
26 墨痕

27 叱声
28 賭
29 急先鋒
30 賑（殷）
31 脱臼
32 珊瑚礁
33 酒肴
34 首肯
35 櫛（梳）
36 串

他例 26［痕跡（こんせき）］ 27［叱責（しっせき）］

でる順 A

書き取り ⑤

15分で解こう!

29点以上とれれば合格!

得点 1回目 /36 2回目 /36

次の傍線部分のカタカナを漢字で記せ。

1 **セキツイ**に損傷はないようだ。
体の中軸となる骨格を構成するほねのこと。

2 顧客情報の**ロウエイ**を防ぐ。
秘密などがもれること。

3 台風で川の**ミズカサ**が増えた。
川や湖などのみずの量。

4 蔵の骨董品の**シンガン**を見分ける。
本物と偽物。

5 角界総**マク**りがトップ記事だ。
総マクリ＝残らず取り上げ論評すること。

6 盛大な**バンサン**会を催す。
夕食。特に、改まった豪華な夕食をいう。

7 **キョウリョウ**工事が始まった。
川や道路などに架ける構造物。はし。

8 老女に**フン**して登場する。
フンする＝(特に俳優が)他人の姿をよそおう。

9 燻製品では**カマボコ**が好きだ。
白身の魚をすり身にして味を付け、蒸すなどした食品のこと。

10 **サンロク**には美しい湖がある。
やまのふもと。

11 絶体絶命の危機に**ヒン**する。
ヒンする＝大変な事態が迫りくる。

12 **ラセン**階段を使い屋上に行く。
ラセン階段＝巻き貝のようにぐるぐると巻いた形状の階段のこと。

13 **コセンキョウ**を建て直す。
鉄道道路の上をまたぐように架け渡されたはしのこと。

14 彼の真意を**ホソク**する。
とらえること。

15 祖父は庭を**イジ**る趣味がある。
イジる＝趣味などで手を加える。

16 **ソウテイ**場でボートに乗る。
ボートなどをこぐこと。

解答

1 脊椎
2 漏洩(泄)
3 水嵩
4 真贋
5 捲
6 晩餐
7 橋梁
8 扮
9 蒲鉾
10 山麓
11 瀕
12 螺旋
13 跨線橋
14 捕捉
15 弄
16 漕艇

17 友が剃髪し**ソウリョ**になった。
仏道に入って修行する人のこと。

18 **エンスイ**の体積をもとめる。
えんの周りの全ての点と、平面外の一定点とを結んでできる立体のこと。

19 素材に**ハツガン**物質が見つかった。
ハツガン物質＝がんを引き起こす物質のこと。

20 悪質な詐欺集団に**テッツイ**を下す。
テッツイを下す＝厳しい制裁などを加える。

21 友人に会う時間を**ネンシュツ**する。
やりくりして時間や金銭などをつくりだすこと。

22 車にガソリンを**ジュウテン**する。
あいているところにものを詰めて満たすこと。

23 ここは**ミズハ**けが悪い土地だ。
ミズハけ＝みずの流れるぐあいのこと。

24 彫刻作品の**ハクビ**とされた。
多くの中で最もすぐれている物。

25 受験中、親戚の家に**キグウ**した。
他人の家に、一時的に世話になること。

26 **ウンカ**のごとく客が押し寄せた。
多くの人が集まることのたとえ。

27 和平への**ショコウ**が見えてきた。
明るいきざし。

28 悪い風評に**ムナクソ**が悪くなる。
ムナクソが悪い＝むねがムカムカするほど不快になる。

29 海岸で波の**ヒマツ**がかかった。
細かくなってとび散るみずのこと。

30 柱にぶつかり**ロッコツ**を痛める。
胸郭を形づくり、内臓を保護しているほね。

31 暑さに**コントウ**してしまった。
目がくらみ、たおれること。

32 **カップク**のいい青年に会った。
肉づきなど外見の体つき。

33 **ココウ**の臣と頼む部下が裏切る。
手足となって働く、最も頼りとする部下のこと。

34 **ココウ**を凌ぐために何でもやった。
ココウを凌ぐ＝なんとかして暮らしていく。

35 野**ビル**を醤油漬けにする。
野ビル＝ユリ科の多年草。

36 山**ビル**に注意して山に入る。
山ビル＝ヤマビル科のヒル。

---

17 僧侶
18 円錐
19 発癌
20 鉄槌・鉄鎚
21 捻(拈)出
22 充塡
23 水捌
24 白眉
25 寄寓
26 雲霞
27 曙光
28 胸糞
29 飛沫
30 肋骨
31 昏倒
32 恰幅
33 股肱
34 糊(餬)口
35 蒜
36 蛭

誤答例 27［初光］

でる順 A

書き取り ⑥

次の傍線部分のカタカナを漢字で記せ。

1 記念に**ガイセン**門の写真を撮る。
ガイセン門＝戦いの勝利を記念して造られた門のこと。

2 誕生日に**ショクゼン**をにぎわした。
料理を載せたぜんのこと。またその料理。

3 **バテイ**形の装飾品を身に着ける。
バテイ形＝うまのひづめに似た形のこと。

4 船は**モチロン**、飛行機にも酔う。
言うまでもなく。

5 凄惨な**ソウボウ**を呈していた。
物事の様子。

6 採れたての**ハチミツ**をなめる。
ミツバチが花から集めたみつ。

7 彼は**コンセキ**を残さず去った。
過去、何かがあったあと。

8 公約を**ナイガシ**ろにされる。
ナイガシろ＝あってもないもののように軽んじること。

9 カードゲームで**カケ**をする。
互いに出した金品を勝者が取る約束で対すること。

10 **リザヤ**の大きい商品を扱う。
取引で、売値と買値の差額によって得られる金額のこと。

11 ページを**メク**って乱丁を調べる。
メクる＝重なっているものをはがす。

12 三党首の**テイダン**が実現した。
三人が向かい合って話すこと。

13 有名な絵画の**ガンサク**が出回った。
偽物のこと。

14 木を**コ**る仕事に就く。
コる＝木などを切る。

15 **ウロ**を辿ってでも目的を果たす。
遠回りの道のこと。

16 彼はギャンブルに**タンデキ**した。
（多くよくないことに）のめり込むこと。

29点以上とれれば合格！
得点
1回目 /36
2回目 /36

解答

1 凱旋
2 食膳
3 馬蹄
4 勿論
5 相貌
6 蜂蜜
7 痕跡・痕蹟（迹）
8 蔑
9 賭
10 利鞘
11 捲
12 鼎談
13 贋作
14 樵
15 迂路
16 耽（酖）溺

誤答例 15［宇路］

読み
表外の読み
熟語の読み
共通の漢字
書き取り6
誤字訂正
四字熟語
対義語・類義語
故事・諺
文章題

17 それはキンカイに存じます。
非常に喜ばしいこと。

18 スゲガサを被った老嬢に会った。
すげで作られたかさのこと。

19 彼のゲキリンに触れたらしい。
ゲキリンに触れる＝目上の人を激しく怒らせてしまう。

20 旬のニジマスを食す。
サケ科の淡水魚。

21 横のケイセンのあるノートを買う。
一定の間隔で引かれたせんのこと。

22 捕れたてのカニを送る。
十脚目短尾亜目の甲殻類の総称。

23 菓子をカの子斑の包装紙に包む。
カの子斑＝白い斑点がある模様のこと。

24 車道のクボみを埋める。
クボみ＝周囲より低くなっている場所。

25 絢飾がキンジョウに花を添えた。
キンジョウに花を添える＝美しく立派なものに、さらに美しく立派なものを加える。

26 完成を見ることなくキセキに入る。
キセキに入る＝死亡する。

27 優勝して実績にハクをつける。
ハクをつける＝値打ちを加える。

28 郷土に残した両親がシノばれる。
シノぶ＝過去の出来事や遠く離れた人や場所などを懐かしく思い出す。

29 国家の安全がキタイに瀕する。
キタイに瀕する＝とてもあぶない状態になる。

30 経済再生のブンスイレイとなる。
方向性が決まる、わかれ目のたとえ。

31 浅草カイワイで祭りがある。
あたり一帯。

32 ニラを使った料理をつくる。
ユリ科の多年草。

33 大音量に耳をロウする。
ロウする＝耳が聞こえなくなる。また、聞こえなくする。

34 父の浪費が心をロウする。
ロウする＝煩わせる。

35 白煙を吸ってセく。
セく＝せきをする。

36 早く結果を知りたくて気がセく。
セく＝早くしようとあせる。

---

17 欣快
18 菅笠
19 逆鱗
20 虹鱒
21 罫線
22 蟹
23 鹿
24 窪・凹
25 錦上
26 鬼籍
27 箔
28 偲・慕
29 危殆
30 分水嶺
31 界隈
32 韮
33 聾
34 労
35 咳（喘・嗽）
36 急

他例 33・34［弄（ろう）する］

でる順 A

誤字訂正 ①

10分で解こう!

16点以上とれれば合格!

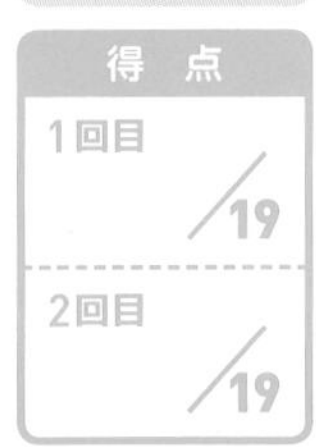

次の各文にまちがって使われている同じ音訓の漢字が一字ある。その誤字と正しい漢字を記せ。

1 戦闘に捲き込まれた犠牲者の無念を慮り供養塔を建て命福を祈った。

2 不祥事の責任を取り辞職してからは俗陣を避け幽栖した生活を送った。

3 奉書に使用される手透きの和紙を作る職人が年ごとに逓減している。

4 企画展にあった媒煙を出して走る汽車の写真を見て桑梓の母を偲んだ。

5 急逝した儲君の死の真相を巡る情報が錯争し、編集部が混沌となる。

6 党内融和を妨げた造反議員の処遇を巡って派閥間の葛董が深刻化した。

7 外壁薄落の兆候には内部鉄筋の腐蝕や錆の膨張によるひびがある。

8 地方活性化という県民の予望を担って剛毅な彼は国政に参与している。

解答

1 命→冥　冥福＝死後の幸福のこと。

2 陣→塵　俗塵＝俗世のわずらわしい事柄のこと。

3 透→漉（抄）　手漉き＝手で紙をすくこと。

4 媒→煤　煤煙＝煤と煙。

5 争→綜　錯綜＝複雑に入り組むこと。

6 董→藤　葛藤＝争い合うこと。

7 薄→剝　剝落＝はがれ落ちること。

8 予→輿　輿望＝世間の人の信頼や期待のこと。

他例　1［冥利（みょうり）］　2［後塵（こうじん）］　7［剝（む）く］　8［玉（たま）の輿（こし）］

☐ 9 爾来、碩徳な素封家が現れ資金不足の問題に解決の初光が見え始めた。

☐ 10 虚偽の帳簿記載が露顕せず安度したのも束の間、再監査が決定した。

☐ 11 その襖絵は美術の巨匠の真作である水墨画と比しても損色がなかった。

☐ 12 信頼していた同僚に謀られ、遺失物横領の首魁の濡れ絹を着せられた。

☐ 13 絶滅危惧種の猛斤類の生態を調査すべく裾野を辿り深山幽谷に入る。

☐ 14 推薦された啓盲書を熟読玩味したとはいえ具眼を得たとはいえない。

☐ 15 苛政に民衆が蜂起し、文治となった現在は新興国へと変房を遂げた。

☐ 16 社運の隆祥を願う為、嘉辰の日に同僚を連れて詣拝をしに出かけた。

☐ 17 博物館へ寄付する為、所蔵の袖珍本を汗牛充到の書籍の中から漁った。

☐ 18 姪孫の寛爾として笑った顔に亡き伴侶の面影を見てふと涙腺が緩んだ。

☐ 19 出社の途時、産気づいた妊婦を義侠心から助け病院まで付き添った。

---

9 初→曙 曙光＝明るいきざし。

10 度→堵 安堵＝安心すること。

11 損→遜 遜色＝他と比べて劣ること。

12 絹→衣 濡れ衣を着せる＝無実の罪を負わせる。

13 斤→禽 猛禽類＝タカ目とフクロウ目の鳥の総称。

14 盲→蒙 啓蒙＝道理の乏しい者たちを、理解を深めるように教え導くこと。

15 房→貌 変貌＝姿・様子が変わること。

16 祥→昌 隆昌＝勢いが盛んなこと。栄えること。

17 到→棟 汗牛充棟＝蔵書がとても多いことのたとえ。

18 寛→莞 莞爾＝にっこりとほほ笑むさま。

19 時→次 途次＝目的地に行く途中。

他例 11［謙遜（けんそん）］

でる順 A

誤字訂正②

16点以上
とれれば
合格!

次の各文にまちがって使われている同じ音訓の漢字が一字ある。
その誤字と正しい漢字を記せ。

☐ 1 金儲けに糠泥し屑々としていたが、精神を蝕まれ現在は逼塞している。

☐ 2 病竈を摘出し、気力が久に復すと以前にも増して昂然な態度となった。

☐ 3 鉱山の麓で途徹もなく巨大な珪石を発掘したが、鼠盗に持ち去られた。

☐ 4 穀潰しの放唐息子が新政党の尖兵に抜擢されていて母親は吃驚した。

☐ 5 帝の調を一身に受けた側室は、嫉妬の渦に巻き込まれ中傷に晒された。

☐ 6 寝殿造りの邸では雨などを遮る為に縞子組に板を挟んだ蔀戸を吊った。

☐ 7 冠婚葬祭や痔核手術など雑事での長らくの無音をどうぞ御解容下さい。

☐ 8 上司に高く評価され、先輩の前で過褒の言葉を頂戴し寒顔の至りだ。

解答

1 糠→拘　拘泥＝こだわること。

2 久→旧　もとの状態。

3 徹→轍　途轍もない＝並外れている。

4 唐→蕩　放蕩＝酒や色事に溺れること。

5 調→寵　特に気に入られること。

6 縞→格　格子＝細い木などにすかしを入れて組んだもの。

7 解→海　海容＝広い心で失礼や罪を許すこと（主に手紙で許しをこう）。

8 寒→汗　汗顔＝汗をかくほど恥ずかしいと感じること。

誤答例 3［途撤］

9 三事兼帯し積儒と仰がれ、後世の亀鑑と呼ばれた有職故実書を残した。

10 商品破損防止の為、緩衝材を使い紐で結束して懇包し天地無用と記す。

11 艶やかな湿黒の髪に白磁の肌と真紅の唇の見目麗しい姫君が遁世した。

12 左膝の半月板に亀裂が入り長期療養を余儀無くされたが見事復起した。

13 言葉巧みな嘘の情報に旋動され、被害に遭い訴える人が著増している。

14 拙著の上紙に漕ぎ着けられたのも偏に関係者各位のご指導の賜物です。

15 その堂塔には、金色讃然たる阿弥陀如来坐像が一軀安置されている。

16 昔抑留されていた詩人の犠牲者に捧げる鎮魂の舌唱に万感交到る。

17 夫の頓死を悲しむ彼女を慰侮する為、私は有名な挽歌を聞かせた。

18 病院を誘致する為、徳志家から寄附を募ったが障碍が多く頓挫した。

19 犯罪を厭汚していると講演していた政治家が収賄の容疑で逮捕された。

---

9 積→碩　碩儒＝深い学識をもつ学者のこと。

10 懇→梱　梱包＝品物を包み、ひもなどをかけて荷造りすること。

11 湿→漆　漆黒＝漆を塗ったように黒く、つやのあること。

12 起→帰　復帰＝もとの状態などに戻ること。

13 旋→扇・煽　煽動＝気持ちをあおり、ある行動を起こすよう吹き込むこと。

14 紙→梓　上梓＝出版すること。

15 讃→燦（粲）　燦然＝はっきりと鮮やかに輝くさま。

16 舌→絶　絶唱＝感情をこめて歌うこと。

17 侮→撫　慰撫＝なぐさめ、心を安らかにすること。

18 徳→篤　篤志＝福祉などに熱心に協力しようとする心。

19 汚→悪　厭悪＝ひどく嫌い憎むこと。

誤答例　17［慰蕪］

でる順 A

誤字訂正 ③

10分で解こう！

16点以上とれれば合格！

得点 1回目 /19 2回目 /19

次の各文にまちがって使われている同じ音訓の漢字が一字ある。その誤字と正しい漢字を記せ。

1 郷里で行う儀式を斬新なものにするか、旧套を守るか煩問している。

2 河川の氾乱を防ぐ堰堤の建築費用をどう集めるかが喫緊の問題だ。

3 資格取得のため産まず弛まず勉学に精励し、ついに試験に及第した。

4 因循姑息な企画に国家の莫大な予算をつぎ込むのは首好し難い。

5 経営破端の危機を脱却し、慢心し怠けている社員を会長が叱責した。

6 勝手に家財を蕩尽した叔姪達には金倫際会うことはないだろう。

7 彼は社運を途した事業として大規模なビルの竣工を専決してしまった。

8 蔵にあった綾子が諫臣だった先祖が国王に貰った品だと知り驚当した。

解答

1 問→悶　煩悶＝悩み苦しむこと。

2 乱→濫　氾濫＝河川の水量が増え、あふれ出すこと。

3 産→倦　倦まず弛まず＝飽きたり怠けたりせず。

4 好→肯　首肯＝賛成すること。

5 端→綻　破綻＝物事の関係が修復不可能になること。

6 倫→輪　金輪際＝絶対に。

7 途→賭　賭する＝ある目的のために、失うことを覚悟して差し出す。

8 当→倒　驚倒＝非常に驚くこと。

□ 9 店晒しの品だった、紺碧の空に白煙が揺影する風景画を購入した。

□ 10 彼は癌腫の治療薬の開発をするため、涼雲の志をもって上京した。

□ 11 稜線から見た御来迎は到底筆絶に尽くし難い雰囲気を漂わせていた。

□ 12 君主の尊厳を冒徳し逮捕・起訴され、禁錮三年の実刑判決を受けた。

□ 13 低血糖になると吐き気を催し最悪の場合、混睡状態に陥る危険もある。

□ 14 儲君の誕生を祝って開かれた晩餐会では、御致走が振る舞われた。

□ 15 衣鉢を継ぐ為、師の解渋な論文について二人の弟子と鼎談した。

□ 16 隣人の理不尽な行いに彼女は竜眉を逆立てて憤怒し、訴訟を起こした。

□ 17 覆面を被り外套を纏って登場した格闘家は万雷の拍手喝才に迎えられた。

□ 18 現代の大和撫子は花憐で清楚なだけでなく強靱さや勇敢さも備えている。

□ 19 試合前に喪章を腕に巻いた選手達は、急逝した元監督へ黙悼を捧げた。

---

9 影→曳
揺曳＝ゆらゆらとただようこと。

10 涼→陵・凌
凌雲の志＝俗世を超越した高い志。

11 絶→舌
筆舌＝文章に書くことと話すこと。

12 徳→瀆
冒瀆＝おかし、けがすこと。

13 混→昏
昏睡＝意識が完全になくなり、刺激に反応を示さない状態のこと。

14 致→馳
御馳走＝立派な料理のこと。

15 解→晦
晦渋＝言葉などが難しく、意味が分かりにくいこと。

16 竜→柳
柳眉を逆立てる＝眉をつり上げて美人が怒る。

17 才→采・彩
拍手喝采＝手をたたいて称賛すること。

18 花→可
可憐＝いじらしく、かわいいこと。

19 悼→禱
黙禱＝口には出さず心の中で祈ること。

誤答例 18［華憐］

でる順 A

四字熟語 ①

15分で解こう!

18点以上とれれば合格!

得点 1回目 /22 2回目 /22

次の四字熟語に入る適切な語を後の□の中から選び、漢字二字で記せ。

1 （　　）猛進

2 （　　）神助

3 （　　）転生

4 （　　）凝議

5 （　　）同時

6 （　　）雀躍

7 虚心（　　）

8 前途（　　）

9 四面（　　）

10 鶏鳴（　　）

11 魚目（　　）

12 疾風（　　）

えんせき・きゅうしゅ・きんき・くとう・そか・そったく・たんかい・ちょとつ・てんゆう・どとう・りょうえん・りんね

解答

1 猪突猛進（ちょとつもうしん） 目標に向かい、しゃにむに進むこと。

2 天佑（天祐）神助（てんゆうしんじょ） 天や神の助け。

3 輪廻転生（りんねてんしょう） 人が生死をとどまることなく繰りかえすこと。

4 鳩首凝議（きゅうしゅぎょうぎ） 額を集めて熱心に相談すること。

5 啐啄同時（そったくどうじ） 逃すことのできないよい機会。

6 欣喜雀躍（きんきじゃくやく） 非常に喜ぶこと。

7 虚心坦懐（きょしんたんかい） 心が晴れやかで素直なこと。

8 前途遼遠（ぜんとりょうえん） 目的地までの道程がとても長いこと。

9 四面楚歌（しめんそか） 周囲が全て敵で孤立していること。

10 鶏鳴狗盗（けいめいく(こう)とう） 下らない技能しかもたない人のたとえ。

11 魚目燕石（ぎょもくえんせき） 本物とよく似ている偽物のこと。

12 疾風怒濤（しっぷうどとう） 時代の変化が激しいことのたとえ。

他例 6［「雀躍」を書かせることもある］

次の解説・意味にあてはまる四字熟語を後の[　]から選び、その傍線部分だけの読みをひらがなで記せ。

☑ **1** 行動や運命をともにすること。

☑ **2** この世に存在しないもののたとえ。

☑ **3** 小者が集まり、あれこれ騒ぐこと。

☑ **4** 過ちを巧みにとりつくろうこと。

☑ **5** 貴重なもの、重い地位、名望のたとえ。

☑ **6** きわめて短い時間のたとえ。

☑ **7** 人や物が群がって入り乱れるさま。

☑ **8** 空が晴れわたること。

☑ **9** むだにむなしい望みを抱くこと。

☑ **10** 猛烈に勉学に励むこと。

碧落一洗・磨穿鉄硯・邑犬群吠・一蓮托生・九鼎大呂・臨淵羨魚・稲麻竹葦・紫電一閃・落筆点蠅・兎角亀毛

解答

1 いちれん　一蓮托生（いちれんたくしょう）（託生）
2 きもう　兎角亀毛（とかくきもう）
3 ゆうけん　邑犬群吠（ゆうけんぐんばい）
4 てんよう　落筆点蠅（らくひつてんよう）
5 きゅうてい　九鼎大呂（きゅうていたいりょ）
6 いっせん　紫電一閃（しでんいっせん）
7 ちくい　稲麻竹葦（とうまちくい）
8 へきらく　碧落一洗（へきらくいっせん）
9 せんぎょ　臨淵羨魚（りんえんせんぎょ）
10 ません　磨穿鉄硯（ませんてっけん）

他例　1［「托生」を読ませることもある］　2［「兎角」を読ませることもある］

でる順 A

四字熟語 ②

15分で解こう!

18点以上とれれば合格!

次の四字熟語に入る適切な語を後の［　］の中から選び、漢字二字で記せ。

1 （　　）奮迅

2 （　　）重来

3 （　　）準縄

4 （　　）身命

5 （　　）一律

6 （　　）戴天

7 筆耕（　　）

8 君子（　　）

9 長汀（　　）

10 街談（　　）

11 赤手（　　）

12 阿鼻（　　）

［きく・きょうかん・きょくほ・くうけん・けんでん・けんど・こうせつ・しし・せんぺん・ひょうへん・ふぐ・ふしゃく］

解答

1 獅子奮迅（ししふんじん）　物凄い勢いで活動すること。

2 捲土（巻土）重来（けんどちょう（じゅう）らい）　一旦衰えた勢力が戻り巻き返すこと。

3 規矩準縄（きくじゅんじょう）　物事の基準や手本となるもの。

4 不惜身命（ふしゃくしんみょう）　自分の身や命をかえりみないこと。

5 千篇（千編）一律（せんぺんいちりつ）　似たような物が多くてつまらないこと。

6 不倶戴天（ふぐたいてん）　恨みや憎しみがとても深いこと。

7 筆耕硯田（ひっこうけんでん）　文筆を生業とすること。

8 君子豹変（くんしひょうへん）　節度なく態度や考えを急に変えること。

9 長汀曲浦（ちょうていきょくほ）　長く続いている海岸線。

10 街談巷説（がいだんこうせつ）　世間のいいかげんな噂。

11 赤手空拳（せきしゅくうけん）　助けを借りず自力で物事を行うこと。

12 阿鼻叫喚（あびきょうかん）　甚だしく悲惨で、むごいさま。

他例 6［「戴天」を書かせることもある］

次の解説・意味にあてはまる四字熟語を後の［　］から選び、その傍線部分だけの読みをひらがなで記せ。

☐ 1 外見は立派でも中身が伴わないこと。
☐ 2 長所のない平凡なさまのたとえ。
☐ 3 苦労して懸命に勉学に励むこと。
☐ 4 うるさいだけの無用の言論。
☐ 5 巡りあうことがきわめて難しいこと。
☐ 6 到達できる頂点のこと。
☐ 7 ぜいたくな暮らしをすること。
☐ 8 友人を思う情が切実なこと。
☐ 9 故国の滅亡を嘆く。
☐ 10 聞いていて甘く快い言葉。

甘言蜜語・象箸玉杯・春蛙秋蟬・屋梁落月・盲亀浮木・浮花浪蕊・円木警枕・百尺竿頭・羊頭狗肉・麦秀黍離

解答

1 くにく　羊頭狗肉（ようとうくにく）
2 ろうずい　浮花浪蕊（ふかろうずい）
3 けいちん　円木警枕（えんぼくけいちん）
4 しゅんあ　春蛙秋蟬（しゅんあしゅうぜん）
5 もうき　盲亀浮木（もうきふぼく）
6 かんとう　百尺竿頭（ひゃくせき（しゃく）かんとう）
7 ぞうちょ　象箸玉杯（ぞうちょぎょくはい）
8 おくりょう　屋梁落月（おくりょうらくげつ）
9 しょり　麦秀黍離（ばくしゅうしょり）
10 てんげん　甘言蜜語（てんげんみつご）

他例 1［「見かけだおしであること」の意味で問う場合もある］

でる順 **A**

四字熟語 ③

15分で解こう!

18点以上とれれば合格!

得点 1回目 /22 2回目 /22

次の四字熟語に入る適切な語を後の□の中から選び、漢字二字で記せ。

1 （　　）万里
2 （　　）附会
3 （　　）昇天
4 （　　）一触
5 （　　）妖怪
6 （　　）定規
7 亡羊（　　）
8 抜山（　　）
9 自家（　　）
10 天神（　　）
11 紫電（　　）
12 曲学（　　）

あせい・いっせん・がいしゅう・がいせい・きょくじつ・けんきょう・こり・しゃくし・ちぎ・どうちゃく・ほうてい・ほろう

解答

1 鵬程万里（ほうていばんり）　とても遠い道のりのたとえ。
2 牽強附会（けんきょうふかい）（付会・傅会）　自分に都合よく理屈をこじつけること。
3 旭日昇天（きょくじつしょうてん）　勢いが非常に盛んなこと。
4 鎧袖一触（がいしゅういっしょく）　相手を簡単に負かしてしまうこと。
5 狐狸妖怪（こりようかい）　人に悪さをする生き物や化け物のこと。
6 杓子定規（しゃくしじょうぎ）　一形式にとらわれ融通がきかないこと。
7 亡羊補牢（ぼうようほろう）　失敗した後で改めることのたとえ。
8 抜山蓋世（ばつざんがいせい）　威勢が強いこと。勇壮盛んなこと。
9 自家撞着（じかどうちゃく（じゃく））（撞著）　同じ人の言動が前後で食い違うこと。
10 天神地祇（てんしん（じん）ちぎ）　全ての神神のこと。
11 紫電一閃（しでんいっせん）　きわめて短い時間のたとえ。
12 曲学阿世（きょくがくあせい）　真理を曲げ、時流などに迎合すること。

他例 5「妖怪」を書かせることもある

次の解説・意味にあてはまる四字熟語を後の［　］から選び、その傍線部分だけの読みをひらがなで記せ。

- ☐ **1** 物事の基準や手本となるもの。
- ☐ **2** 清貧に安んじることのたとえ。
- ☐ **3** 殺風景、風流のないことのたとえ。
- ☐ **4** どこにでもいる凡人のたとえ。
- ☐ **5** 日、月のこと。
- ☐ **6** 似た文字を書き誤ること。
- ☐ **7** つまらないものも役立つ時がある。
- ☐ **8** 地位などに大きな差があること。
- ☐ **9** とても悲しく、涙がとまらないさま。
- ☐ **10** 逃すことのできないよい機会。

啐啄同時・焚琴煮鶴・鉤縄規矩・魯魚章草・箪食瓢飲・
金烏玉兎・張三李四・雲竜井蛙・竹頭木屑・泣血漣如

解答

1 こうじょう　鉤縄規矩（こうじょうきく）
2 たんし　箪食瓢飲（たんしひょういん）
3 ふんきん　焚琴煮鶴（ふんきんしゃかく）
4 りし　張三李四（ちょうさんりし）
5 ぎょくと　金烏玉兎（きんうぎょくと）
6 ろぎょ　魯魚章草（ろぎょしょうそう）
7 ぼくせつ　竹頭木屑（ちくとうぼくせつ）
8 せいあ　雲竜井蛙（うんりょう（りゅう）せいあ）
9 れんじょ　泣血漣如（きゅうけつれんじょ）
10 そったく　啐啄同時（そったくどうじ）

他例 5［「金烏」を読ませることもある］

でる順 A

対義語・類義語 ①

15分で解こう!

39点以上とれれば合格!

次の［　］の中の語を一度だけ使って漢字に直し、対義語・類義語を記せ。

対義語

1 熟視
2 中枢
3 捷径
4 出家
5 強靱
6 明朗
7 起工
8 不毛
9 険阻
10 懸絶

あんうつ・うろ・げんぞく・しゅんせい・ぜいじゃく・はくちゅう・ひよく・へいたん・べっけん・まっしょう

類義語

11 碇泊
12 経緯
13 要諦
14 遭遇
15 虚実
16 大略
17 結局
18 朝暮
19 滞在
20 退屈

けんたい・こうがい・しょせん・しんがん・たんせき・てんまつ・とうびょう・とうりゅう・ひけつ・ほうちゃく

解答

1 瞥見（べっけん） ちらっと見ること。
2 末梢（まっしょう） 端のこと。取るに足りないこと。
3 迂路（うろ） 遠回りの道のこと。
4 還俗（げんぞく） 出家した者が一般人に戻ること。
5 脆弱（ぜいじゃく） もろく弱いこと。
6 暗鬱（あんうつ） くらくなりふさぎこんでいること。
7 竣成（しゅんせい） 大規模な建造物などができること。
8 肥沃（ひよく） 土地が豊かで農作物がよく育つこと。
9 平坦（へいたん） 土地などに凹凸がないこと。
10 伯仲（はくちゅう） 差がなく優劣がつかないこと。
11 投錨（とうびょう） 船のいかりをおろすこと。
12 顛末（てんまつ） 物事の初めから終わりまでの事情。
13 秘訣（ひけつ） 人に知られていない効果的な方法。
14 逢着・逢著（ほうちゃく） 出会うこと。
15 真贋（しんがん） 本物と偽物。
16 梗概（こうがい） あらすじ。
17 所詮（しょせん） 最後にいきつくところ。
18 旦夕（たんせき） 朝と晩のこと。
19 逗留（とうりゅう） 旅先などにある期間とどまること。
20 倦怠（けんたい） 飽きがきて嫌になること。

意味 13［要諦（ようてい）＝物事の最も大事なところ］

対義語

☐ 21 諫言
☐ 22 危惧
☐ 23 公平
☐ 24 秩序
☐ 25 会心
☐ 26 枯渇
☐ 27 旧套
☐ 28 浅瀬
☐ 29 進取
☐ 30 停頓
☐ 31 侮蔑
☐ 32 僅少
☐ 33 露出
☐ 34 謙抑

あんど・いけい・こんとん・
ざんしん・しゃへい・しんえん・
しんちょく・たいえい・
ついしょう・つうこん・
ばくだい・ふそん・へんぱ・
ゆうしゅつ

類義語

☐ 35 誘発
☐ 36 空前
☐ 37 奇怪
☐ 38 消長
☐ 39 妙趣
☐ 40 永眠
☐ 41 不世出
☐ 42 根城
☐ 43 糊塗
☐ 44 腹心
☐ 45 契合
☐ 46 排撃
☐ 47 吉祥
☐ 48 出塵

けう・ここう・しだん・
じゃっき・ずいそう・そうくつ・
だいごみ・ちょうせい・
とんせい・びほう・ふちん・
ふんごう・みぞう・めんよう

---

21 追従（ついしょう） 人の気に入るような言動をとること。
22 安堵（あんど）・案堵 心が落ち着くこと。
23 偏頗（へんぱ） かたよりがあり公平ではないこと。
24 混沌（こんとん）（渾沌） 入りまじって区別できないさま。
25 痛恨（つうこん） とても残念に思うこと。
26 湧出（ゆうしゅつ）・涌出 地中からわきでること。
27 斬新（ざんしん） 発想などがきわめて新しいさま。
28 深淵（しんえん） 深い淵。
29 退嬰（たいえい） 新しいことに取り組む意欲に欠けること。
30 進捗（しんちょく）（進陟） 物事がはかどること。
31 畏敬（いけい） おそれうやまうこと。
32 莫大（ばくだい） 量などがきわめて大きいこと。
33 遮蔽（しゃへい） おおうなどして隠すこと。
34 不遜（ふそん）・不孫 うぬぼれていること。

35 惹起（じゃっき） 事件や問題などをひきおこすこと。
36 未曽有（みぞう） 今まで一度も起きていないこと。
37 面妖（めんよう） 不思議なこと。あやしいこと。
38 浮沈（ふちん） 浮いたり沈んだりすること。
39 醍醐味（だいごみ） 物事の本当の面白さのこと。
40 長逝（ちょうせい） 死ぬこと。
41 稀有（けう）・希有 めったにないこと。
42 巣窟（そうくつ） （主に悪者が）住んでいる場所。
43 弥縫（びほう） 失敗などを一時的にとりつくろうこと。
44 股肱（ここう） 手足となる、最も頼りとする部下。
45 吻合（ふんごう） 二つの物事がぴったりと一致すること。
46 指弾（しだん） 非難し、しりぞけること。
47 瑞相（ずいそう） めでたいことの起こるきざし。
48 遁世（とんせい）（遯世） 仏門に入ること。

意味 43 [糊塗（こと）＝一時しのぎのごまかし]

でる順 **A**

対義語・類義語 ②

15分で解こう!

39点以上とれれば合格!

次の［　］の中の語を一度だけ使って漢字に直し、対義語・類義語を記せ。

対義語

1 文治
2 匡正
3 重大
4 付与
5 優柔
6 畏敬
7 断行
8 枯渇
9 遵守
10 貫徹

いはい・かだん・ささい・ざせつ・じゅういつ・ちぎ・はくだつ・ぶだん・ぶべつ・わいきょく

類義語

11 精通
12 魔手
13 逐電
14 絶壁
15 刊行
16 払拭
17 繁栄
18 頑丈
19 起用
20 地獄

いっそう・けんがい・けんろう・しゅっぽん・じょうし・そうが・ちしつ・ならく・ばってき・りゅうしょう

解答

1 武断（ぶだん）　武力で政治を行うこと。
2 歪曲（わいきょく）　事実などを故意にまげて伝えること。
3 些細（ささい）（瑣細）　取るに足りないこと。
4 剝奪（はくだつ）　はぎ取ること。
5 果断（かだん）　思い切って実行すること。
6 侮蔑（ぶべつ）　さげすむこと。
7 遅疑（ちぎ）　迷いためらうこと。
8 充溢（じゅういつ）　満ちあふれること。
9 違背（いはい）　命令などに背くこと。
10 挫折（ざせつ）　計画などが途中でだめになること。
11 知悉（ちしつ）　ある物事にとても詳しいこと。
12 爪牙（そうが）　人を傷つけるもの。
13 出奔（しゅっぽん）　逃げて姿をくらますこと。
14 懸崖（けんがい）　切り立った崖のこと。
15 上梓（じょうし）　出版すること。
16 一掃（いっそう）　残らず払い去ること。
17 隆昌（りゅうしょう）　勢いが盛んなこと。栄えること。
18 堅牢（けんろう）　しっかりとしていて丈夫なこと。
19 抜擢（ばってき）　多くの人の中から選出し役に就けること。
20 奈落（ならく）　地獄。

意味　1［文治（ぶんち）＝教化や法令によって世を治めること］

対義語

- 21 昏迷
- 22 硬直
- 23 挽回
- 24 蓄財
- 25 恩人
- 26 脆弱
- 27 快諾
- 28 弥縫
- 29 平明
- 30 激賞
- 31 愚昧
- 32 明瞭
- 33 崇敬
- 34 攪乱

かいじゅう・かくせい・
きゅうてき・きょうじん・
しかん・しっつい・しゅんきょ・
そうめい・ちんぶ・つうば・
とうじん・はたん・ぼうとく・
もこ

類義語

- 35 頓着
- 36 仲介
- 37 洪水
- 38 恒久
- 39 本領
- 40 横行
- 41 医者
- 42 鳳雛
- 43 首魁
- 44 軽率
- 45 蒼天
- 46 鉄面皮
- 47 窮乏
- 48 穎敏

あっせん・えいごう・
きょうりん・きりんじ・
こうでい・さいり・
しんこっちょう・そこつ・
ちょうりょう・はれんち・
はんらん・ひっぱく・へきくう・
りょうしゅう

---

21 覚醒（かくせい） 目を覚ますこと。
22 弛緩（しかん） ゆるむこと。
23 失墜（しっつい） 権威などを失ってしまうこと。
24 蕩尽（盪尽）（とうじん） 財産などを使い果たすこと。
25 仇敵（きゅうてき） 恨みなどがある相手。
26 強靱（きょうじん） ねばりがあり、強いこと。
27 峻拒（しゅんきょ） 厳しい態度で断ること。
28 破綻（はたん） 物事や関係がなおせないほどになること。
29 晦渋（かいじゅう） 言葉などが難解なこと。
30 痛罵（つうば） ひどくののしること。
31 聡明（そうめい） 理解が早く、賢いこと。
32 模糊（もこ） ぼんやりしているさま。
33 冒瀆（ぼうとく） おかしけがすこと。
34 鎮撫（ちんぶ） 反乱などをしずめ人心を平穏にすること。

35 拘泥（こうでい） こだわること。
36 斡旋（あっせん） 両者がうまくいくように取り持つこと。
37 氾濫・汎濫（はんらん） 河川の水があふれ出すこと。
38 永劫（えいごう） 限りなく長い年月のこと。
39 真骨頂（しんこっちょう） そのもの本来の姿のこと。
40 跳梁（ちょうりょう） 好ましくないものがはびこる。
41 杏林（きょうりん） 医者のこと。
42 麒麟児（きりんじ） 将来性のある若者。
43 領袖（りょうしゅう） 集団の長のこと。
44 粗忽・楚忽（そこつ） 不注意で起きたミス。
45 碧空（へきくう） 青い天のこと。
46 破廉恥（はれんち） 恥を恥とも感じず落ち着き払っていること。
47 逼迫（ひっぱく） 余裕のない状態になること。
48 犀利（さいり） 文章などがするどいさま。

意味 46［鉄面皮（てつめんぴ）＝恥を恥と思わず厚かましいこと］

でる順 A

故事・諺 ①

10分で解こう!

17点以上とれれば合格!

得点 1回目 /21 2回目 /21

次の故事・成語・諺のカタカナの部分を漢字で記せ。

1 **センダン**は双葉より芳し。
2 天網**カイカイ**疎にして漏らさず。
3 **コウヤ**の白袴。
4 **エンオウ**の契り。
5 **カデン**に履を納れず。
6 豆腐にかすがい、糠に**クギ**。
7 洛陽の**シカ**を高める。
8 命長ければ**ホウライ**に会う。
9 **シャカ**に宗旨なし。

解答

1 栴檀 大成する人は幼少の頃からすぐれている。
2 恢恢・恢々 悪事を犯した者には、必ず天罰が下るということ。
3 紺屋 他人のことで忙しく、自分のことは疎かになることのたとえ。
4 鴛鴦 夫婦仲がきわめてよいことのたとえ。
5 瓜田 人から疑われるような紛らわしい行為は避けるのがよいという意。
6 釘 手応えや効果がまったくないことのたとえ。
7 紙価 著書が好評で、飛ぶように売れること。
8 蓬莱 長生きをすれば、意外な幸運に巡り合うことがある。
9 釈迦 仏教はみな釈迦の教えなので、宗派の争いが無意味なことにいう。

他例 3［「白袴」を書かせることもある］ 6［「糠」を書かせることもある］

10 コウゼンの気を養う。

11 ヒョウタン相容れず。

12 身から出たサビ。

13 昔とったキネヅカ。

14 テップの急。

15 一斑を見てゼンピョウをトす。

16 イソギワで舟を破る。

17 トタンの苦しみ。

18 枯れ木も山のニギわい。

19 瓢箪からコマが出る。

20 ウケに入る。

21 人間万事サイオウが馬。

---

10 浩然　たくましく、物事にとらわれないのびのびとした気を培う。

11 氷炭　性質が反対で、互いに調和せず、一致しないことのたとえ。

12 錆(銹)　自分が犯した悪行の報いとして、自分自身が苦しむこと。

13 杵柄　かつて鍛えた腕前や技。

14 轍鮒　差し迫った危機のたとえ。

15 全豹　物事の一部を見て、全体を推し量ったり、批評したりする。

16 磯際　物事が達成する寸前で失敗してしまうことのたとえ。

17 塗炭　泥水に溺れ、火に焼かれるような、きわめて激しい苦しみ。

18 賑(殷)　つまらないものでも、ないよりはあるほうがましだ。

19 駒　意外なことが実際に起こることのたとえ。

20 有卦　運が向いてきて、する事なす事うまくいく。

21 塞翁　人生の吉凶禍福は予測し難いということ。

意味　19［駒＝本物の馬のこと］

でる順 A

故事・諺 ②

10分で解こう!

17点以上とれれば合格!

得点 1回目 /21 2回目 /21

次の故事・成語・諺のカタカナの部分を漢字で記せ。

1 **ソウコウ**の妻は堂より下さず。
2 渇してもトウセンの水を飲まず。
3 蜘蛛が網を張りて**ホウオウ**を待つ。
4 **ジュウバ**を殺して狐狸を求む。
5 天地は万物の**ゲキリョ**、光陰は百代の過客。
6 **リッスイ**の余地も無い。
7 **タカジョウ**の子は鳩を馴らす。
8 戦を見て矢を**ハ**ぐ。
9 歳寒くして**ショウハク**の凋むに後るるを知る。

解答

1 糟糠　貧しい時から連れ添ってきた妻を、出世しても見捨てない。
2 盗泉　どんなに困っていても、不正には手を出さないことのたとえ。
3 鳳凰　弱小な者が自分の力を顧みず、強大な者に立ち向かうこと。
4 戎馬　小さな利益を得るために、大きな犠牲を払うことのたとえ。
5 逆旅　この世は全て、はかないものだということ。
6 立錐　人や物が密集しているさま。
7 鷹匠　子どもは親の仕事を見て、似たようなことをするものだ。
8 矧　事が起こってから、慌てて準備することのたとえ。
9 松柏　人の真価は、困難に直面し初めて知られるということ。

意味 5［過客＝通り過ぎる人のこと］

☐ 10 武士は食わねど高**ヨウジ**。

☐ 11 自家**ヤクロウ**中の物。

☐ 12 朝菌は**カイサク**を知らず。

☐ 13 **セイア**は以て海を語る可からず。

☐ 14 百尺**カントウ**に一歩を進む。

☐ 15 **ガイコツ**を乞う。

☐ 16 **キョウボク**は風に折らる。

☐ 17 **サギ**を烏と言いくるめる。

☐ 18 **コウジ**魔多し。

☐ 19 **チョウモン**の一針。

☐ 20 文章は経国の大業にして不朽の**セイジ**なり。

☐ 21 中流に舟を失えば**イッピョウ**も千金。

---

10 楊枝・楊子 武士が清貧に甘んじ気位を高くもつことにいう。

11 薬籠 いつでも自分の思い通りに扱える物や人のたとえ。

12 晦朔 短命で、はかないことのたとえ。

13 井蛙 見聞の狭い者には、物事を大局的に語ることはできない。

14 竿頭 工夫を尽くした上にさらに工夫を加えて、向上をはかる。

15 骸骨 辞職を願い出る。

16 喬木 地位の高い者やとび抜けてすぐれた者は風当たりが強く、災厄を受けやすいというたとえ。

17 鷺 理を非だと、また非を理だと言いくるめる。

18 好事 うまくいきそうなことには、邪魔が入りやすい。

19 頂門 急所を突いた痛切な戒め。

20 盛事 すぐれた文章を作ることは治国に匹敵する大事業で、不朽の偉業である。

21 一瓢 時と場合によっては、つまらない物も価値を生じるというたとえ。

他例 20［「経国」を書かせることもある］

でる順 A

故事・諺 ③

10分で解こう!

17点以上とれれば合格!

得点 1回目 /21 2回目 /21

次の故事・成語・諺のカタカナの部分を漢字で記せ。

1 アメと鞭。
2 ソバの花見て蜜をとれ。
3 ヒンセンも移す能わず。
4 リカに冠を正さず。
5 ユウメイ境を異にする。
6 シシに鞭打つ。
7 巧詐はセッセイに如かず。
8 門前ジャクラを張る。
9 ウリの蔓に茄子はならぬ。

解答

1 飴　譲歩する一方で、厳しく押さえつける指導の方法。
2 蕎麦　好機を見計らって、事を行え。
3 貧賤　意志が強く立派な人は、困窮にあっても節操を守る。
4 李下　人から疑われるような紛らわしい行為は避けるのがよいという意。
5 幽明　死に別れる。
6 死屍　亡くなった人の生前の行いを非難する。
7 拙誠　巧妙な小細工は、つたなくても誠実であることには及ばない。
8 雀羅　訪ねてくる人もいない、さびれたさま。
9 瓜　平凡な親からは非凡な子は生まれない。

他例 9［「茄子」を書かせることもある］

10 断じて行えば**キシン**も之を避く。

11 **ヌ**れ手で粟。

12 死は或いは泰山より重く、或いは**コウモウ**より軽し。

13 **リョウキン**は木を択ぶ。

14 **キンジョウ**に花を添える。

15 地獄の**サタ**も金次第。

16 外面似菩薩、内心如**ヤシャ**。

17 **キカ**居くべし。

18 **カセイ**は虎よりも猛し。

19 **ノウチュウ**の錐。

20 家貧しくして**コウシ**顕れ、世乱れて忠臣を識る。

21 虻蜂取らず鷹の**エジキ**。

---

10 鬼神　決心して断行すれば、妨げられることはないということ。

11 濡　何の苦労もしないで、利益を得ることのたとえ。

12 鴻毛　人には、命を惜しむべき時と、潔く捨てるべき時とがある。

13 良禽　賢い人は君主をよく選んで仕えるというたとえ。

14 錦上　美しく立派なものに、さらに美しく立派なものを加えること。

15 沙汰　金さえあれば、世の中のことはどうにでもなる。

16 夜叉　外見は柔和だが、その中身は険悪である。

17 奇貨　貴重な好機は、逃さず大いに利用すべきである。

18 苛政　人民を虐げる統治は、人食い虎よりも酷い。

19 嚢中　すぐれた才能を持つ者は、無名でも必ず世に現れることのたとえ。

20 孝子　逆境の時にこそ、真価を発揮する人が現れる。

21 餌食　欲張りすぎて失敗してしまうことのたとえ。

他例 16［「菩薩」を書かせることもある］ 21［「虻蜂取らず」で出題することもある］

でる順 A

故事・諺 ④

10分で解こう!

17点以上とれれば合格!

得点 1回目 /21 2回目 /21

次の故事・成語・諺のカタカナの部分を漢字で記せ。

1 **ホウオウ**群鶏と食を争わず。
2 **ブンボウ**牛羊を走らす。
3 **セイコク**を射る。
4 **シュツラン**の誉れ。
5 **ノレン**に腕押し。
6 **カネ**や太鼓で探す。
7 三軍も帥を奪うべし、**ヒップ**も志を奪うべからず。
8 創業は易く**シュセイ**は難し。
9 **エテ**に帆を揚げる。

解答

1 鳳凰　超然としていることのたとえ。
2 蚊虻　小さなものが大きなものを制すること。
3 正鵠　物事の核心を衝く。
4 出藍　弟子が師よりもまさるという名誉。
5 暖簾　手応えがなく、張り合いのないことのたとえ。
6 鉦　大勢で大騒ぎをしながら、あちこち探し回る。
7 匹夫　大軍が堅守しても大将を討つことは可能だが、一人の凡人の固い志を変えさせることは不可能だ。
8 守成　創業はたやすいが、それを維持してゆくのは難しい。
9 得手　自信があることを発揮する機会が到来して勇んで行うこと。

10 火中のクリを拾う。
11 アイサツは時の氏神。
12 ケサと衣は心に着よ。
13 ヒルに塩。
14 人生　字を識るはユウカンの始め。
15 カコウ有りといえども食らわずんばその旨きを知らず。
16 禍福はアザナえる縄の如し。
17 尋常の溝にはドンシュウの魚なし。
18 クツワの音にも目を覚ます。
19 ヒシヅルほど子ができる。
20 ロギョの誤り。
21 エイジの貝を以て巨海を測る。

10 栗　他人のために危険を冒すこと。
11 挨拶　争い事に仲裁人が出てきたら、その助言に従ったほうがよい。
12 袈裟　形だけ僧衣を纏っても、信仰しているとはいえないということ。
13 蛭　忌むものに出会って恐れ入り、縮み上がることのたとえ。
14 憂患　学問で知恵がつくと、苦悩や心配などをするようになり、学のない方が気楽だということ。
15 嘉肴・佳肴　聖人の道も学ばなければ、その価値はわからない。
16 糾（糺）　幸福と禍災は交互にやって来るものだ。
17 呑舟　狭く小さな社会からは大人物は生まれない。
18 轡（銜・勒）　ちょっとしたことにも敏感に反応するさま。
19 菱蔓　多くの子を持ち、栄えること。
20 魯魚　似た文字を間違えること。
21 嬰児　とうていできないことなどのたとえ。

意味 11［挨拶＝仲裁の意味］

10分で解こう!

17点以上とれれば合格!

次の故事・成語・諺のカタカナの部分を漢字で記せ。

1 敷居を**マタ**げば七人の敵あり。
2 **イソ**のあわびの片思い。
3 猩猩(しょうじょう)は血を惜しむ、**サイ**は角を惜しむ、日本の武士は名を惜しむ。
4 鬼の女房に**ヤシャ**がなる。
5 匕首(あいくち)に**ツバ**を打ったよう。
6 子供の**ケンカ**に親が出る。
7 **コケ**の後思案。
8 **キンラン**の契り。
9 **サイシン**の憂え有りて朝に造る能わず。

解答

1 跨　社会に出ると、多くの敵がいるということ。
2 磯　相手にその気がない片思いをしゃれて使う言葉。
3 犀　どんなものにも守るべき大切なものがあるということ。
4 夜叉　鬼のような男にはそれに合う心の邪悪な女が妻になる。
5 鍔(鐔)　不釣り合いなことのたとえ。
6 喧嘩(諠譁)　小事に関わるたとえ。また、子ども同士の争いに親が介入すること。
7 虚仮　愚者は必要な時に知恵が出ず、事が終わった後に思いつくものである。
8 金蘭　友との間柄がきわめて親密なことのたとえ。
9 采薪・採薪　病気で、朝廷に参上することはできない。

意味 9 [采薪の憂い=自分の病気をへりくだって使う言葉]

☑ 10 天は尊く地は卑しくして**ケンコン**定まる。

☑ 11 **リカ**一枝春雨を帯ぶ。

☑ 12 親の欲目と他人の**ヒガメ**。

☑ 13 言葉に**サヤ**がある。

☑ 14 薬の**ヤイト**は身に熱く、毒な酒は甘い。

☑ 15 **ノミ**の息も天に上がる。

☑ 16 **モラ**う物は夏も小袖。

☑ 17 風が吹けば**オケヤ**が儲かる。

☑ 18 未だ覚めず**チトウ**春草の夢、階前の梧葉已(すで)に秋声。

☑ 19 虎に翼、獅子に**ヒレ**。

☑ 20 **ナスビ**の花と親の意見は千に一つも仇はない。

☑ 21 **アバタ**もえくぼ。

---

10 乾坤　自然の天と地の形に則って、易の乾の卦と坤の卦が定まった。

11 梨花　美人が涙ぐむさまをたとえた言葉。

12 僻目　親は我が子を贔屓(ひいき)目に見がち、他人は見誤りがち。

13 鞘　言葉にどこか真実を語っていないようなところがある。

14 灸　忠言は聞き辛いが、甘言は快く感じられるたとえ。

15 蚤　弱小な者でも、懸命に努力すれば望みが叶えられる。

16 貰　ただでいただけるものなら、時季外れでも不用品でも何でもよい。

17 桶屋　ある物事が意外なところに影響を及ぼすことのたとえ。また、あてにならない期待をすることのたとえ。

18 池塘　池の堤の春草の上で見た夢がまだ覚めないうちに、庭先の青桐にはすでに秋が訪れている。

19 鰭　もともと威力のある者が、一層強くなってしまうことのたとえ。

20 茄子・茄　ナスの花は全て実をつけ無駄がないように、親が子にする忠告には、一切無駄がない。

21 痘痕　惚れてしまえば、相手の欠点でも長所に見える。

意味 14 [灸＝きゅうのこと。漢方医療の一つ]

でる順

A

文章題 ①

10点以上とれれば合格!

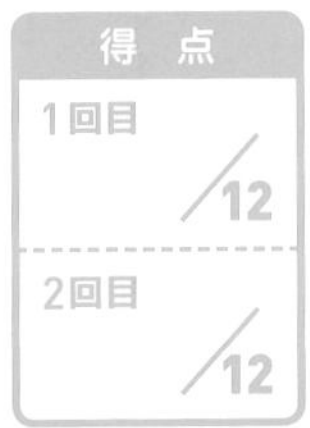

文章中の傍線（1〜4）のカタカナを漢字に直し、波線（ア〜ク）の漢字の読みをひらがなで記せ。

A 私は1ヨウヤくほっとした心もちになって、巻煙草に火をつけながら、始めて懶（ものう）い睚（まぶた）をあげて、前の席に腰を下ろしていた小娘の顔を一瞥した。

（芥川龍之介「蜜柑」より）

B 先に著したる一冊を初編と為し、尚其の意を拡（おしひろ）て此の度の二編を2ツヅり、次いで三、四編にも及ぶ可し。

（福沢諭吉「学問のすゝめ」より）

C 戦後の世界は戦前に於いてさまで優勢で無かった思想が3ボッコウし初めた為に、経済的、政治的、社会的の何れの方面に於いても、これまでに無かった急激な動揺変化を生じて、それが為に人間の思想と実際生活とは紛糾に紛糾を重ねようとして居ます。

（与謝野晶子「激動の中を行く」より）

D 又赤倉の谷から水を導いて村の耕地に4カンガイしたのも、同じ大人の力であったと称して、その驚くべき難土木の跡に就いて、逆さ水の伝説を語って居る。

（柳田国男「山の人生」より）

E 此の猫は主人の寵愛に馴れてア頗る行儀が悪かった。

（内田魯庵「二葉亭余談」より）

解答

A 1 漸
漸く＝長い時間を費やして。また、苦労して実現したさま。

B 2 綴
綴る＝言葉を並べて文章などをつくる。

C 3 勃興
勢力などが急に盛んになること。

D 4 灌漑
水路を引くなどして農作物に必要な水を供給すること。

E ア すこぶ
頗る＝程度が甚だしいさま。

他例 2［点綴（てんてい）］ 3［勃発（ぼっぱつ）］ 4［灌木（かんぼく）］

F 私は一つの椅子に腰を据えて自分の小説に就いて考えて居た。芸術的気分と云うものが私にも得られたのではないかと思われた。気の軽い斎藤君が^イ頻りに剽軽(ひょうきん)な事を云って友人を笑わせて居た。（平出修「未定稿」より）

G 学位論文として著者が自信をもって提出するほどのものでなんらか^ウ斯学に貢献するポイントをもたないようなものは極めて稀であろうと思われるのである。（寺田寅彦「学位について」より）

H 代助の頭には今具体的な何物をも留めていない。^エ恰も戸外(こがい)の天気の様に、それが静かに凝(じっ)と働いている。（夏目漱石「それから」より）

I 明子は^オ夙に仏蘭西(フランス)語と舞踏との教育を受けていた。が、正式の舞踏会に臨むのは、今夜がまだ生まれて始めてであった。（芥川龍之介「舞踏会」より）

J 全く教師を辞めて、専心従事するとしても、^カ猶一年程は要(かか)る。（島崎藤村「芽生」より）

K とたんに、するりとからだがすぼんで、童子の姿は^キ忽然地下へ吸いこまれた。（坂口安吾「紫大納言」より）

L ^ク惟んみれば誰が保ちけん東父西母が命、誰が嘗めたりし不老不死の薬、電光の裏に仮の生を寄せて、妄念の間に露の命を苦しむ、愚かなりし我が身なりけり。（高山樗牛「瀧口入道」より）

F イ しき
頻り＝何度も同じことが引き続き起こるさま。

G ウ しがく
この方面の学問のこと。

H エ あたか
恰も＝ある物事が他とよく似ていることを表す。まるで。

I オ つと
夙に＝ずっと前から。

J カ なお
さらに加えて。そのうえ。また。

K キ こつぜん
物事が急に起こるさま。

L ク おも
惟んみる＝よく考える。

他例 ウ［斯(か)く・斯民(しみん)・斯(これ)］ オ［夙志(しゅくし)］ キ［忽(ゆるが)せ・忽(たちま)ち・軽忽(けいこつ)］ ク［惟(ただ)］

でる順 **A**

文章題 ②

文章中の傍線（**1**～**4**）のカタカナを漢字に直し、波線（**ア**～**ク**）の漢字の読みをひらがなで記せ。

☐ **A** 所が其の論文は、彼が自分の前で、盛んに **バトウ**[1] したものだから、三四郎には頗る不思議の思いがある。
（夏目漱石「三四郎」より）

☐ **B** 明窓浄机。これが私の趣味であろう。**カンテキ**[2] を愛するのである。
（夏目漱石「文士の生活」より）

☐ **C** 一番最後によこしたという手紙などを **マキエ**[3] の文箱の底から出して見せた。
（田山花袋「道綱の母」より）

☐ **D** 人参の芽が **デソロ**[4] わぬ処へ藁が一面に敷いてあったから、其の上で三人が半日相撲をとりつづけに取ったら、人参がみんな踏みつぶされて仕舞った。
（夏目漱石「坊っちゃん」より）

☐ **E** 僕等の如き **所謂**[ア] 詩人が、一般に欠乏しているものは「常識」である。
（萩原朔太郎「常識家の非常識」より）

☐ **F** 所が其の推測が、御嬢さんの顔を見た瞬間に、**悉く**[イ] 打ち消されました。
（夏目漱石「こころ」より）

10点以上
とれれば
合格!

解答

A **1** 罵倒
ひどくののしること。

B **2** 閑適
心を静かにし、楽しむこと。

C **3** 蒔絵
漆工芸の技法の一つ。

D **4** 出揃
出揃う＝出るべき物などが全て出る。

E **ア** いわゆる
世間一般で言われている。

F **イ** ことごと
悉く＝注目している物全部。

G モオパスサンは、あれほどの男であるから、それを意識していた。自分の才能を、全人格を厭悪した。
（太宰治「女人創造」より）

H しばらく歩いて老爺に逢い、こんどはもっと、語勢を強くして質問した。
（太宰治「走れメロス」より）

I 石が又ひゅうと来る。今度はおれの五分刈りの頭を掠めて後ろの方へ飛んで行った。
（夏目漱石「坊っちゃん」より）

J 貧弱乍ら私の理想は私自身の建てたものです。それがウィルソンの偉大な理想と偶似て居る所があると云うに過ぎません。
（与謝野晶子「激動の中を行く」より）

K 美術に余情あるは、その作者に裡面の活気あればなり、余情は徒爾に得らるべきものならず、作者の情熱が自らに湛積するところに於いて、余情の源泉を存す。
（北村透谷「情熱」より）

L そのうちに武田勢が今庄に到着したので、諸藩の探偵は日夜織るがごとくであり、実に稀なる騒擾であったという。
（島崎藤村「夜明け前 第一部」より）

G ウ えんお
ひどく嫌い憎むこと。

H エ ろうや
年老いた男性のこと。

I オ かす
掠める＝すれすれに通り過ぎる。

J カ たまたま
偶然。

K キ とじ
無益であること。

L ク そうじょう
集団で騒ぎ、社会の秩序を乱すこと。

他例 ウ［厭忌（えんき）・厭（あ）きる］ エ［田爺（でんや）・村爺（そんや）］ オ［奪掠（だつりゃく）］ キ［爾（なんじ）・爾来（じらい）］

でる順 A 文章題 ③

10点以上とれれば合格！

文章中の傍線（1～4）のカタカナを漢字に直し、波線（ア～ク）の漢字の読みをひらがなで記せ。

☐ **A** [1]**タイセイ**の画家に至っては、多く眼を具象世界に馳せて、神往の気韻に傾倒せぬ者が大多数を占めて居るから、此の種の筆墨に物外の神韻を伝え得るものは果たして幾人あるか知らぬ。
（夏目漱石「草枕」より）

☐ **B** 所が実は何でもない。西洋には眼の大きい奴ばかりいるから、大きい眼のうちで、美的[2]**トウタ**が行われる。
（夏目漱石「三四郎」より）

☐ **C** 秋は早い奥州の或る山間、何でも南部領とかで、大街道とは二日路も三日路も横へ折れ込んだ途方も無い[3]**ヘキソン**の或る寺を心ざして、其の男は鶴の如くに痩せた病軀を運んだ。
（幸田露伴「観画談」より）

☐ **D** 夫（それ）で僕はあの令嬢に対しては切実に感謝の意を表しなければならんから此の機を利用して、わが集を[4]**ササ**げる事にしたのさ。
（夏目漱石「吾輩は猫である」より）

☐ **E** 其の時分は互いに[ア]凡てを打ち明けて、互いに力に為り合う様なことを云うのが、互いに娯楽の尤もなるものであった。
（夏目漱石「それから」より）

解答

A **1** 泰西
西洋のこと。

B **2** 淘汰
不要なもの、不適切なものを除くこと。

C **3** 僻村
都会から遠く離れた村のこと。

D **4** 捧
捧げる＝心からの愛情などを差し出す。

E **ア** すべ
凡て＝ことごとく。全部。

☐ F それは唯伝えられる他人次第によるのである。「拈華微笑（ねんげみしょう）」の昔は勿論、百数十行に イ亙る新聞記事さえ他人の気もちと応じない時には到底合点の出来るものではない。
（芥川龍之介「十本の針」より）

☐ G 高々とズボンを捲り上げて、古草鞋（ふるわらじ）を着けさせられた晩成子（ばんせいし）は、何処（どこ）へ行くのだか分からない真黒暗の雨の中を、若僧に ウ随って出た。
（幸田露伴「観画談」より）

☐ H そうして其の上に彩られる大都会の空気が、記憶の復活に伴う強い エ刺戟と共に、濃く私の心を染め付けた。
（夏目漱石「こころ」より）

☐ I 曰く、両書共に元禄文学の心髄を オ穿ち、之に思い思いの装束を着けて出たるところにあり。
（北村透谷「『伽羅枕』及び『新葉末集』」より）

☐ J 其の又顔といったら、 カ蓋し是天下の珍というべきであろう、唯極めて無造作に凸凹を造えた丈（こしら）で醜くもあり、馬鹿気ても居るが、克く見ると実に親しむべき愛嬌のある顔だ。
（石川啄木「葬列」より）

☐ K 同一の空間は二物によって同時に占有せらるる事 キ能わずと昔の哲学者が云った。愛嬌と不安が同時に小野さんの脳髄に宿る事は此の哲学者の発明に反する。
（夏目漱石「虞美人草」より）

☐ L 昔の恋人——今の細君。 ク曽ては恋人には相違なかったが、今は時勢が移り変わった。
（田山花袋「蒲団」より）

F イ わた
亙る＝端から端まで及ぶ。

G ウ したが
随う＝他人の後ろについていく。

H エ しげき
外部から働きかけて感情などに作用し興奮させること。

I オ うが
穿つ＝本質を的確に表す。

J カ けだ
蓋し＝核心のある推定を表す言葉。

K キ あた
能う＝できる。

L ク かつ
曽て＝以前。

でる順
A
文章題 ④

10分で解こう!

10点以上とれれば合格!

得点
1回目 ／12
2回目 ／12

文章中の傍線（**1～4**）のカタカナを漢字に直し、波線（**ア～ク**）の漢字の読みをひらがなで記せ。

A 当時の欧化熱の**キュウセンポウ**[1]たる公伊藤、侯井上は其の頃マダ壮齢の男盛りだったから、啻（た）だ国家の為の政策ばかりでもなくて、男女の因襲の垣を撤した欧俗社交がテンと面白くて堪（たま）らなかったのだろう。

（内田魯庵「四十年前――新文学の曙光――」より）

B そりゃ**サイエン**[2]糸公の意見に間違いはなかろうから、充分兄さんも参考にはする積もりだが、兎に角判然談判を極めて来なくっちゃいけない。

（夏目漱石「虞美人草」より）

C 死んだ仏のあとに生き残った、此の私という**ケイガイ**[3]を、ちっとも不思議と心得ずに澄ましている事が常である。

（夏目漱石「硝子戸の中」より）

D 医者の言にのみ基づいて一生の計画を変更したりする如きは、何と**ダキ**[4]すべき物質主義・肉体万能主義であるか！

（中島敦「光と風と夢」より）

E その年の十一月、彼は漸く[ア]健康を取り戻してサモアに帰った。

（中島敦「光と風と夢」より）

解答

A **1** 急先鋒
先頭に立ち、勢いよく行動すること。

B **2** 才媛
教養があり高い知性をもつ女性。

C **3** 形骸
形だけが残り、意味や価値を失ったもの。

D **4** 唾棄
ひどく軽蔑し嫌うこと。

E **ア** ようや
漸く＝長い時間を費やして。また、苦労して実現したさま。

☐ **F** 珙(こう)一見して即ち**趨**(イ)って燕王の前に拝して曰く、殿下何ぞ身を軽んじて此に至りたまえると。
（幸田露伴「運命」より）

☐ **G** 賄賂を**納**(ウ)れざれば購入せざるべしと脅嚇したるなり。
（木下尚江「自由の使徒・島田三郎」より）

☐ **H** **動**(エ)もすればはやり勝ちな、一党の客気を控制して、徐に機の熟すのを待ったただけでも、並大抵な骨折りではない。
（芥川龍之介「或日の大石内蔵之助」より）

☐ **I** この尊いお山に**参籠**(オ)している人だちの中にも、ここを歓楽の庭のように心得ているものさえある。
（田山花袋「道綱の母」より）

☐ **J** 自分には並の人間と見ゆれど、ただ丈極めて高く眼の色少し**凄**(カ)しと思わる。
（柳田国男「遠野物語」より）

☐ **K** 夕焼けのした日金山(ひがねやま)の空も、もう火照りが消えかかっていた。良平は、**愈**(キ)気が気でなかった。
（芥川龍之介「トロッコ」より）

☐ **L** 小児の時に内端で人に臆したような風な者は柔弱臆病とは限らない、**却**(ク)って早くから名誉心が潜み発達して居る為に然様(そう)いう風になるものが多いのである。
（幸田露伴「蒲生氏郷」より）

F **イ** はし
趨る＝素早く移動する。

G **ウ** い
納れる＝おさめる。受け入れる。

H **エ** やや
動もすれば＝その状況になりやすいさま。どうかすると。

I **オ** さんろう
神社などに一定期間こもること。

J **カ** すご
凄い＝背筋が寒くなるほど恐ろしい。

K **キ** いよいよ
程度が持続的に高まるさま。

L **ク** かえ
却って＝予想に反して。

他例 **カ** [凄(すさ)まじい]

でる順 A

文章題 ⑤

文章中の傍線（1〜4）のカタカナを漢字に直し、波線（ア〜ク）の漢字の読みをひらがなで記せ。

A 然し僕より[1]ソウメイな君には全く無効である。
（夏目漱石「行人」より）

B 梵天（ぼんてん）は此の世の統治者で、二生の人たる[2]エイジの将来は、其の前生の唱名不退の大功徳によって梵天の如くにあるべしという意からの事だ。
（幸田露伴「蒲生氏郷」より）

C 此の仕事に没頭すること丁度満四年。太初（たいしょ）元年に漸く之を仕上げると、直ぐに彼は史記の[3]ヘンサンに着手した。
（中島敦「李陵」より）

D 所が愈夫として朝夕妻と顔を合わせて見ると、私の果敢ない希望は手厳しい現実のために[4]モロくも破壊されてしまいました。
（夏目漱石「こころ」より）

E けげんな心持ちがするので、[ア]頓には言葉も出ずに起き直ったまま二人を見ると、若僧が先ず口をきった。
（幸田露伴「観画談」より）

F 清三の姿は久しく其の前に立って居た。もう五月の新緑があたりを鮮やかにして、[イ]老鶯の声が竹藪の中に聞こえた。
（田山花袋「田舎教師」より）

10点以上とれれば合格!

解答

A 1 聡明
理解が早く、賢いこと。

B 2 嬰児
生まれたばかりの赤ちゃん。

C 3 編纂
様様な材料を集め、整理するなどして書物にまとめること。

D 4 脆
脆い＝くずれやすい。

E ア とみ
頓に＝急に。

F イ ろうおう
春が過ぎても鳴いている鶯のこと。

他例 2［退嬰（たいえい）］

□ G 殊に木星の白い輝きの明るさは、ウ燦々と、まことに四辺(あたり)を払うばかりである。
（中島敦「かめれおん日記」より）

□ H 明治の末頃にも、作州那岐山(なぎさん)の エ麓、日本原(にほんばら)の広戸の滝を中心として、処々に山姫が出没すると云う評判が高かった。
（柳田国男「山の人生」より）

□ I 日は東より出でて必ず西に入る。月は オ盈つればかくる。
（夏目漱石「一夜」より）

□ J 然れども去って吉野の物さびたる造化の深き峰のあたりに見るに、其の美、其の妙、カ塵垢に近き墨陀(ぼくだ)の外に勝る事幾倍なるを知るべし。
（北村透谷「『伽羅枕』及び『新葉末集』」より）

□ K 嗚呼是を思い、彼を想うて、キ転た潸然(さんぜん)たるのみ。
（福田英子「妾の半生涯」より）

□ L 彼は昔から今日迄の思索家の、ク屢繰り返した無意義な疑義を、又脳裏に拈定(ねんてい)するに堪えなかった。
（夏目漱石「それから」より）

G ウ さんさん
明るく輝くさま。

H エ ふもと
山の下の部分のこと。

I オ み
盈ちる＝あふれるほどいっぱいになる。

J カ じんこう
塵と垢のこと。

K キ うた
転た＝いよいよ。ますます。

L ク しばしば
幾度となく繰り返されるさま。

他例 エ［大麓(だいろく)］ カ［土塵(どじん)］

でる順 A

文章題 ⑥

10分で解こう!

10点以上とれれば合格!

文章中の傍線（1〜4）のカタカナを漢字に直し、波線（ア〜ク）の漢字の読みをひらがなで記せ。

A 私は其の時反対に 1ヌれた身体を風に吹かして水から上がって来た。（夏目漱石「こころ」より）

B 自然の最奥に秘める暗黒なる力に対する 2エンセイの情は今彼の胸を簇々（むらむら）として襲った。（田山花袋「蒲団」より）

C ついでながら、断片的な通俗科学的読み物は排斥すべきものだというような事を新聞紙上で論じた人が近頃あったようであるが、あれは少し 3ヘンパな僻論であると私には思われた。（寺田寅彦「自由画稿」より）

D 次の空いた電車に乗るような方針をとるのが 4ショウケイである。（寺田寅彦「電車の混雑について」より）

E 此の建築を俗に塔と ア称えて居るが塔と云うは単に名前のみで実は幾多の櫓から成り立つ大きな地城である。（夏目漱石「倫敦塔」より）

F 足音が聞こえた。彼の神経は一時に イ叢立った。然し軈（やが）て彼の前に立ったのはたしかに女の形ではなかった。（有島武郎「カインの末裔」より）

解答

A 1 濡
濡れる＝水などが表面につく。

B 2 厭世
この世に生きることが嫌になること。

C 3 偏頗
かたよりがあり公平ではないこと。

D 4 捷径
近道のこと。

E ア となえ
称える＝名前をつけて呼ぶ。

F イ むらだ
叢立つ＝群れとなって立つ。

他例 イ［叢起（そうき）］

□ **G** この言葉は逆説の如く、又誤謬の如く感ぜられるかも知れないと思う。何故ならば昔から今に至るまで、画家その人の**殆**(ウ)ど凡てが、自然の美を驚嘆してやまなかったから。
（有島武郎「描かれた花」より）

□ **H** 余の国民記者に話した、コンラッドの小説は自然に重きを置き過ぎるの結果主客**顛倒**(エ)の傾きがあると云う所見を非難せられた。
（夏目漱石「コンラッドの描きたる自然に就(つい)て」より）

□ **I** 一しきり休むと又馬に**跨**(オ)がり、がむしゃらに駈け出す。
（中島敦「李陵」より）

□ **J** 三蔵法師の場合はどうか？ あの病身と、**禦**(カ)ぐことを知らない弱さと、常に妖怪共の迫害を受けている日々とを以てして、なお師父は怡(たの)しげに生を肯われる。
（中島敦「悟浄歎異―沙門悟浄の手記―」より）

□ **K** では、**寵辱**(キ)の道も窮達の運も、一通りは味わって来た訳ですね。それは結構な事でした。
（芥川龍之介「黄粱夢」より）

□ **L** そうして一時は仏説などの因果の考えとは全く**背馳**(ク)する別物であるかのように見えたのが、近頃はまた著しい転向を示して来て、むしろ昔の因果に逆戻りしそうな趨勢を示すようにも見られるのである。
（寺田寅彦「科学と文学」より）

G **ウ** ほとん
殆ど＝大方。大部分。

H **エ** てんとう
主客顛倒＝本質の順序や人の立場などが逆になること。

I **オ** また
跨がる＝またを開いて物の上に乗る。

J **カ** ふせ
禦ぐ＝さえぎり侵入されないようにする。

K **キ** ちょうじょく
栄えることと落ちぶれること。

L **ク** はいち
背くこと。

他例 キ［君寵(くんちょう)］

でる順 A

文章題 ⑦

10分で解こう!

10点以上とれれば合格!

文章中の傍線（1〜4）のカタカナを漢字に直し、波線（ア〜ク）の漢字の読みをひらがなで記せ。

A 私は彼等を軽蔑し、しかも全身的に彼等に凭りかかっている。我が1マ息子と、無知で寛容な其の父親？
（中島敦「光と風と夢」より）

B 東京と断る以上はもう少し奇麗にしそうなものだが、東京を知らないのか、金がないのか、滅法きたない。畳は色が変わって御負けに砂でざらざらして居る。壁は2ススで真っ黒だ。
（夏目漱石「坊っちゃん」より）

C マターファは称号3ハクダツの上、遥かヤルート島へ流謫され、彼の部下の酋長十三人もそれぞれ他の島々に追放された。
（中島敦「光と風と夢」より）

D 笠井さんは、4タめ息ついて、また窓外の駒が岳を見上げた。やっぱり、なんだかいまいましい。
（太宰治「八十八夜」より）

E 希臘語を解しプレートーを読んで一代の碩学アスカムをして舌を捲かしめたる逸事は、此の詩趣ある人物を想見するの好材料として何人の脳裏にも保存せらるるであろう。
（夏目漱石「倫敦塔」より）

解答

A 1 儘
我が儘＝周囲の事は考えず、自分の思う通りに行動すること。

B 2 煤
有機物の不完全燃焼でできる、黒い炭素の微粒子のこと。

C 3 剝奪
はぎ取ること。

D 4 溜
溜め息＝失望や心配などをしたときに思わず出る大きな息。

E ア せきがく
学問や見識が広く深いこと。

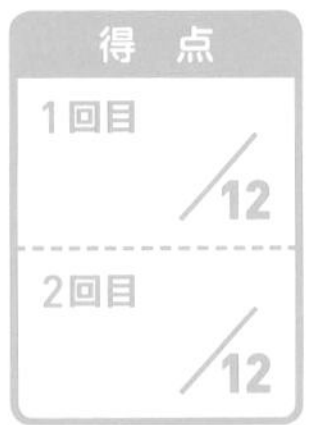

F 張玉等も陣を列ねて進むや、城中も亦兵を出して、内外イ交攻む。
（幸田露伴「運命」より）

G 自ら揚言して曰く、輦轂の下、首都の地、学芸のウ淵叢、政権の中心たる東京にして、自治の権を許されざるの義あるべからずと。
（木下尚江「自由の使徒・島田三郎」より）

H 世に之ほどひどい曲解があるだろうか。エ況んやそれによって僕が正義を売るとは何事だ。
（萩原朔太郎「常識家の非常識」より）

I 自分等の解放せられた喜びを忘れて婦人の解放を押さえ、オ剰え昔の五障三従や七去説の縄目よりも更に苛酷な百種の勿れ主義を以て取り締まろうと云うのは笑うべき事である。
（与謝野晶子「婦人と思想」より）

J 「資性カ穎悟と兄弟に友にですね。じゃどうにかこじつけましょう。」
（芥川龍之介「文章」より）

K 友禅の模様はわかる、金屏の冴えも解せる、銀燭のキ耀きもまばゆく思う。
（夏目漱石「野分」より）

L へ-つ-つ-い の中へ押し込んだりする。ク而も我輩の方で少しでも手出しを仕様ものなら家内総がかりで追い廻して迫害を加える。
（夏目漱石「吾輩は猫である」より）

F イ こもごも
かわるがわる。

G ウ えんそう
物事の寄り集まる場所。

H エ いわ
況んや＝前に述べたことから考えて、言うまでもなく。まして。

I オ あまつさ
剰え＝そのうえ。

J カ えいご
賢く、悟りの早いこと。

K キ かがや
耀く＝光を放つ。

L ク しか
而も＝前に述べたことに更に別のことを加える時に使う言葉。

他例 カ［穎慧］

ちょっと一休み・・・　熟字訓・当て字 1

覚えておきたい熟字訓・当て字をピックアップしました。
正しく読めるか試してみましょう。

※読みの〈　〉内は別解です。

四阿―あずまや
痘痕―あばた
如何（なる）―いか（なる）
幾何―いくばく
所謂―いわゆる
独活―うど
自惚（れる）・己惚（れる）―うぬぼ（れる）

大凡―おおよそ
甲斐―かい
神楽―かぐら
鍛冶―かじ
草臥（れる）―くたび（れる）
更紗―サラサ
蕎麦―そば
縮緬―ちりめん

葛籠―つづら
就中―なかんずく
茄子―なすび〈茄〉
海苔―のり
梯子―はしご〈梯〉
神輿―みこし〈御輿〉
眼鏡―めがね
山葵―わさび〈山薑〉

でる順 B ランク

検定試験でよくねらわれる
合否を左右する重要問題

でる順 B

読み ①

10分で解こう！

次の傍線部分の読みをひらがなで記せ。1〜24は音読み、25〜36は訓読みである。

1 **熊胆**をいただいた。
熊の胆汁の入った胆嚢を乾燥させたもの。

2 この書類には**捺印**する必要がある。
印判を押すこと。

3 裏山で**薪柴**を集める。
薪と柴。

4 **鶯語**聞きて、春の訪れを知る。
鶯の鳴き声のこと。

5 **凄絶**な戦いだった。
大変すさまじいこと。

6 民衆に有徳の**馨香**が広がった。
徳化などのたとえ。

7 一念発起し**鉄杵**を磨く。
鉄杵を磨く＝忍耐強く物事を行えば成功するというたとえ。

8 三歳から**穎才**教育を施す。
穎才教育＝すぐれた才能をもつ児童に対して行う特別な教育のこと。

9 **屢次**の川の氾濫に対策を練る。
たびたびあること。

10 城の**溝渠**の跡を利用する。
給水や排水のために掘った溝のこと。

11 **哀憐**の情を抱いた。
悲しみ、憐れむこと。

12 **劫末**を思わせる風景。
仏教の言葉でこの世の終わりのこと。

13 会議の資料を**塡足**する。
足りないところを補うこと。

14 **桑梓**に残した母を想う。
故郷のこと。

15 **翠嵐**の山道をドライブする。
緑に映えた山の様相。

16 その考えは天皇の**叡慮**にかなった。
天子の考えのこと。

解答

1 ゆうたん
2 なついん
3 しんさい
4 おうご
5 せいぜつ
6 けいこう
7 てっしょ
8 えいさい
9 るじ
10 こうきょ
11 あいれん
12 ごうまつ
13 てんそく
14 そうし
15 すいらん
16 えいりょ

29点以上とれれば合格！

得点
1回目 /36
2回目 /36

他例 5［凄艶（せいえん）］ 10［渠魁（きょかい）］ 11［憐察（れんさつ）］ 12［劫火（ごうか・こうか）］

17 粉黛を施し出かける。
おしろいと黛。化粧。

18 各流派の領袖が一堂に会する。
集団の長のこと。

19 「乃公出でずんば」と立候補する。
乃公出でずんば＝この私が出ないで、誰に何ができるのか、という自信を含んだ意味の言葉。

20 胃薬を咽下する。
飲み下すこと。

21 爾後、彼の行方は誰も知らない。
あることがあって、その後。

22 門外漢である点は諒せられたい。
諒する＝相手の立場などを思い、納得する。

23 余焔もしっかり消火した。
消え残りの炎のこと。

24 おもちゃの銃で狙撃された。
銃で狙い撃つこと。

25 山道が峨しくて怯んでしまう。
峨しい＝急な傾斜で、登るのが難しい。

26 焦って喋ったので吃った。
吃る＝滑らかに喋れなかったり、同じ音を何度も反復したりする。

27 箕を振ってゴミを落とす。
穀物をふるってチリなどを分ける農具のこと。

28 灯台下暗しとはまさにこの謂だ。
～という意味。

29 境内に篠笹が生い茂っている。
根笹の仲間の総称。

30 奈ともする無し。
奈とも＝（下に打ち消しの語を伴い）どうにも。

31 惇い友情に心を打たれる。
惇い＝まごころのこもっている。

32 上官を丞ける仕事に就く。
丞ける＝輔佐する。

33 彼女は料理の腕を琢いている。
琢く＝人格・文章などを洗練されたものにする。

34 見窄らしい格好で式に現れた。
見窄らしい＝外見が粗末で貧弱なさま。

35 家の周りを柵が匝っている。
匝る＝周囲を囲う。

36 恰も見てきたような喋り方だった。
恰も＝ある物事が他とよく似ていることを表す。まるで。

---

17 ふんたい
18 りょうしゅう
19 だいこう
20 えんか・えんげ
21 じご
22 りょう
23 よえん
24 そげき
25 けわ
26 ども
27 み
28 いい
29 しのざさ
30 いかん
31 あつ
32 たす
33 みが
34 みすぼ
35 めぐ
36 あたか

意味 17［黛＝眉を書くための墨］

でる順 B

読み ②

10分で解こう!

29点以上とれれば合格!

得点 1回目 /36 2回目 /36

次の傍線部分の読みをひらがなで記せ。1〜24は音読み、25〜36は訓読みである。

1 中世の**瓶子**が見つかった。
胴がふくらんでいて口の小さい、酒を入れる器のこと。

2 咲きほこるは**荻花**かも。
荻の花。

3 大会で優勝した**鳴禽**を拝見する。
よく鳴く鳥のこと。さえずりの美しい鳥のこと。

4 **戎馬**を殺して狐狸を求む。
戎馬を殺して狐狸を求む=小さな利益を得るために、大きな犠牲を払うことのたとえ。

5 漢語に**倭訓**を付して読む。
漢字や漢語に和語を当てて読むこと。

6 **辛巳**の年に事件は起きた。
干支の一つで、十八番目の組み合わせ。

7 親友の訃報に**吃驚**する。
驚くこと。

8 妻に**酒肴**の用意を頼む。
酒と肴。

9 **大姦**は忠に似たり。
大姦は忠に似たり=大悪人は巧みに主君に仕えるので、忠臣に見える。

10 仇敵の**臣妾**となる。
主君に従う者。

11 **壊死**した部分を切除する。
生体の一部分の細胞などが死ぬこと。

12 会社の**防諜**は完璧とは言い難い。
情報などを敵から守ること。

13 切符の**蒐集**家のお宅を訪れる。
趣味などで、ものを集めること。

14 **昂然**たる態度で接してきた。
自信があり意気盛んなさま。

15 休日は新刊書を**耽読**する。
読書に没頭すること。

16 「**井蛙**の見」だと嘲笑される。
井蛙の見=見識の狭いことのたとえ。

解答

1 へいじ・へいし
2 てきか・てっか
3 めいきん
4 じゅうば
5 わくん
6 しんし
7 きっきょう
8 しゅこう
9 たいかん
10 しんしょう
11 えし
12 ぼうちょう
13 しゅうしゅう
14 こうぜん
15 たんどく
16 せいあ

誤答例 11［かいし］

□ **17** 鼠輩の話など歯牙にもかけない。
取るに足りない者のこと。

□ **18** 壮絶な逐鹿戦となった。
政権などを得ようと争うこと。

□ **19** 二人は佳辰に結納した。
めでたい日のこと。

□ **20** 事件の証人として勾引されている。
裁判所が被告人などを強制的にある一定の場所に連れていくこと。

□ **21** 杜漏な計画は失敗した。
粗雑で手抜きの部分が多いこと。

□ **22** 求婚に双頬が赤く染まった。
両方の頬のこと。

□ **23** 弗弗の臣こそ大切にすべき。
賛成しない。逆らう。

□ **24** 来客に摯実な対応をする。
心がこもっていて真面目なこと。

□ **25** 翠を春の日に曝している。
曝す＝日光や風の当たるままにしておく。

□ **26** 痩せた土地で薯を育てる。
里芋やじゃが芋などの総称。

□ **27** 畷を自転車で駆け抜ける。
まっすぐな道。田んぼの間の道。

□ **28** 丹漆文らず。
丹漆文らず＝美しいものは、それ以上飾る必要がないということ。

□ **29** 彼は道理に蒙い。
蒙い＝事情などをよく知らない。

□ **30** 之を董すに威を用いてす。
董す＝監督する。

□ **31** いかに進むこと碍げんや。
碍げる＝物事の進行の邪魔をする。

□ **32** 惟士のみ能くすと為す。
それだけで。

□ **33** 蕗に塩を振って板ずりする。
キク科の多年草。

□ **34** 課外授業で筏を造った。
木材などを並べて結び、水面に浮かべるもの。

□ **35** 内内に猷りて打ち取らん。
猷る＝くわだてる。あざむく。

□ **36** 車の進行を禦がんとす。
禦ぐ＝さえぎり進入しないようにする。

---

17 そはい
18 ちくろく
19 かしん
20 こういん
21 ずろう
22 そうきょう
23 ふつふつ
24 しじつ
25 さら
26 いも
27 なわて
28 かざ
29 くら
30 ただ
31 さまた
32 ただ
33 ふき
34 いかだ
35 はか
36 ふせ

読み ③

次の傍線部分の読みをひらがなで記せ。1～24は音読み、25～36は訓読みである。

1 **薬匙**を使って量を調整する。
（薬を扱うときに使う匙。）

2 様様な**障碍**を乗り越えてきた。
（妨げる物事。）

3 改革後、表現者**彬彬**とす。
（盛んに文物が起こるさま。）

4 忍びて**嘉猷**を告げる。
（よい計略のこと。）

5 それは会社の隆昌を告げる**禎祥**だ。
（めでたいしるしのこと。）

6 夜空に星星が**晃晃**と耀いている。
（光り輝くさま。）

7 彼は意欲が**横溢**している。
（気力などが溢れるほど盛んなこと。）

8 かの事件について**鞠訊**された。
（裁判所が当事者や証人などに、書面や口頭で問いただすこと。）

9 **粥薬**を以て病を治す。
（粥と薬。）

10 一双の胡蝶**葵花**に上がる。
（葵の花。）

11 君寵を失った**宮娃**の哀切を詠ずる。
（宮中に仕えている女性のこと。）

12 美しく**葱翠**な山山を眺める。
（青青とした緑のこと。）

13 **管窺**を自覚する。
（視野が狭いこと。）

14 臨時に数人**傭役**する必要がある。
（人を雇うこと。）

15 彼は**聡慧**な人物として知られている。
（きわめて英明であること。）

16 金属を**熔冶**して活字を作る。
（金属を溶かして鋳ること。）

10分で解こう！

29点以上とれれば合格！

得点	
1回目	/36
2回目	/36

解答

1 やくし
2 しょうがい
3 ひんぴん
4 かゆう
5 ていしょう
6 こうこう
7 おういつ
8 きくじん
9 しゅくやく
10 きか
11 きゅうあい
12 そうすい
13 かんき
14 ようえき
15 そうけい
16 ようや

誤答例 14［ようやく］

17 新しい画帖を買う。
絵を描くための帳面。

18 洲渚で珍しい生き物を見る。
洲の汀のこと。

19 砥石で鎌刃に研ぎをかける。
鎌の刃のこと。

20 その家より砧声聞こゆ。
砧を打つ音のこと。

21 帝の諮諏にあずかることありと。
上の者が下の者に相談すること。

22 斌斌な文章に倣う。
外形と実質を共にもつさま。

23 美しい腕釧を購入した。
仏像の装身具の一つ。

24 ぜひとも君と鷗盟を結びたい。
俗世を離れ、風流な交際をすること。

25 韓紅の帯を結ぶ。
鮮やかな濃い紅色のこと。

26 宝剣は千尋の海の底に沈んだ。
とても深いこと。

27 クリスマスツリーに椴松を使う。
常緑高木で、材は建築や家具などに用いる。

28 錫は錆に強い。
金属の一つ。

29 ゆでた鶏の笹身をサラダに加える。
鶏の胸肉。

30 門を杜いで客を謝す。
杜ぐ＝閉じる。

31 肉を塩麴に漬けておく。
米や麦などを蒸し、麴菌を繁殖させたもの。

32 送り火に焚く苧殻を用意する。
皮をはいだ麻の茎のこと。

33 今年は巽の方角が吉と出た。
東南の方角。

34 椋は高木で実は食用になる。
ニレ科の落葉高木。

35 諒に愁いて尽きざる無し。
諒に＝本当に。

36 先行きは嶮しく不安に駆られた。
嶮しい＝先に大きな困難が待ちかまえているさま。

---

17 がじょう
18 しゅうしょ
19 れんじん
20 ちんせい
21 ししゅ
22 ひんぴん
23 わんせん
24 おうめい
25 からくれない
26 ちひろ
27 とどまつ
28 すず
29 ささみ
30 ふさ
31 こうじ
32 おがら
33 たつみ
34 むく
35 まこと
36 けわ

誤答例 17［かくちょう］

でる順 B

読み ④

10分で解こう!

29点以上とれれば合格!

得点 1回目 /36 2回目 /36

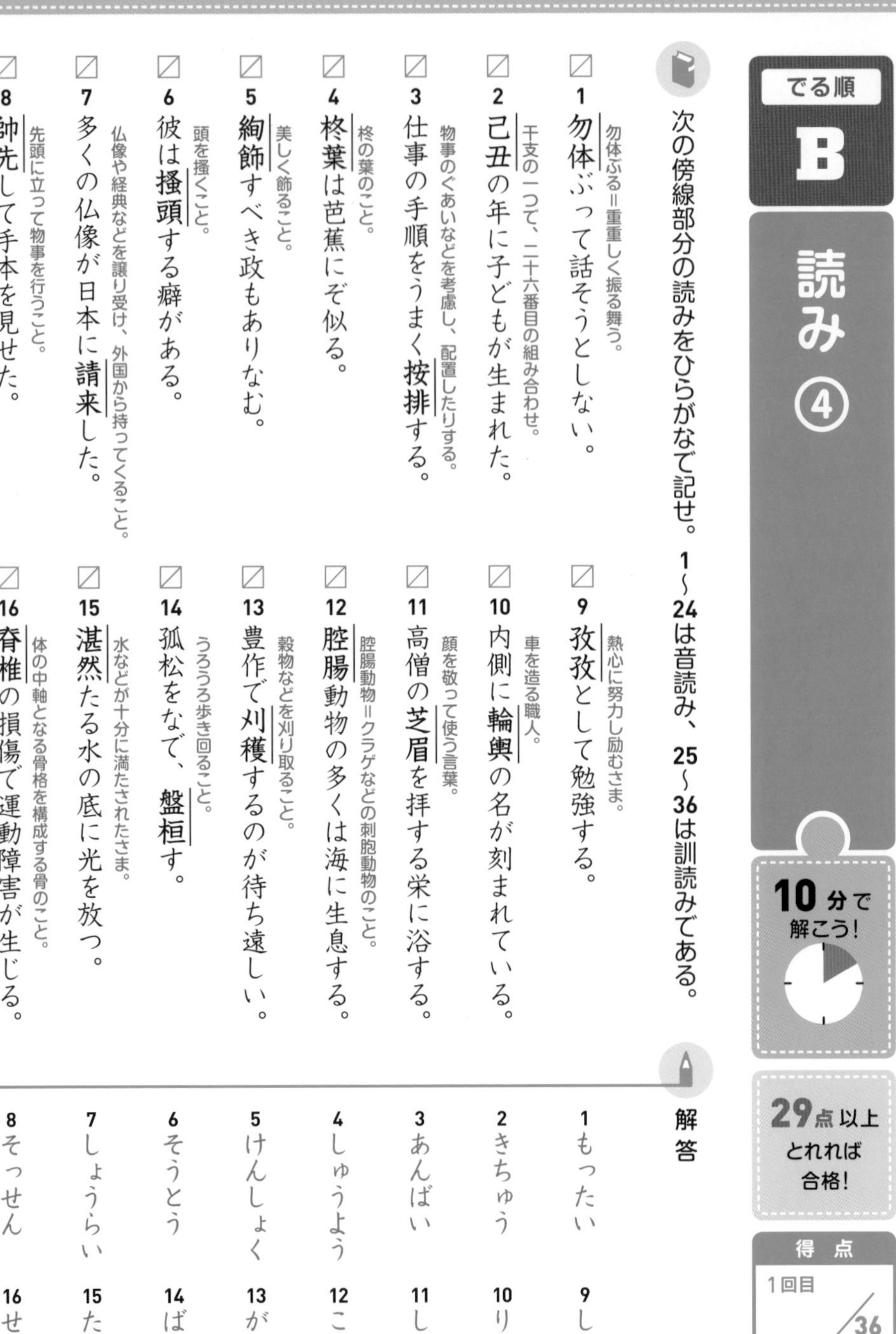

次の傍線部分の読みをひらがなで記せ。1〜24は音読み、25〜36は訓読みである。

1 勿体ぶって話そうとしない。（勿体ぶる＝重重しく振る舞う。）
2 己丑の年に子どもが生まれた。（干支の一つで、二十六番目の組み合わせ。）
3 仕事の手順をうまく按排する。（物事のぐあいなどを考慮し、配置したりする。）
4 柊葉は芭蕉にぞ似る。（柊の葉のこと。）
5 絢飾すべき政もありなむ。（美しく飾ること。）
6 彼は掻頭する癖がある。（頭を掻くこと。）
7 多くの仏像が日本に請来した。（仏像や経典などを譲り受け、外国から持ってくること。）
8 帥先して手本を見せた。（先頭に立って物事を行うこと。）

9 孜孜として勉強する。（熱心に努力し励むさま。）
10 内側に輪輿の名が刻まれている。（車を造る職人。）
11 高僧の芝眉を拝する栄に浴する。（顔を敬って使う言葉。）
12 腔腸動物の多くは海に生息する。（腔腸動物＝クラゲなどの刺胞動物のこと。）
13 豊作で刈穫するのが待ち遠しい。（穀物などを刈り取ること。）
14 孤松をなで、盤桓す。（うろうろ歩き回ること。）
15 湛然たる水の底に光を放つ。（水などが十分に満たされたさま。）
16 脊椎の損傷で運動障害が生じる。（体の中軸となる骨格を構成する骨のこと。）

解答

1 もったい
2 きちゅう
3 あんばい
4 しゅうよう
5 けんしょく
6 そうとう
7 しょうらい
8 そっせん
9 しし
10 りんよ
11 しび
12 こうちょう
13 がいかく
14 ばんかん
15 たんぜん
16 せきつい

☐ 17 鴨脚まさに色付く。
イチョウ。

☐ 18 迅瀬の所所に白浪が立つ。
流れの速い瀬のこと。

☐ 19 敦厚な人柄がにじみ出ている。
篤実で人情深いこと。

☐ 20 姪孫も今年で二十歳になる。
甥、または姪の子ども。

☐ 21 高級な琉璃の皿を頂戴した。
青色の宝石。また、ガラスの古称。

☐ 22 宛然たる国王の如しだ。
そっくりそのままであること。あたかも。まるで。

☐ 23 彪蔚たる帯を結ぶ。
模様が美しいさま。

☐ 24 疑うらくは舛誤有らん。
間違いであること。

☐ 25 卵と韮を炒(いた)めて食べる。
ユリ科の多年草。

☐ 26 故人を偲んで涙を流す。
偲ぶ＝過去の出来事や遠く離れた人や場所などを懐かしく思い出す。

☐ 27 生糸を二梱発注する。
梱＝包装した生糸などの数量などを表す言葉。

☐ 28 而る後に悟るところ有りしならん。
而る後に＝そうした後に。

☐ 29 哨の交代の時間になる。
注意深く目を配り、番をすること。

☐ 30 長期間乗らない車に幌をかける。
雨風や日光などを防ぐために車にかけるおおい。

☐ 31 哲学を嚙ったことがあるそうだ。
嚙る＝物事の一部を学ぶ。

☐ 32 長年の夢が叶った。
叶う＝思い通りになる。

☐ 33 不平は奴の一身に湊まっていた。
湊まる＝物事が一か所に寄る。

☐ 34 来月の朔に試験の結果が出る。
月の第一日。

☐ 35 完成度の高さは群を挺いている。
群を挺く＝ひときわすぐれている。

☐ 36 御簾を垂らして日ざしを防ぐ。
宮殿などで使用するすだれのこと。

---

17 おうきゃく
18 じんらい
19 とんこう
20 てっそん
21 るり
22 えんぜん
23 ひょううつ・ひゅううつ
24 せんご
25 にら
26 しの

27 ふたこり・ふたこうり
28 しか
29 みはり
30 ほろ
31 かじ
32 かな
33 あつ
34 ついたち
35 ぬ
36 みす

誤答例 26〔おも（んで）〕

でる順 B

読み⑤

次の傍線部分の読みをひらがなで記せ。1〜24は音読み、25〜36は訓読みである。

1 豎子教うべし。
子ども。また、未熟な相手を軽蔑していう言葉。

2 一見すれば亮然たるべし。
明らかなさま。

3 繭紬で作られた日傘をさす。
柞蚕（さくさん）の糸で織られた織物のこと。

4 古い形式を籤却した。
悪い部分を捨てること。

5 皇太后の簾政は十五年に及んだ。
幼い帝に代わり、皇太后などが政治を行うこと。

6 病竈の摘出手術を行う。
病気に侵されている部分。

7 社長の令婿を紹介された。
他人の婿を敬って使う言葉。

8 リンパ腺が腫脹する。
炎症などによって一部が腫れること。

9 人里離れた山奥の草庵に住む。
藁などで屋根を葺いた粗末な家のこと。

10 来客を鶏黍す。
心を込めて相手をもてなすこと。

11 実家から枇杷が届いた。
バラ科の常緑高木。また、その果実。

12 山河衿帯の地に城を造る。
山や川に囲まれた自然の要害の地。

13 幽栖した生活を送る。
俗世を離れ、隠れ住むこと。

14 かの子、閏月に生まれ給う。
太陰暦で季節のずれを調節するため十二ヵ月に付け加える月。

15 橘中の楽しみに時間を費やす。
橘中の楽しみ＝将棋や囲碁をする楽しみ。

16 邁進（まいしん）し豬滞するべからず。
物事が停滞していること。

10分で解こう！

29点以上とれれば合格！

得点	
1回目	/36
2回目	/36

解答

1 じゅし
2 りょうぜん
3 けんちゅう
4 はきゃく
5 れんせい
6 びょうそう
7 れいせい
8 しゅちょう
9 そうあん
10 けいしょ
11 びわ
12 きんたい
13 ゆうせい
14 じゅんげつ
15 きっちゅう
16 ちょたい

誤答例 13［ゆうさい］ 14［うるうづき※訓読み］

17 一時代を劃する出来事だった。
劃する＝はっきり区別する。

18 崖が轟然と音をたてて崩壊した。
大音が響き渡るさま。

19 紙鳶のぼせし空をも見ず。
凧。いかのぼり。

20 儒教では孝悌を重んじる。
父母に孝行で兄など目上の人によくつかえること。

21 彼の弁疏に聞く耳をもつな。
言い訳や弁解をすること。

22 冥加に余る持て成しを受けた。
知らず知らずに授かっている神の加護のこと。とてもありがたいこと。

23 多くの草食動物が群棲している。
同種の動物が集団を作り生活すること。

24 献芹ですがお受け取りください。
贈り物をする時にへりくだって使う言葉。

25 美しい絢を織りなした着物を着る。
織物の模様のこと。

26 轍を調べて車種を絞る。
車が通った後につく車輪の跡のこと。

27 彼女は妖かしく笑った。
妖かしい＝色っぽい。

28 畠物を収穫する時期になった。
畑で採れる作物のこと。

29 祖父が軒下で灸をしている。
漢方療法の一つ。灸のこと。

30 柾の木を庭に植える。
ニシキギ科の常緑低木。

31 両親に二人の仲を堰かれる。
堰く＝男女の仲を妨害する。

32 議論が旺んに行われた。
旺ん＝何度も行われるさま。

33 鋤鍬を担ぎ、畑に出る。
鋤と鍬。

34 櫓に登り太鼓を打った。
祭りなどで太鼓を打つためなどに建てた高い建築物。

35 単衣から袷を着る季節になった。
裏地のある着物のこと。

36 次の甲子は二〇四四年である。
干支の一つで、一番目の組み合わせ。

---

17 かく
18 ごうぜん
19 しえん
20 こうてい
21 べんそ
22 みょうが
23 ぐんせい
24 けんきん
25 あや
26 わだち
27 なまめ
28 はたもの・はたけもの
29 やいと
30 まさき
31 せ
32 さか
33 すきくわ
34 やぐら
35 あわせ
36 きのえね

誤答例 22［めいが］

でる順 B

読み ⑥

10分で解こう！

29点以上とれれば合格！

得点 1回目 /36 2回目 /36

次の傍線部分の読みをひらがなで記せ。1～24は音読み、25～36は訓読みである。

1 薪を割る音が打打と響く。
連続してかん高い音が響き渡るさま。

2 わが身の不幸を歎ずる。
歎ずる＝嘆く。

3 蟹行の文を承る。
蟹行文字の略で、横書きの文字。欧文。

4 閣下の御意向をうかがう。
閣下。貴人や相手に対する敬称。

5 中国は冊封体制を敷いた。
皇帝が任命書などを介して近隣諸国を支配下におくこと。

6 腕を撫して出番を待つ。
腕を撫す＝腕前を表すチャンスを待つ。

7 嵐気に包まれて思わず身震いした。
水気を感じる山の空気のこと。

8 醇乎たる精神を受け継ぐ。
心や考えが純粋でまじりけのないさま。

9 職業に貴賤なし。
貴いことと、賤しいこと。

10 綾子の着物に袖を通す。
滑らかで光沢のある絹織物のこと。

11 責任逃れの遁辞を弄する。
言い逃れの言葉。

12 合格発表の日に瑞雲を見た。
めでたいことの前兆として現れる雲のこと。

13 檮昧な行為だったと反省する。
愚かなこと。

14 日日、修学のため砥礪する。
努力すること。

15 蓑笠を纏って雨風をしのぐ。
蓑と笠。

16 腕にできた腫物が悪化する。
腫れもの。できもの。

解答

1 ちょうちょう
2 たん
3 かいこう
4 こうか
5 さくほう
6 ぶ
7 らんき
8 じゅんこ
9 きせん
10 りんず
11 とんじ
12 ずいうん
13 とうまい
14 しれい
15 さりゅう
16 しゅもつ

17 大事な**牒状**を送達する。
順番にまわしていく書状。

18 **卯酉**線は東西線ともいう。
卯酉線＝天頂を通り、直角に子午線と交わる大円のこと。

19 彼は**些事**にこだわる癖がある。
取るに足りない、つまらないこと。

20 **剃度**の式を見学させてもらった。
剃髪し、僧や尼になること。

21 **矩形**のデザインを採用する。
長方形。

22 余計な**詮議**立てはしない。
評議し明らかにすること。

23 音の鳴る方へ**一瞥**をくれた。
ちらっと見ること。

24 私は**煙霞**の痼疾(こしつ)をもっている。
煙霞の痼疾＝自然の趣を愛し、旅を好む習性のこと。

25 **郁**しいバラの香りがする。
郁しい＝よい香りがする。

26 校長先生の長話を**衿**を正して聞く。
衿を正す＝気を引き締める。

27 この川の**瀞**の生態系を調べる。
河川の深くてゆるやかな流れの場所のこと。

28 彼女達が集まると**姦**しい。
姦しい＝やかましい。

29 その座を奪う機会を**窺**っている。
窺う＝様子を見て時期を待つ。

30 繁茂した**荻**を刈り取る。
イネ科の多年草。

31 **舷**から海へ飛び込んだ。
船の両側のへりのこと。

32 高級料亭の**厨**は戦場だった。
料理をするところ。

33 **縞鯵**をタタキにして肴にする。
体に縞模様のある鯵。

34 **丙午**に関する迷信を聞いた。
干支の一つで、四十三番目の組み合わせ。

35 **遜**った態度が気に入らない。
遜る＝相手を敬い自分を卑下したり謙遜したりする。

36 彼は子どもの頃から耳が**聡**い。
聡い＝感覚や反応などが鋭い。

---

17 ちょうじょう
18 ぼうゆう
19 さじ
20 ていど
21 くけい
22 せんぎ
23 いちべつ
24 えんか
25 かぐわ
26 えり
27 とろ
28 かしま
29 うかが
30 おぎ
31 ふなばた・ふなべり
32 くりや
33 しまあじ
34 ひのえうま
35 へりくだ
36 さと

誤答例 32［ちゅう］

でる順 B

表外の読み

次の傍線部分は常用漢字である。その表外の読みをひらがなで記せ。

1 彼女は淑やかに話す。
淑やか＝言葉や動作などが静かで品があるさま。

2 最終局面にて進退谷まった。
進退谷まる＝動きがとれず困る。

3 固より失敗は覚悟している。
固より＝最初から。言うまでもなく。

4 老いてますます壮んになる。
壮ん＝気力などにあふれている。

5 交留学の体験を語った。
かわるがわる。

6 所存を啓して御沙汰を待つ。
啓す＝言上する。

7 母は煩いことばかり言う。
煩い＝言動が邪魔に感じる。

8 不祥事で大臣が迭わる。
迭わる＝ある地位などを占める者が、他の者になる。

9 完走の感激を胸に識す。
識す＝しっかりと記憶しておく。

10 聖人として崇められる。
崇める＝非常に尊いものとして敬う。

11 この世に生を享ける。
享ける＝他から与えられる。

12 勉強を疎かにしてはいけない。
疎か＝物事をいいかげんにすること。

13 百年の時を歴て蘇った。
歴る＝時がたつ。

14 戦いに備え策略を運らしている。
運らす＝あれこれと頭を働かせる。

15 その態度は太だけしからぬ。
太だ＝非常に。たいそう。

16 彼の試みは尽く失敗した。
尽く＝あるもの全部。

10分で解こう！

29点以上とれれば合格！

解答

1 しと
2 きわ
3 もと
4 さか
5 こもごも
6 もう
7 うるさ
8 か
9 しる
10 あが
11 う
12 おろそ
13 へ
14 めぐ
15 はなは
16 ことごと

誤答例 7［わずら（い）］

17 懐かしい風景に心が和いでくる。
和ぐ＝気持ちが穏やかになる。

18 何か良からぬことを企んでいるな。
企む＝よくないことをくわだてる。

19 幾ど傷は癒えた。
幾ど＝大方。大部分。

20 罷り間違うと大惨事になる。
罷り＝（下に動詞を続けて）意味を強める意を表す。

21 行き過ぎた教育指導を規す。
規す＝乱れやゆがみを直す。

22 七か国語を攻めた。
攻める＝つきつめて学ぶ。

23 隣人と好を結ぶ。
親しいつきあい。

24 大作に筆を揮う。
筆を揮う＝書画を書く。

25 期待に副う結果となった。
副う＝期待や目的通りになる。

26 委しい説明は後日いたします。
委しい＝細かいところまで行き届いている。

27 妻の古稀を寿いだ。
寿ぐ＝喜びや祝福の言葉を述べる。

28 骨董品漁りに余念が無い。
漁る＝物などを探し回る。

29 恋人の不甲斐無さを零す。
零す＝溜まっていた不満などをつい口に出す。

30 円かに畔道を散歩する。
円か＝穏やかなさま。

31 愛弟子の成長に目を細める。
特に可愛がっている意味を表す。

32 長い石の陛を上る。
階段のこと。

33 勲を立てた者に褒美をやる。
名誉ある功績のこと。

34 礼節を尚んでいる。
尚ぶ＝価値のあるものとして大切にする。

35 精しく説明してもらった。
精しい＝細かいところまで注意などが行き渡っている。

36 汗に塗れる仕事をする。
塗れる＝泥などが一面に付き、汚れる。

---

17 な
18 たくら
19 ほとん
20 まか
21 ただ
22 おさ
23 よしみ
24 ふる
25 そ
26 くわ
27 ことほ
28 あさ
29 こぼ
30 まど
31 まな
32 きざはし
33 いさお・いさおし
34 とうと・たっと
35 くわ
36 まみ

誤答例 19［いく（ど）］

でる順 B

熟語の読み ①

10分で解こう!

36点以上とれれば合格!

次の熟語の読み（音読み）と、その語義にふさわしい訓読みを（送りがなに注意して）ひらがなで記せ。

例 健勝……勝れる → けんしょう……すぐ

ア 1 諫止……2 諫める
諫めて思いとどまらせること。

イ 3 敦厚……4 敦い
篤実で人情深いこと。

ウ 5 遁辞……6 遁れる
言い逃れの言葉のこと。

エ 7 繋泊……8 繋ぐ
船を繋ぎ泊めること。

オ 9 編纂……10 纂める
様様な材料を集め、整理するなどして書物にまとめること。

カ 11 膏田……12 膏える
よく肥えた田んぼのこと。

キ 13 凋落……14 凋む
花などが萎み、落ちること。

ク 15 斡流……16 斡る
巡り流れること。

解答

ア 1 かんし……2 いさ
イ 3 とんこう……4 あつ
ウ 5 とんじ……6 のが
エ 7 けいはく……8 つな
オ 9 へんさん……10 あつ
カ 11 こうでん……12 こ
キ 13 ちょうらく……14 しぼ
ク 15 あつりゅう……16 めぐ

誤答例 15［かんりゅう］

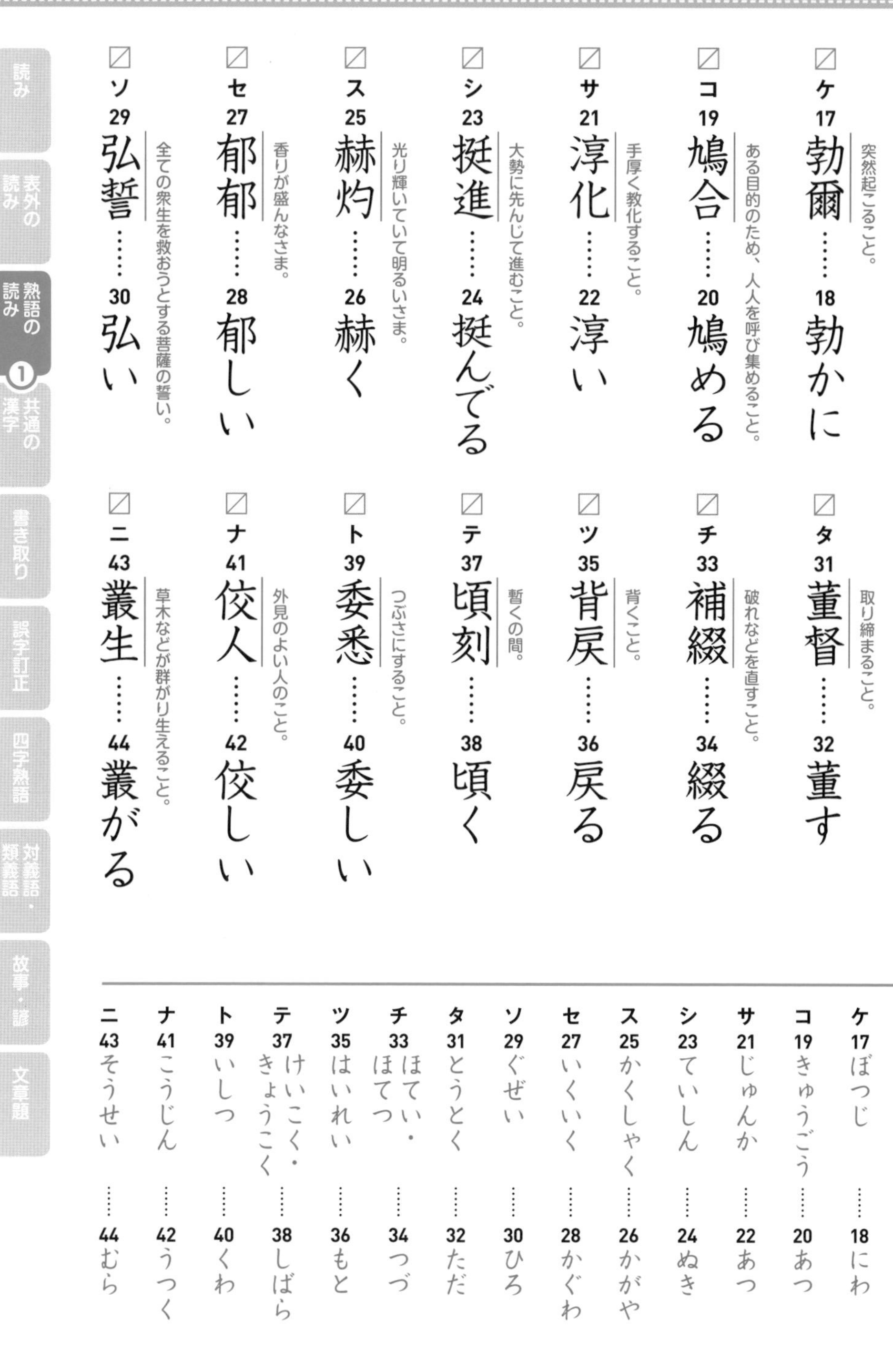

ケ 17 勃爾……18 勃かに
突然起こること。

コ 19 鳩合……20 鳩める
ある目的のため、人人を呼び集めること。

サ 21 淳化……22 淳い
手厚く教化すること。

シ 23 挺進……24 挺んでる
大勢に先んじて進むこと。

ス 25 赫灼……26 赫く
光り輝いていて明るいさま。

セ 27 郁郁……28 郁しい
香りが盛んなさま。

ソ 29 弘誓……30 弘い
全ての衆生を救おうとする菩薩の誓い。

タ 31 董督……32 董す
取り締まること。

チ 33 補綴……34 綴る
破れなどを直すこと。

ツ 35 背戻……36 戻る
背くこと。

テ 37 頃刻……38 頃く
暫くの間。

ト 39 委悉……40 委しい
つぶさにすること。

ナ 41 佼人……42 佼しい
外見のよい人のこと。

ニ 43 叢生……44 叢がる
草木などが群がり生えること。

ケ 17 ぼつじ……18 にわ
コ 19 きゅうごう……20 あつ
サ 21 じゅんか……22 あつ
シ 23 ていしん……24 ぬき
ス 25 かくしゃく……26 かがや
セ 27 いくいく……28 かぐわ
ソ 29 ぐぜい……30 ひろ
タ 31 とうとく……32 ただ
チ 33 ほてい・ほてつ……34 つづ
ツ 35 はいれい……36 もと
テ 37 けいこく・きょうこく……38 しばら
ト 39 いしつ……40 くわ
ナ 41 こうじん……42 うつく
ニ 43 そうせい……44 むら

誤答例 36［もど（る）］

でる順 B

熟語の読み ②

10分で解こう!

36点以上とれれば合格!

次の熟語の読み（音読み）と、その語義にふさわしい訓読みを（送りがなに注意して）ひらがなで記せ。

例 健勝……勝れる → けんしょう……すぐ

ア 1 陰蔽……2 蔽う
人や物事を隠すこと。

イ 3 進捗……4 捗る
物事が捗ること。

ウ 5 夙成……6 夙い
幼時から学業などが完成されていて大人びること。

エ 7 纏着……8 纏う
絡まりつくこと。

オ 9 汎称……10 汎い
広く同類のものをひとくくりにしていうこと。

カ 11 掩護……12 掩う
敵から味方を守ること。

キ 13 侃侃……14 侃い
信念を曲げない剛直なさま。

ク 15 周匝……16 匝る
周囲をとりまくこと。周囲をまわること。

解答

ア 1 いんぺい……2 おお
イ 3 しんちょく……4 はかど
ウ 5 しゅくせい……6 はや
エ 7 てんちゃく……8 まと
オ 9 はんしょう……10 ひろ
カ 11 えんご……12 おお・かば
キ 13 かんかん……14 つよ
ク 15 しゅうそう……16 めぐ

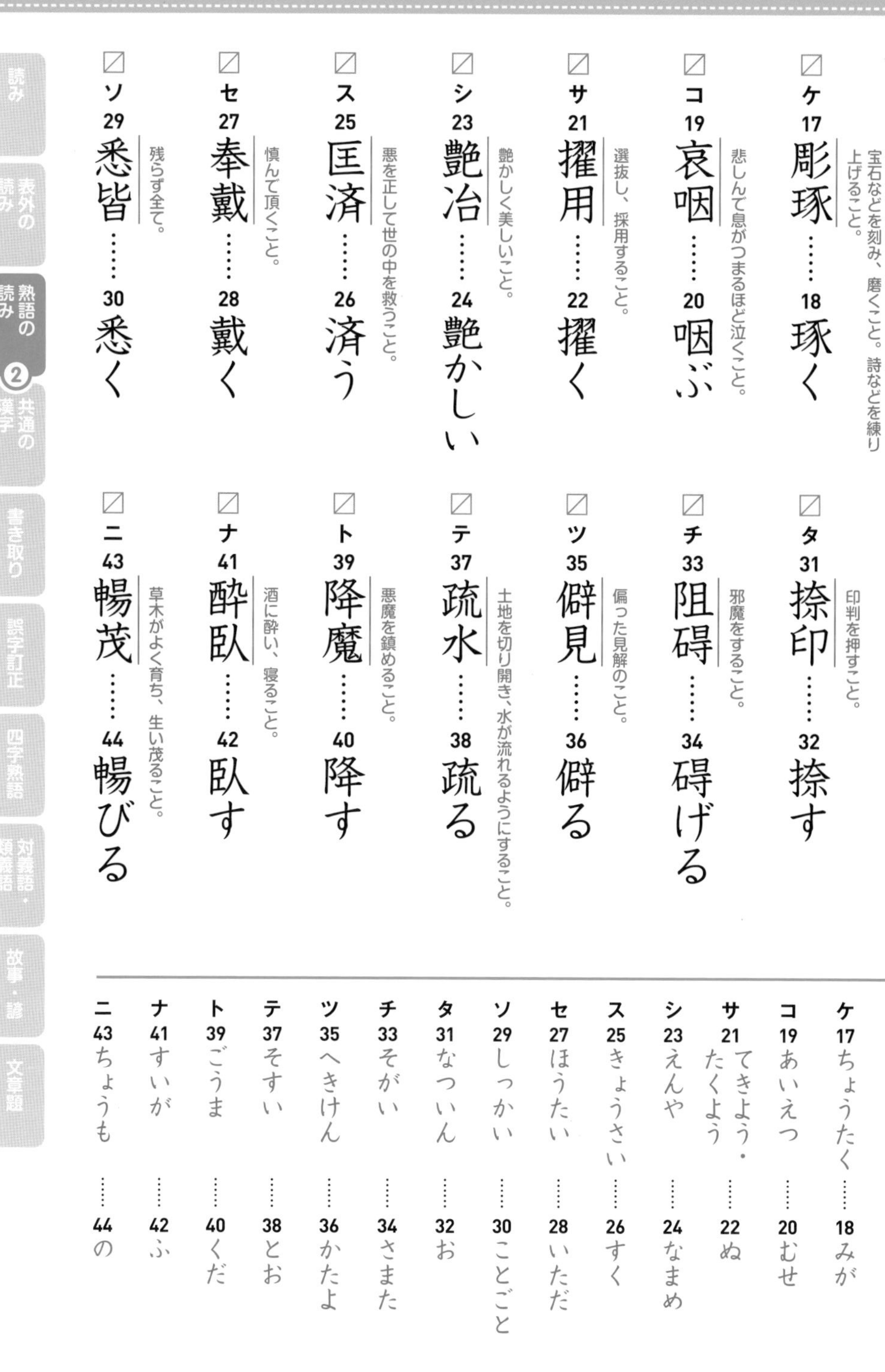

☑ ケ 17 彫琢……18 琢く
宝石などを刻み、磨くこと。詩などを練り上げること。

☑ コ 19 哀咽……20 咽ぶ
悲しんで息がつまるほど泣くこと。

☑ サ 21 擢用……22 擢く
選抜し、採用すること。

☑ シ 23 艶冶……24 艶かしい
艶かしく美しいこと。

☑ ス 25 匡済……26 済う
悪を正して世の中を救うこと。

☑ セ 27 奉戴……28 戴く
慎んで頂くこと。

☑ ソ 29 悉皆……30 悉く
残らず全て。

☑ タ 31 捺印……32 捺す
印判を押すこと。

☑ チ 33 阻碍……34 碍げる
邪魔をすること。

☑ ツ 35 僻見……36 僻る
偏った見解のこと。

☑ テ 37 疏水……38 疏る
土地を切り開き、水が流れるようにすること。

☑ ト 39 降魔……40 降す
悪魔を鎮めること。

☑ ナ 41 酔臥……42 臥す
酒に酔い、寝ること。

☑ ニ 43 暢茂……44 暢びる
草木がよく育ち、生い茂ること。

ケ 17 ちょうたく……18 みが
コ 19 あいえつ……20 むせ
サ 21 てきよう・たくよう……22 ぬ
シ 23 えんや……24 なまめ
ス 25 きょうさい……26 すく
セ 27 ほうたい……28 いただ
ソ 29 しっかい……30 ことごと
タ 31 なついん……32 お
チ 33 そがい……34 さまた
ツ 35 へきけん……36 かたよ
テ 37 そすい……38 とお
ト 39 ごうま……40 くだ
ナ 41 すいが……42 ふ
ニ 43 ちょうも……44 の

誤答例 39［こうま］

でる順 B

共通の漢字 ①

10分で解こう!

12点以上とれれば合格!

次の各組の二文の（　）には共通する漢字が入る。その読みを後の［　］から選び、常用漢字（一字）で記せ。

1
彼女の行動をしつこく詮（　）する。
（事細かく調べ、求めること。）
冬山で（　）莫たる思いになる。
（物寂しいさま。）

2
御（　）情に感謝申し上げます。
（他人を敬い、その厚意の心をいう言葉。）
（　）紀まさに十八歳を迎える。
（女性の若く美しい年頃のこと。）

3
莫大な遺産を賭博で蕩（　）した。
（財産などを使い果たすこと。）
（　）日読書に耽っていた。
（一日中。）

ぎ・さく・じん・ぜん・ほう・れん

4
（　）慕の情が湧く。
（異性に思いを寄せること。）
彼は金銭に（　）着している。
（執着すること。）

5
二人の間には暗黙の（　）解がある。
（物事の意味などを理解し認めること。）
遅刻の理由を（　）察する。
（相手の事情などをくむこと。）

6
半（　）通な知識で威張るな。
（乏しい知識で知ったかぶりすること。）
主君の裁（　）を仰いだ。
（主君が臣下の案を判決し許すこと。）

おう・か・が・けつ・りょう・れん

解答

1 索　詮索（せんさく）　索莫（さくばく）

2 芳　芳情（ほうじょう）　芳紀（ほうき）

3 尽　蕩尽（とうじん）　尽日（じんじつ）

4 恋　恋慕（れんぼ）　恋着（れんちゃく）

5 了　了解（りょうかい）　了察（りょうさつ）

6 可　半可通（はんかつう）　裁可（さいか）

誤答例 4［横慕］

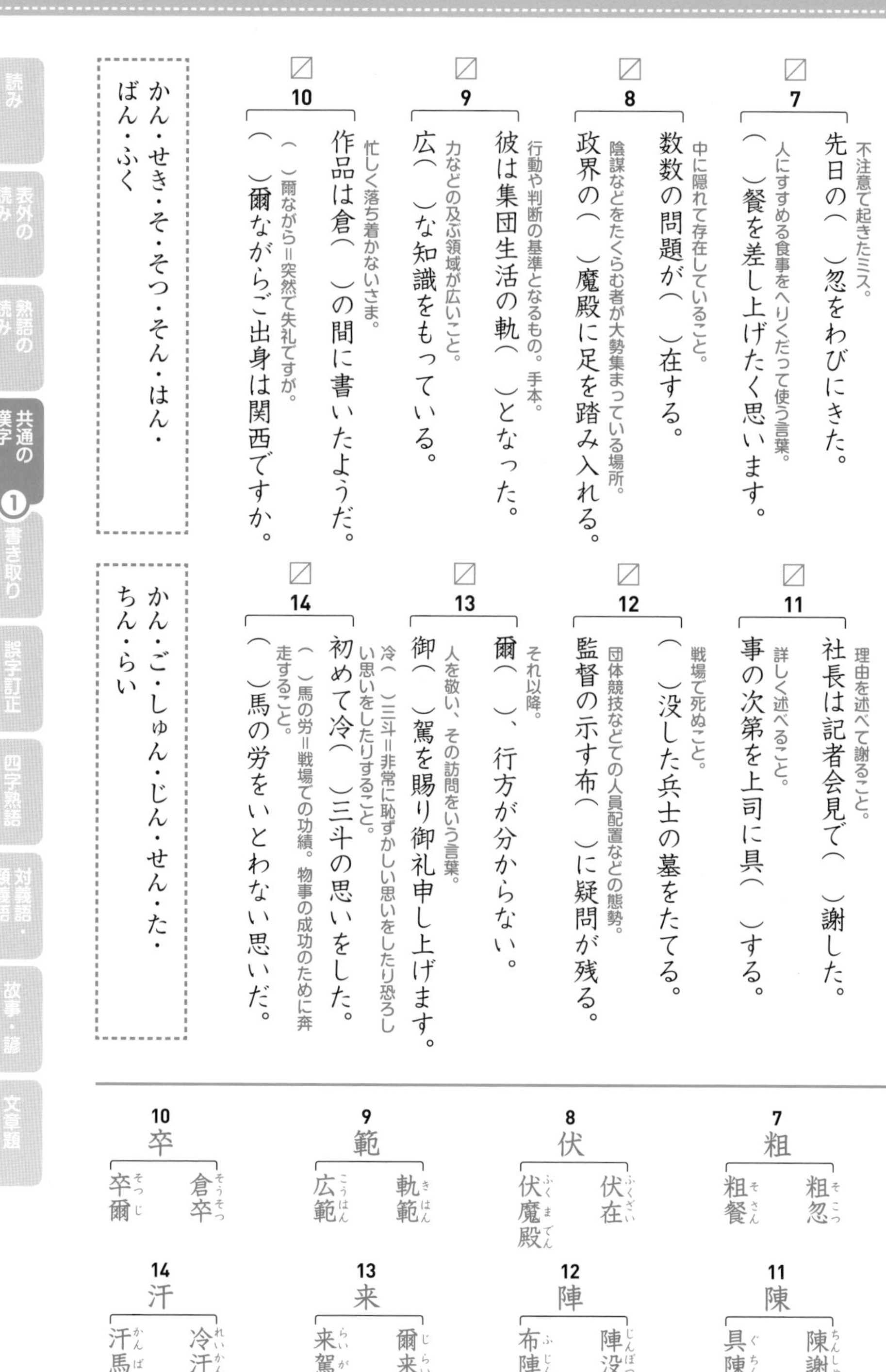

7
不注意で起きたミス。
先日の（　）忽をわびにきた。
人にすすめる食事をへりくだって使う言葉。
（　）餐を差し上げたく思います。

8
中に隠れて存在していること。
数数の問題が（　）在する。
陰謀などをたくらむ者が大勢集まっている場所。
政界の（　）魔殿に足を踏み入れる。

9
行動や判断の基準となるもの。手本。
彼は集団生活の軌（　）となった。
力などの及ぶ領域が広いこと。
広（　）な知識をもっている。

10
忙しく落ち着かないさま。
作品は倉（　）の間に書いたようだ。
（　）爾ながら＝突然で失礼ですが。
（　）爾ながらご出身は関西ですか。

かん・せき・そ・そつ・そん・はん・ばん・ふく

11
理由を述べて謝ること。
社長は記者会見で（　）謝した。
詳しく述べること。
事の次第を上司に具（　）する。

12
戦場で死ぬこと。
（　）没した兵士の墓をたてる。
団体競技などでの人員配置などの態勢。
監督の示す布（　）に疑問が残る。

13
それ以降。
爾（　）、行方が分からない。
人を敬い、その訪問をいう言葉。
御（　）駕を賜り御礼申し上げます。

14
冷（　）三斗＝非常に恥ずかしい思いをしたり恐ろしい思いをしたりすること。
初めて冷（　）三斗の思いをした。
（　）馬の労＝戦場での功績。物事の成功のために奔走すること。
（　）馬の労をいとわない思いだ。

かん・ご・しゅん・じん・せん・た・ちん・らい

---

7 粗：粗忽（そこつ）　粗餐（そさん）

8 伏：伏在（ふくざい）　伏魔殿（ふくまでん）

9 範：軌範（きはん）　広範（こうはん）

10 卒：倉卒（そうそつ）　卒爾（そつじ）

11 陳：陳謝（ちんしゃ）　具陳（ぐちん）

12 陣：陣没（じんぼつ）　布陣（ふじん）

13 来：爾来（じらい）　来駕（らいが）

14 汗：冷汗（れいかん）　汗馬（かんば）

誤答例　11［具感］

でる順 B

共通の漢字 ②

10分で解こう!

12点以上とれれば合格!

次の各組の二文の(　)には共通する漢字が入る。その読みを後の[　]から選び、常用漢字(一字)で記せ。

1
- 大臣の(　)遇を得る。（能力などが認められ、丁重にもてなされること。）
- (　)謀をめぐらし敵を討つ。（巧みな策略のこと。）

2
- 両者の間に(　)隔が生じる。（疎くなり、隔たりができること。）
- 試験勉強を(　)碍する。（邪魔をすること。）

3
- 格別の御(　)情に感謝いたします。（とても親切な心配り。）
- 隣人と別(　)にしている。（特に親しいこと。）

[きょう・こん・しょう・そ・ち・ちん]

4
- 宴会は深(　)にまで及んだ。（真夜中。）
- 判決の誤りを(　)正する。（誤りを改め正すこと。）

5
- 第一次産業の(　)替が顕著である。（盛んになることと衰えること。）
- 家運の(　)昌を祈願する。（勢いが盛んなこと。栄えること。）

6
- (　)的な再会に感動する。（芝居のような感動や緊張を覚えるさま。）
- 繁(　)な部署に異動した。（とても忙しいこと。）

[げき・こう・ざつ・はん・や・りゅう]

解答

1 知 — 知遇(ちぐう)・知謀(ちぼう)

2 阻 — 阻隔(そかく)・阻碍(そがい)

3 懇 — 懇情(こんじょう)・別懇(べっこん)

4 更 — 深更(しんこう)・更正(こうせい)

5 隆 — 隆替(りゅうたい)・隆昌(りゅうしょう)

6 劇 — 劇的(げきてき)・繁劇(はんげき)

誤答例 4［夜正］

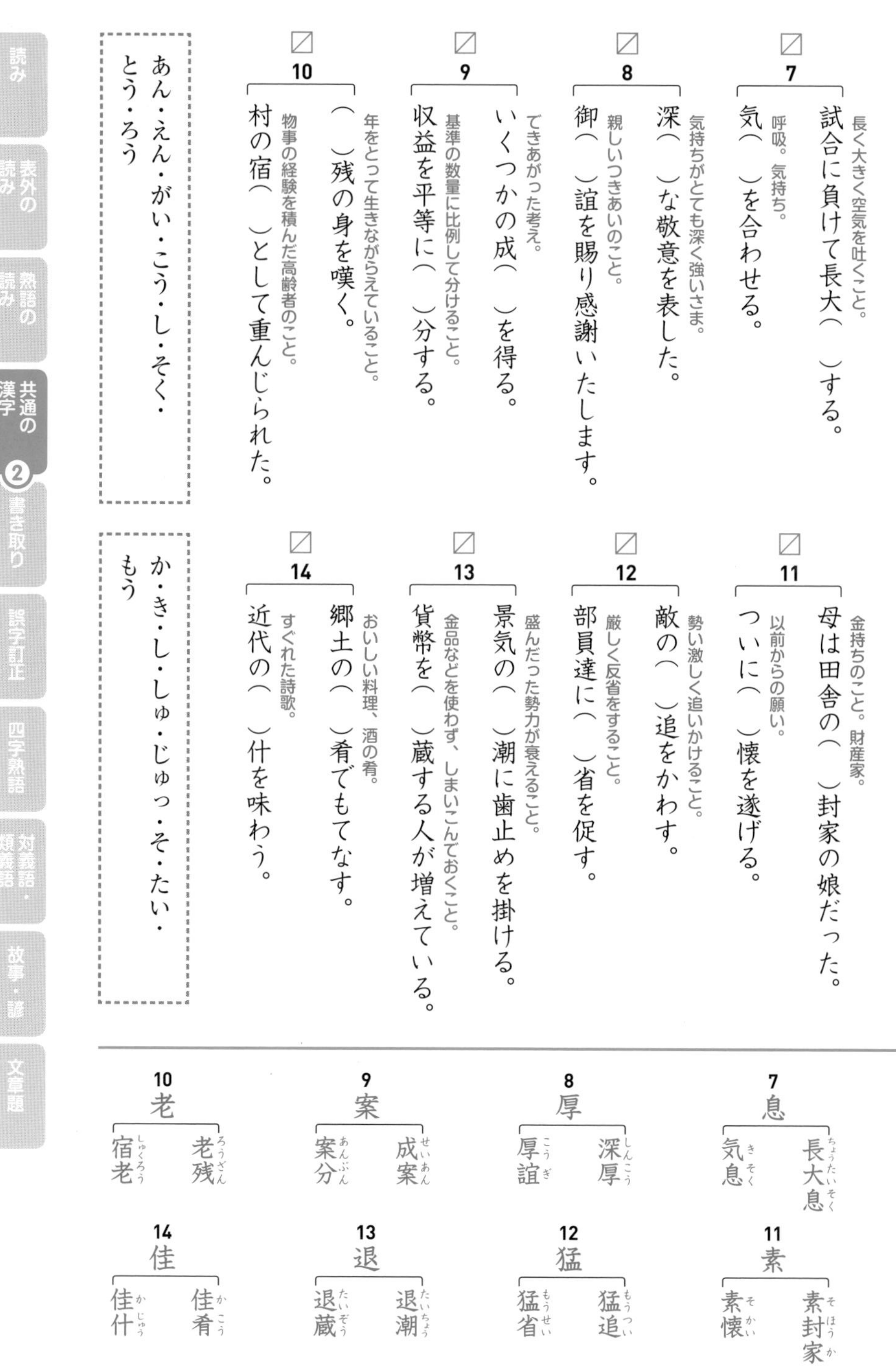

7
- 試合に負けて長大（　）する。（長く大きく空気を吐くこと。）
- 気（　）を合わせる。（呼吸。気持ち。）

8
- 深（　）な敬意を表した。（気持ちがとても深く強いさま。）
- 御（　）誼を賜り感謝いたします。（親しいつきあいのこと。）

9
- いくつかの成（　）を得る。（できあがった考え。）
- 収益を平等に（　）分する。（基準の数量に比例して分けること。）

10
- （　）残の身を嘆く。（年をとって生きながらえていること。）
- 村の宿（　）として重んじられた。（物事の経験を積んだ高齢者のこと。）

あん・えん・がい・こう・し・そく・とう・ろう

11
- 母は田舎の（　）封家の娘だった。（金持ちのこと。財産家。）
- ついに（　）懐を遂げる。（以前からの願い。）

12
- 敵の（　）追をかわす。（勢い激しく追いかけること。）
- 部員達に（　）省を促す。（厳しく反省をすること。）

13
- 景気の（　）潮に歯止めを掛ける。（盛んだった勢力が衰えること。）
- 貨幣を（　）蔵する人が増えている。（金品などを使わず、しまいこんでおくこと。）

14
- 郷土の（　）肴でもてなす。（おいしい料理、酒の肴。）
- 近代の（　）什を味わう。（すぐれた詩歌。）

か・き・し・しゅ・じゅっ・そ・たい・もう

---

7 息：長大息（ちょうたいそく）／気息（きそく）

8 厚：深厚（しんこう）／厚誼（こうぎ）

9 案：成案（せいあん）／案分（あんぶん）

10 老：老残（ろうざん）／宿老（しゅくろう）

11 素：素封家（そほうか）／素懐（そかい）

12 猛：猛追（もうつい）／猛省（もうせい）

13 退：退潮（たいちょう）／退蔵（たいぞう）

14 佳：佳肴（かこう）／佳什（かじゅう）

誤答例　13［死潮］

でる順 B

共通の漢字 ③

10分で解こう!

12点以上とれれば合格!

次の各組の二文の（　）には共通する漢字が入る。その読みを後の□から選び、常用漢字（一字）で記せ。

1
彼は国の柱（　）となる人物だ。
支えとなる重要人物。
薬（　）効なく亡くなった。
様様な薬と治療法のこと。

2
奔（　）に疲れてしまった。
忙しく行動すること。
内職で露（　）をつなぐ。
露のようなはかない生涯のこと。

3
力を合わせて（　）路を見出す。
困難を乗り切る方法などのこと。
国民の膏（　）を絞る。
膏（　）を絞る＝重税を課す。

けつ・じ・しゅく・せき・めい・やく

4
中国の文献を渉（　）する。
多量の書物などを読みあさること。
（　）官運動は劇烈を極めた。
多くの者が官職を得ようと争うこと。

5
乱（　）の本を出版社に返送する。
頁の順序が違って綴じられた書物のこと。
仲間内で使う符（　）がある。
仲間内だけに分かる言葉のこと。

6
（　）踏的な態度を改める。
独りよがりにとりすましているさま。
格別の御（　）庇を賜った。
相手を敬い、その援助などをいう言葉。

きん・こう・ごう・ちょう・ひ・りょう

解答

1 石
柱石（ちゅうせき）
薬石（やくせき）

2 命
奔命（ほんめい）
露命（ろめい）

3 血
血路（けつろ）
膏血（こうけつ）

4 猟
渉猟（しょうりょう）
猟官（りょうかん）

5 丁
乱丁（らんちょう）
符丁（ふちょう）

6 高
高踏（こうとう）
高庇（こうひ）

誤答例 5［乱調］

7 その案件は専(　)処分とした。
その人だけの考えで定めること。
青春に(　)別を告げた。
きっぱり別れること。

8 目的が那(　)にあるか定かでない。
どこ。
村長は(　)幅を飾らない人だ。
外見のこと。

9 彼は忘(　)の徒と非難された。
世話になったことへの感謝を忘れてしまうこと。
神の(　)寵を受けた。
神や主君から受けるいつくしみ。

10 いままで愚(　)に生きてきた。
真面目すぎて融通がきかないこと。
廉(　)な心を持つ。
心が清らかで真面目なこと。

おん・かっ・けつ・けん・せつ・ちょく・へん・らく

11 提出拒否の理由を(　)明する。
いいわけ。
(　)意の表情をつくる。
嫌って遠ざける心。

12 この映画には(　)臭を感じる。
世間的な利益に執着し品のない雰囲気。
(　)耳に入りやすい解説が定評だ。
(　)耳に入りやすい＝世間の人人に分かりやすい。

13 本日は御(　)労をおかけしました。
御(　)労＝相手を敬い、出向いていただくことなどに使う言葉。
長(　)の進歩を遂げた。
進みがはやいこと。

14 心ばかりの品、ご笑(　)ください。
つまらない物ですが笑って受け取ってくださいという気持ちを込めて使う言葉。
滞りなく(　)采の儀を終えた。
皇族が婚約のしるしに金品などをかわすこと。

く・そ・そく・ぞく・だん・ね・のう・べん

---

7 決　専決（せんけつ）　決別（けつべつ）

8 辺　那辺（なへん）　辺幅（へんぷく）

9 恩　忘恩（ぼうおん）　恩寵（おんちょう）

10 直　愚直（ぐちょく）　廉直（れんちょく）

11 疎　疎明（そめい）　疎意（そい）

12 俗　俗臭（ぞくしゅう）　俗耳（ぞくじ）

13 足　足労（そくろう）　長足（ちょうそく）

14 納　笑納（しょうのう）　納采（のうさい）

誤答例 10［愚潔］

B 書き取り①

29点以上とれれば合格!
得点
1回目 /36
2回目 /36

次の傍線部分のカタカナを漢字で記せ。

1 彼の男気に**ホ**れ込んだ。
ホれる＝人物の魅力に心を奪われる。

2 王は**エイヨウ**の限りを尽くした。
さかえてぜいたくをすること。

3 **シャベ**ってばかりで手が動かない。
シャベる＝ものを言う。

4 事故の被害者に**モクトウ**を捧げた。
口には出さず心の中で祈ること。

5 師の**イハツ**を継ぐ。
イハツを継ぐ＝弟子が師から奥義などを受け継ぐ。

6 非常食を買い**アサ**った。
アサる＝物などを探し回る。

7 根も葉もない**ウワサ**が飛び交う。
世間で言いふらされている不確かな話。

8 どうか、ご**レンサツ**ください。
あわれんでさっすること。

9 健気な振る舞いに**ルイセン**が緩む。
ルイセンが緩む＝なみだを流す。

10 終盤にきて**ガゼン**盛り上がった。
急に。

11 **オクメン**もなく虚偽の申告をする。
気おくれした様子のこと。

12 二社の**ミツゲツ**時代は終わった。
親密な関係。

13 貨物船の**ソウダ**手になりたい。
船を進めるため、かじをとること。

14 **キンサ**で勝利を手にした。
わずかの違い。

15 その証言に捜査は**カクラン**された。
かきみだすこと。

16 大きな**フ**の入った鯉を飼う。
まだら。ぶち。

解答

1 惚
2 栄耀
3 喋（喃）
4 黙禱
5 衣鉢
6 漁
7 噂
8 憐察
9 涙腺
10 俄然
11 臆面
12 蜜月
13 操舵
14 僅差
15 攪乱
16 斑

☐ 17 心臓マッサージでソセイする。
よみがえること。

☐ 18 衣類の防虫にショウノウを使う。
独特の香りをもつ結晶。防虫剤などに使用。

☐ 19 彼らは仲ムツまじい夫婦だ。
ムツまじい＝(特に男女の)仲がよい。

☐ 20 人間なんてケシ粒のような存在だ。
ケシ粒＝非常に小さいもののたとえ。

☐ 21 コソクな手段を用いて勝利する。
その場しのぎ。

☐ 22 ケイセキはセメントの原料になる。
ガラスなどの原料となる鉱物。

☐ 23 ジリツとは三十歳のことだ。
三十歳。

☐ 24 ツタウルシの樹液でかぶれた。
ウルシ科の落葉性つる植物。

☐ 25 領空をショウカイ機が飛行する。
敵の襲撃を用心し、見張ること。

☐ 26 彼のキキョウな言行が目につく。
言動が普通とは異なっていること。

☐ 27 社運のリュウショウを願った。
勢いが盛んなこと。栄えること。

☐ 28 庭の茂ったヤエムグラを刈る。
アカネ科の一年草または多年草。

☐ 29 過去の例をカンガみて決断する。
カンガみる＝先例や手本などと照らし合わせて考える。

☐ 30 ミノカサを着けた侍の役を演じる。
みのとかさ。

☐ 31 デンプンを食用以外に用いる。
植物の光合成によって作られる多糖類の一つ。

☐ 32 クレヨンを一個ずつバラで買う。
もともとひとまとまりの物を一つ一つに分けたもの。

☐ 33 世界をセッケンする野望を抱く。
激しい勢いで自身の勢力範囲にすること。

☐ 34 セッケンして貯蓄に精を出す。
無駄をおさえ、質素にすること。

☐ 35 授業にウんでしまった。
ウむ＝飽きる。嫌になる。

☐ 36 腫れたところがウんで痛む。
ウむ＝傷などがうみをもつ。

---

17 蘇(甦)生
18 樟脳
19 睦
20 芥子
21 姑息
22 珪石
23 而立
24 蔦漆
25 哨戒
26 奇矯
27 隆昌
28 八重葎
29 鑑
30 蓑(簑)笠
31 澱粉
32 散
33 席捲・席巻
34 節倹
35 倦
36 膿

誤答例 34［節検］

でる順 B

書き取り ②

29点以上とれれば合格!

得点
1回目 /36
2回目 /36

次の傍線部分のカタカナを漢字で記せ。

1 犯罪者のソウガにかかる。
ソウガにかかる＝犠牲になる。

2 彼の才能にシットする者は多い。
自分よりすぐれている人をうらやむこと。

3 ザッパクな知識しかもっていない。
様様なものが入りまじり、まとまっていないこと。

4 ショウツキ命日に墓参りに行く。
一周忌以後の、故人の死去したつきと同じつき。

5 それは世にケンデンされた名言だ。
盛んに言いふらし、世間に知らせること。

6 対立会社とチュウタイを結んだ。
血縁、利害関係などの結びつき。

7 やさしい両親のヒゴの下に育つ。
かばって守ること。

8 タンペイキュウに事を進めるな。
出し抜けにするさま。

9 サイリな筆致に感銘を受ける。
文章などがするどいさま。

10 ハシゴを外される。
長い二本の材の間に足がかりとなる横棒を取り付けた、高い所に登るための道具のこと。

11 うまい話で顧客をロウラクする。
相手を言いくるめて思い通りに操ること。

12 漢和辞典のヘンサンに携わる。
様様な材料を集め、整理するなどして書物にまとめること。

13 スウェーデンシシュウを習う。
様様な色の糸を用い、布地に模様などを縫うこと。

14 敵のシンタンを寒からしめる。
シンタンを寒からしめる＝恐れさせ、震え上がらせる。

15 素性も分からないナゾめいた人だ。
ナゾめく＝正体がはっきり分からずあやしく見える。

16 陶芸教室でドナベを作った。
つちを焼いて作ったなべのこと。

解答

1 爪牙
2 嫉妬・疾妬
3 雑駁(駮)
4 祥月
5 喧伝
6 紐帯
7 庇護
8 短兵急
9 犀利
10 梯・梯子
11 籠絡
12 編纂
13 刺繡
14 心胆
15 謎
16 土鍋

誤答例 11 [寵絡]

17 ケンペイずくな態度が鼻につく。
ケンペイずく＝強制的な力を使い、強引に事をなすこと。

18 あまりの激痛にモンゼツした。
苦しみ気を失うこと。

19 片仮名ナイシ平仮名で書きなさい。
あるいは。または。

20 シノツく雨の中を車で走る。
シノツく雨＝激しく降る雨。

21 ブザツな言葉遣いに呆れる。
様様なものが入りまじり、整っていないこと。

22 リュウチョウな中国語を話した。
言葉がなめらかに出てよどみがないこと。

23 ホウバイ笑みがたき。
ホウバイ笑みがたき＝主人や会社が同じ仲間は表面上は親しく見えるが互いにねたましく思っているものだ。

24 部活で腕をザショウした。
打撲などで、外部にきずはないものの、内部にきずが生じること。

25 事故をコサイ洩らさず調査した。
大きいことからちいさいことまで全部。

26 山のスソノに原生林が広がる。
山のふもとの緩やかに傾斜しているところ。

27 娯楽施設でオトギの国を体験する。
オトギの国＝子どもに聞かせる話に出てくる世界。

28 私は話のチョウジリを合わせた。
チョウジリを合わせる＝つじつまを合わせる。

29 できたてのセンベイを食べる。
干菓子の一つ。

30 彼はボクネンジンで有名だ。
無口で愛想のない人のこと。

31 ハッコウな人生とは思っていない。
しあわせに恵まれないこと。

32 思わぬヨロクにあずかる。
あまった分の利益。

33 先人のソウハクをなめる。
ソウハクをなめる＝先人のまねをするだけで、創意がみられないこと。

34 失敗して顔面ソウハクになる。
あおじろいこと。血の気がなく、あおざめていること。

35 花壇に種をマく。
マく＝植物の種子を畑などに散らす。

36 畑に水をマく。
マく＝広範囲に散らす。

---

17 権柄
18 悶絶
19 乃至
20 篠突
21 蕪雑
22 流暢
23 朋輩・傍輩
24 挫傷
25 巨細
26 裾野

27 御伽
28 帳尻
29 煎餅
30 朴念仁
31 薄倖・薄幸
32 余禄
33 糟粕（魄）
34 蒼白
35 蒔・播
36 撒

誤答例 21［撫雑］

でる順 B

書き取り ③

15分で解こう！

29点以上とれれば合格！

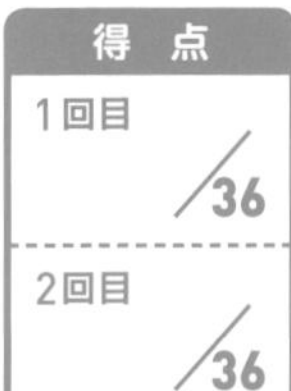

次の傍線部分のカタカナを漢字で記せ。

1 会社の利益がテイゾウしている。
数量が少しずつふえていること。

2 カンガイ工事を行った。
水路を引くなどして農作物に必要な水を供給すること。

3 人のオダてには乗らない。
オダてる＝相手の喜ぶことを言って得意にさせる。

4 ショウヨウたる態度で接する。
ゆったりと落ち着いているさま。

5 神経をトガらせて警護する。
神経をトガらせる＝全てのことに注意を払う。

6 契約書にオウナツする。
判や指紋などをおすこと。

7 正方形はヒシガタでもある。
四辺の長さが等しい四角のこと。

8 レンガ造りの建物に住む。
レンガ造り＝れんがを積み上げて造ること。

9 コウコの憂いのないようにする。
コウコの憂い＝あとあとにのこる心配のこと。

10 取引先にワイロを贈る。
自分の利益になるように相手に不正に贈る金品のこと。

11 ビワの種には栄養があるという。
バラ科の常緑高木。また、その果実。

12 彼は文学にゾウケイが深い。
ある分野について深い知識や理解をもっていること。

13 無知な人人がケイモウされる。
人人に正しい知識を与え、物事の理解を深めるように教え導くこと。

14 嫁入り道具にタンスを持たせる。
衣類などを収納しておく家具。

15 日曜大工でノコギリを使う。
薄い鋼板に歯を刻んだ、木材などを切断する道具。

16 人格トウヤの修行に出る。
人の性質などを鍛え育てること。

解答

1 逓増
2 灌漑
3 煽・扇
4 従容・縦容
5 尖
6 押捺
7 菱形
8 煉瓦
9 後顧
10 賄賂
11 枇杷
12 造詣
13 啓蒙
14 箪笥
15 鋸
16 陶冶

17 二十年キョウベンを執っている。
キョウベンを執る＝先生となり、生徒を教える。

18 あちこちから助っ人を力き集める。
カき集める＝散在しているものなどを一か所に集める。

19 胡瓜のヌカヅけが好物だ。
ヌカヅけ＝ぬかに野菜などをつけること。また、つけたもの。

20 動物園でクジャクを見る。
キジ目キジ科の鳥の総称。

21 彼の訃報にイッキクの涙を流す。
イッキクの涙＝両手ですくうほどたくさんの涙。

22 公金をカイタイした犯人が捕まる。
他人から預かった金品を持ち逃げすること。

23 勧善懲悪の結末にカイサイを叫ぶ。
とても痛快だと思うこと。

24 シラカバの並木道をドライブする。
カバノキ科の落葉高木。

25 外国人にカブキを紹介する。
江戸時代初期から発展してきた日本特有の演劇。

26 シャクネツの恋を経験する。
感情などを激しく燃やすこと。

27 コッケイな話で笑いをとる。
おもしろいこと。

28 優勝は三つドモエの争いとなった。
三つドモエ＝ほぼ拮抗（きっこう）した三つの勢力が対立すること。

29 ハカマを着て卒業式に出席する。
和服で着物の上から着けて、腰から下をおおう衣服。

30 空に棚引くアカネ雲を見た。
アカネ雲＝朝日や夕日によって暗い赤色に染まった雲。

31 希少動物のハクセイを見に行く。
動物などの皮だけを残して芯を入れるなどして生きている時の形を保って作る標本の一つ。

32 箱の中のみかんがシナびている。
シナびる＝水分がなくなりしぼむ。

33 シシ身中の虫を捕らえる。
シシ身中の虫＝味方を裏切る者などのたとえ。

34 シシとして技術向上に努めてきた。
熱心に努力し励むさま。

35 彼は権力をカサに着ている。
カサに着る＝他人の権威を利用しいばる。

36 敵がカサに懸かって攻めてきた。
カサに懸かる＝勢いにのって攻める。

17 教鞭
18 掻
19 糠漬
20 孔雀
21 一掬
22 拐帯
23 快哉
24 白樺
25 歌舞伎
26 灼熱
27 滑稽
28 巴
29 袴
30 茜
31 剝製
32 萎
33 獅子
34 孜孜（孳孳）
35 笠
36 嵩

他例 33・34 ［死屍（しし）］

でる順 B

誤字訂正 ①

得点 1回目 /19 2回目 /19

次の各文にまちがって使われている同じ音訓の漢字が一字ある。その誤字と正しい漢字を記せ。

1 国産の良質で廉価な衣料品が疾風怒濤の勢いで世界の市場を席圏した。

2 咽下困難の患者は手術に持ち応えるために、点滴で栄養を摂取する。

3 所長の児童福祉への大変な熱誠と真摯な態度に満口の敬意を表す。

4 徒轍もない噂が喧伝され、莫大な損失を被った彼の苦衷を察した。

5 件の相手の常当手段に煽動されることなく冷静沈着な態度で臨む。

6 政局について尽日口角粟を飛ばして討論したが、徒爾に終わった。

7 校舎の耐震設備の充実は焦鼻の問題だが巨額の費用がかかると知った。

8 私粛する小説家の新作は透徹した観察力と精緻な人物描写が秀逸だ。

解答

1 圏→捲・巻　席捲＝激しい勢いで自身の勢力範囲にすること。

2 応→堪　持ち堪える＝悪化しないよう維持する。

3 口→腔　満腔＝体全部。

4 徒→途　途轍もない＝並外れている。

5 当→套　常套＝変わりなくありふれたこと。

6 粟→泡・沫　口角泡を飛ばす＝激しい議論をするさま。

7 鼻→眉　焦眉＝状況が差し迫っていること。

8 粛→淑　私淑＝直接指導は受けていないが、その人を敬慕し規範とすること。

9 精力を継注して制作した有名な跨線橋の模型が高値で売却された。

10 怪我で野手から転向したことなど未塵も感じさせない活躍をした。

11 民間有識者の中から大臣を委職し、無報酬で人権侵害の相談に応じる。

12 強大な権力の被護のもと、暴戻な臣下に豹変し国民を苦しめ続けた。

13 梅雨の鬱藤しい曇天が去り灼熱の太陽が燦然と輝く夏が到来する。

14 類似した商品が煩濫する中で斬新な独創性をもつ物が求められる。

15 将軍家の数敬が厚い社は趣向を凝らした豪華な拝殿を持っている。

16 動脈の血栓により細胞が壊死する機序で脳硬塞に至ると医者は説明した。

17 官吏の尺子定規な解釈の仕方に臨機応変な対処を求める声が上がった。

18 溺愛する息子の優勝に僻村に住む彼女も満面に笑みを讃えていた。

19 党内の紛擾が取り沙多されているが、議員たちは事実無根と否定した。

---

9 継→傾　傾注＝一つのことに力などを集中すること。

10 未→微　微塵＝（下に打ち消しの語を伴い）ごくわずか。

11 職→嘱　委嘱＝特定の仕事を代わってもらうこと。

12 被→庇　庇護＝庇って守ること。

13 藤→陶　鬱陶しい＝気分が晴れない。

14 煩→氾・汎　氾濫＝物などがあふれるほど出回ること。

15 数→崇　崇敬＝あがめ、うやまうこと。

16 硬→梗　脳梗塞＝脳の血管が詰まるなどして血流が止まり、脳細胞が壊死する病気。

17 尺→杓　杓子定規＝一形式にとらわれ融通がきかないこと。

18 讃→湛　湛える＝顔に感情を表す。

19 多→汰　取り沙汰＝世間の噂。

誤答例 12［披護］

でる順 B

誤字訂正 ②

10分で解こう!

次の各文にまちがって使われている同じ音訓の漢字が一字ある。その誤字と正しい漢字を記せ。

☐ 1 捷報と戦地に赴いた後胤の無事を聞いて女王は秀眉を開き涙を流した。

☐ 2 本拠地で開催された試合に惜しくも敗れ下部降格の崖っ淵に立たされた。

☐ 3 彼女の乃父は論駁され激昂した相手に悠遥迫らぬ態度で対応した。

☐ 4 この国の斯民は晦蔵せず新取の気性に富む碩徳の出現を望んでいる。

☐ 5 敏腕を振るっていた検事が蔵替えして穏健な人権派弁護士になった。

☐ 6 常に眉間にしわを寄せている朴念仁の父も孫の顔を見ると相合を崩した。

☐ 7 億劫な大仕事を始める前に係累を離れ、森林浴で宏然の気を養う。

☐ 8 仲睦まじい夫婦だったが些細な事に旦を発した喧嘩により離婚した。

16点以上とれれば合格!

解答

1 秀→愁　愁眉を開く＝心配事がなくなり、ほっとする。

2 淵→縁　崖っ縁＝ぎりぎりの状況のこと。

3 遥→揚　悠揚＝ゆったりと落ち着いているさま。

4 新→進　進取＝すすんで新しいことに取り組むこと。

5 蔵→鞍　鞍替え＝仕事などをかえること。

6 合→好　相好を崩す＝顔をほころばせてにこやかな表情になる。

7 宏→浩　浩然の気＝おおらかな心持ち。

8 旦→端　端を発する＝そのことがきっかけとなり事が起きる。

9 その鳥は雛の時から環境に馴馳し鷹匠である姪孫とは今や兄弟のようだ。

10 利益倍増の羽散臭い話だが、男の恵比須顔につい首肯してしまった。

11 財務官僚の叔父の畏光を笠に着て傍若無人に振る舞い職場を掻き回す。

12 椛が色付く季節でも紫外線を避け、日光を遮閉する御簾を垂らす。

13 時代の流れの中で形劾化した制度を見直す必要があると提唱した。

14 内紛で国力が疲閉し、その影響が世界の経済に大打撃を与えている。

15 市場の近くの浮頭に珍しい汽船が投錨し、多くの観光客が集まった。

16 冬枯れの錯莫たる景色を眺め、いながらにして故郷の母を思い出した。

17 開幕戦で昨年度覇者のチームが俄仕立てのチームを凌駕し一酬した。

18 鍵盤を叩く技術が穎脱しており、最後に披露した演奏は圧観だった。

19 有能な臣下が外交接衝を行い、その国とは良好な関係が築けている。

---

9 馳→致 馴致＝なれさせること。

10 羽→胡 胡散臭い＝どことなく怪しい。

11 畏→威 威光＝人におそれを抱かせるような力やいかめしさ。

12 閉→蔽 遮蔽＝おおうなどして隠すこと。

13 劾→骸 形骸＝形だけが残り、意味や価値を失ったもの。

14 閉→弊（敝） 疲弊＝経済が悪化し苦しむこと。

15 浮→埠 埠頭＝船を横付けし、船客の乗降や荷物の積みおろしをする区域のこと。

16 錯→索 索莫＝物寂しいさま。

17 酬→蹴 一蹴＝相手を簡単に負かすこと。

18 観→巻 圧巻＝全体中、最もすぐれた部分のこと。

19 接→折 折衝＝利害の異なる相手と問題解決のため、かけひきをすること。

誤答例 12［遮弊］

でる順 B

誤字訂正 ③

10分で解こう!

16点以上とれれば合格!

次の各文にまちがって使われている同じ音訓の漢字が一字ある。その誤字と正しい漢字を記せ。

☐ 1 彼女が上司の寵愛を受けている理由は二人が縁籍関係にあるからだ。

☐ 2 取材では謙虚な姿の社長も、実際は堅肘張った態度で仕事をしている。

☐ 3 上司に不満を爆発させ流飲を下げたが、周囲の同僚たちは困惑した。

☐ 4 兇弾に倒れた師資の冥服を祈り黙禱する者の中に莫逆の友がいた。

☐ 5 郷土の味と称した惣材の売り上げが好調で店の定番商品となった。

☐ 6 三党の領酋が集まり鼎談したが、吃緊の問題の解決は凝滞したままだ。

☐ 7 ある山麓の宿に到留し、老爺から村に伝わる妖怪の御伽噺を聞いた。

☐ 8 股肱の臣の諫言で恣意的な考えをやめ事業の新規巻き直しを決めた。

解答

1 籍→戚　縁戚＝親類。

2 堅→肩　肩肘張る＝威張る。

3 流→溜　溜飲を下げる＝不平や恨みなどを晴らしてすっきりする。

4 服→福　冥福＝死後の幸せ。

5 材→菜　惣菜＝普段のおかず。

6 酋→袖　領袖＝集団の長。

7 到→逗　逗留＝旅先などにある期間とどまること。

8 巻→蒔　蒔き直し＝新しくやり直すこと。

☐ 9 試験一週間前から家に牢城し勉学に精励した結果、検定に合格した。

☐ 10 懇篤な振る舞いの碩徳な若旦奈は、幼少期から夙志をもっていた。

☐ 11 前年度の覇者は斬新な戦術を駆使して宿敵を奔弄し一蹴した。

☐ 12 人前では濃艶で権高な態度の彼女は日本代表の懸引車の役を担っている。

☐ 13 夫は自然薯と笹身を烹煎し、卵で閉じて丼にした料理が大好物だ。

☐ 14 外甥の華飾の典に出席し豪勢な晩餐と素晴らしい座興を楽しんだ。

☐ 15 苧麻に一角獣の糸繡を施す技術は継ぐ若者がおらず廃れていった。

☐ 16 彼女は私曲を行ったことを舌砲鋭く言及し、相手は涙を流して陳謝した。

☐ 17 別懇にしている人のチームが近差で敗れ、私も一掬の涙を流した。

☐ 18 恰腹のよい朴念仁の皇子と豊頰な女性との納采の儀が厳粛に行われた。

☐ 19 敵の疲弊を間諜の情報から得て、援護を待たず隊互を組んで進攻した。

---

9 牢→籠
籠城＝家などにこもり外出しないこと。

10 奈→那
若旦那＝主人などの息子を敬って使う言葉。

11 奔→翻
翻弄＝思うままにもてあそぶこと。

12 懸→牽
牽引車＝先頭に立ち、行動を起こす人のたとえ。

13 閉→綴
綴じる＝煮た物を溶いた卵などでまとめる。

14 飾→燭
華燭の典＝結婚式のこと。

15 糸→刺
刺繡＝様様な色の糸で布地に模様などを縫うこと。

16 砲→鋒
舌鋒＝口調の鋭いことのたとえ。

17 近→僅
僅差＝わずかの差。

18 腹→幅
恰幅＝肉づきなど外見の体つき。

19 互→伍
隊伍＝兵士の隊列。

他例 11［「弄」を書かせることもある］

でる順 B

四字熟語 ①

15分で解こう！

18点以上とれれば合格！

得点　1回目 /22　2回目 /22

次の四字熟語に入る適切な語を後の□の中から選び、漢字二字で記せ。

1 （　　）迎合
2 （　　）蜜語
3 （　　）再拝
4 （　　）曲浦
5 （　　）喪志
6 （　　）坑儒
7 徒手（　　）
8 周章（　　）
9 沈魚（　　）
10 和光（　　）
11 清濁（　　）
12 純真（　　）

あふ・がんぶつ・くうけん・ちょうてい・てんげん・どうじん・とんしゅ・ふんしょ・へいどん・むく・らくがん・ろうばい

解答

1 阿附（阿付）迎合（あふげいごう） 人に気に入られようとこびること。
2 甜言蜜語（てんげんみつご） 聞いていて甘く快い言葉。
3 頓首再拝（とんしゅさいはい） 頭を下げて礼儀正しく礼をすること。
4 長汀曲浦（ちょうていきょくほ） 長く続いている海岸線。
5 玩物喪志（がんぶつそうし） 不用なものに熱中し本業を蔑ろにすること。
6 焚書坑儒（ふんしょこうじゅ） 思想や言論などを弾圧すること。
7 徒手空拳（としゅくうけん） 自分の力の他に頼るもののないこと。
8 周章狼狽（しゅうしょうろうばい） おおいにあわてふためくこと。
9 沈魚落雁（ちんぎょらくがん） 華やかな美人のたとえ。
10 和光同塵（わこうどうじん） 才能を隠して世俗にまじりあうこと。
11 清濁併呑（せいだくへいどん） 善悪の差別なく何事も受け入れること。
12 純真無垢（じゅんしんむく） 心にけがれがないこと。

他例 2［「蜜語」を書かせることもある］　5［「喪志」を書かせることもある］

次の解説・意味にあてはまる四字熟語を後の[　]から選び、その傍線部分だけの読みをひらがなで記せ。

- 1 何にも縛られないのんびりした生活。
- 2 気楽な老後生活を送ること。
- 3 能力のない者が威張ること。
- 4 意志が固く、動じないさま。
- 5 とりとめがなく、あてにできない。
- 6 本末転倒になること。
- 7 人間業とは思えないすぐれた作品のこと。
- 8 思いのままに考えを述べること。
- 9 つけ入るすきを与えないこと。
- 10 根本を追求し末節に固執しないこと。

繫風捕影・含飴弄孫・瓦釜雷鳴・鬼斧神工・確乎不抜・閑雲野鶴・横説竪説・釈根灌枝・折衝禦侮・綱挙網疏

解答

1 やかく　閑雲(間雲)野鶴（かんうんやかく）
2 がんい　含飴弄孫（がんいろうそん）
3 がふ　瓦釜雷鳴（がふらいめい）
4 かっこ　確乎(確固)不抜（かっこふばつ）
5 けいふう　繫風捕影（けいふうほえい）
6 かんし　釈根灌枝（しゃくこんかんし）
7 きふ　鬼斧神工（きふしんこう）
8 じゅせつ　横説竪説（おうせつじゅせつ）
9 ぎょぶ　折衝禦侮（せっしょうぎょぶ）
10 もうそ　綱挙網疏（こうきょもうそ）

読み／表外の読み／熟語の読み／共通の漢字／書き取り／誤字訂正／四字熟語①／対義語・類義語／故事・諺／文章題

他意　1［俗世を離れた心境のたとえ］

でる順 B

四字熟語 ②

15分で解こう!

18点以上とれれば合格!

得点 1回目 /22 2回目 /22

次の四字熟語に入る適切な語を後の□の中から選び、漢字二字で記せ。

1 （　　）美俗

2 （　　）玉兎

3 （　　）墨守

4 （　　）三遷

5 （　　）嘗胆

6 （　　）錦繡

7 張三（　　）

8 獅子（　　）

9 膏火（　　）

10 一張（　　）

11 鼓腹（　　）

12 長身（　　）

いっし・がしん・きゅうとう・きんう・げきじょう・じせん・じゅんぷう・そうく・ふんじん・もうぼ・りし・りょうら

解答

1 醇風（淳風）美俗　人情の厚いよい慣習のこと。

2 金烏玉兎　日、月のこと。

3 旧套墨守　古い慣習を固く守ること。

4 孟母三遷　子どもの教育には環境が重要であること。

5 臥薪嘗胆　目的の達成のため苦労に耐えること。

6 綾羅錦繡　目がさめるほど美しいもの。

7 張三李四　どこにでもいる凡人のたとえ。

8 獅子奮迅　物凄い勢いで活動すること。

9 膏火自煎　才能が災いを招くことのたとえ。

10 一張一弛　人をほどよく扱うことのたとえ。

11 鼓腹撃壌　人人が平和な生活を楽しむこと。

12 長身痩軀　背が高くて、痩せていること。

他例 5［「嘗胆」を書かせることもある］ 6［「錦繡」を書かせることもある］

次の解説・意味にあてはまる四字熟語を後の［　］から選び、その傍線部分だけの読みをひらがなで記せ。

1 迷って決心がつかない曖昧な態度。
2 建築などが頻繁に行われることのたとえ。
3 おおいにあわてふためくこと。
4 物が勢いよく立派に生長するさま。
5 ふぞろいな物がまじり合うさま。
6 人間味がなく近寄りがたいさま。
7 農作物がよく実ること。
8 極楽往生できるよう心から願うこと。
9 形ばかりで役立たずなもののたとえ。
10 見識や教養のない者のこと。

首鼠両端・禾黍油油・欣求浄土・朝穿暮塞・参差錯落・陶犬瓦鶏・周章狼狽・馬牛襟裾・枯木寒巌・五穀豊穣

解答

1 しゅそ　首鼠両端（しゅそりょうたん）
2 ちょうせん　朝穿暮塞（ちょうせんぼそく）
3 ろうばい　周章狼狽（しゅうしょうろうばい）
4 かしょ　禾黍油油（かしょゆうゆう）
5 しんし　参差錯落（しんしさくらく）
6 かんがん　枯木寒巌（こぼくかんがん）
7 ほうじょう　五穀豊穣（ごこくほうじょう）
8 ごんぐ　欣求浄土（ごんぐじょうど）
9 がけい　陶犬瓦鶏（とうけんがけい）
10 きんきょ　馬牛襟裾（ばぎゅうきんきょ）

誤答例 8［きんきゅう］

でる順 B

四字熟語 ③

15分で解こう!

18点以上とれれば合格!

得点
1回目 /22
2回目 /22

次の四字熟語に入る適切な語を後の□の中から選び、漢字二字で記せ。

1 (　　)走牛
2 (　　)雲客
3 (　　)馬腹
4 (　　)断機
5 (　　)露宿
6 (　　)力行
7 一目(　　)
8 伏竜(　　)
9 古色(　　)
10 笑面(　　)
11 焚書(　　)
12 剃髪(　　)

きんけん・けいしょう・こうじゅ・そうぜん・ちょうべん・ふうさん・ぶんぼう・ほうすう・もうぼ・やしゃ・らくしょく・りょうぜん

解答

1 蚊虻走牛（ぶんぼうそうぎゅう） 小さなものが大きなものを制すること。
2 卿相雲客（けいしょううんかく） 身分の高い人。
3 長鞭馬腹（ちょうべんばふく） 度合いが大き過ぎて役立たないこと。
4 孟母断機（もうぼだんき） 物事を途中でやめるな、という教え。
5 風餐露宿（ふうさんろしゅく） 野外で寝て夜を過ごすこと。
6 勤倹力行（きんけんりっ(りき・りょっ・りょく)こう） よく働き、節約し、精一杯頑張ること。
7 一目瞭然(了然)（いちもくりょうぜん） ちょっと見ただけでよく分かること。
8 伏竜鳳雛（ふくりょう(りゅう)ほうすう） 才能を活かす機会のない逸材のこと。
9 古色蒼然（こしょくそうぜん） いかにも古く趣のあるさま。
10 笑面夜叉（しょうめんやしゃ） 笑顔であっても心に企みがあること。
11 焚書坑儒（ふんしょこうじゅ） 思想や言論などを弾圧すること。
12 剃髪落飾（ていはつらくしょく） 髪を剃り、出家すること。

他意 1［些細なことが大事や厄災を引き起こすこと］

次の解説・意味にあてはまる四字熟語を後の［　］から選び、その傍線部分だけの読みをひらがなで記せ。

1 志を固く守りぬくこと。
2 有名無実であることのたとえ。
3 弱者も土壇場では強者を攻撃する。
4 自分に都合よく理屈をこじつけること。
5 天下泰平の世の中。
6 落ち着きがないさま。
7 華やかな美人のたとえ。
8 年月がせわしく過ぎゆくこと。
9 国の政治を一新すること。
10 人の実力などを疑うこと。

東窺西望・問鼎軽重・牽強附会・舜日尭年・菟糸燕麦・金剛不壊・沈魚落雁・烏飛兎走・窮鼠嚙猫・旋乾転坤

解答

1 ふえ　金剛不壊（こんごうふえ）
2 とし　菟糸燕麦（としえんばく）
3 ごうびょう　窮鼠嚙猫（きゅうそごうびょう）
4 けんきょう　牽強附会（けんきょうふかい）（付会・傅会）
5 しゅんじつ　舜日尭年（しゅんじつぎょうねん）
6 とうき　東窺西望（とうきせいぼう）
7 らくがん　沈魚落雁（ちんぎょらくがん）
8 とそう　烏飛兎走（うひとそう）
9 てんこん　旋乾転坤（せんけんてんこん）
10 もんてい　問鼎軽重（もんていけいちょう）

読み　表外の読み　熟語の読み　共通の漢字　書き取り　誤字訂正　四字熟語③　対義語・類義語　故事・諺　文章題

誤答例 1［ふかい］

でる順 B

対義語・類義語

15分で解こう!

39点以上とれれば合格!

得点 1回目 /48 2回目 /48

次の［　］の中の語を一度だけ使って漢字に直し、対義語・類義語を記せ。

対義語

1 展開
2 聡慧
3 清楚
4 熟視
5 率直
6 峻険
7 荒蕪地
8 着工
9 爽快
10 軽侮

いちべつ・いふ・うえん・うっくつ・ぐまい・しゅんこう・たんい・ていとん・のうえん・よくど

類義語

11 盈虚
12 大書
13 密偵
14 危地
15 矛盾
16 一端
17 出産
18 寝台
19 苦慮
20 張本人

えいこ・がしょう・かんちょう・こくう・しゅかい・どうちゃく・とくひつ・ふしん・ぶんべん・へんりん

解答

1 停頓（ていとん） 物事が行き詰まること。
2 愚昧（ぐまい） おろかで道理が分からないこと。
3 濃艶（のうえん） なまめかしく美しいこと。
4 一瞥（いちべつ） ちらっと見ること。
5 迂遠（うえん）(紆遠) まわりくどいこと。
6 坦夷（たんい） 土地などが平らであること。
7 沃土（よくど） 豊かな土地のこと。
8 竣功（しゅんこう）・竣工 建築などの工事が終わること。
9 鬱屈（うっくつ） 気分が晴れずふさぎこんでしまうこと。
10 畏怖（いふ） 恐れ、おののくこと。
11 栄枯（えいこ） 盛んになることと、衰えること。
12 特筆（とくひつ） 特に取り立てて書くこと。
13 間諜（かんちょう） 敵の情勢を探り、味方に報告する者。
14 虎口（ここう） 非常に危険なところ。
15 撞着（どうちゃく）・撞著 つじつまが合わないこと。
16 片鱗（へんりん） 多くの中のほんの一部のこと。
17 分娩（ぶんべん） 子どもを産むこと。
18 臥床（がしょう）(臥牀) 寝どこ。とこにつくこと。
19 腐心（ふしん） 遂行するため思い悩むこと。
20 首魁（しゅかい） 悪事などの首謀者のこと。

意味 12［大書（たいしょ）＝物事を誇張して書くこと］

対義語

- 21 遅疑
- 22 賛嘆
- 23 進捗
- 24 永劫
- 25 繊弱
- 26 黄昏
- 27 駄馬
- 28 悠悠
- 29 近接
- 30 凶兆
- 31 活用
- 32 大度
- 33 勃興
- 34 迫害

きゅうきゅう・ぎょうたい・
きょうりょう・けんかく・
けんろう・しぞう・しゅんめ・
ずいしょう・せつな・だんこう・
ちょうば・ちょうらく・ひご・
ふつぎょう

類義語

- 35 没入
- 36 学識
- 37 錬成
- 38 洞察
- 39 機敏
- 40 不審
- 41 秘訣
- 42 花形
- 43 来歴
- 44 動向
- 45 台所
- 46 同僚
- 47 仰天
- 48 碩儒

うろん・えんかく・かんぱ・
きょうとう・すうせい・
ぞうけい・たいと・ちゅうぼう・
ちょうじ・ちんせん・とうや・
びんしょう・ほうばい・
ようてい

- 21 断行（だんこう） 反対を押し切り、思い切って動くこと。
- 22 嘲罵（ちょうば） あざけり、ののしること。
- 23 凝滞（ぎょうたい） 物事がとどこおり進まないこと。
- 24 刹那（せつな） きわめて短い時間のこと。
- 25 堅牢（けんろう） しっかりとしていて丈夫なこと。
- 26 払暁（ふつぎょう） 夜明けのこと。
- 27 駿馬（しゅんめ） 足の速いすぐれたウマのこと。
- 28 汲汲（きゅうきゅう）・汲々 一つに心酔し他を顧みられないこと。
- 29 懸隔（けんかく） 甚だしく差があること。
- 30 瑞祥（ずいしょう）・瑞象 めでたいことが起きる前ぶれのこと。
- 31 死蔵（しぞう） 活用せず、しまいこむこと。
- 32 狭量（きょうりょう） 他人の言行を聞き入れる余裕がないこと。
- 33 凋落（ちょうらく）・彫落 おちぶれてしまうこと。
- 34 庇護（ひご） 庇って守ること。
- 35 沈潜（ちんせん） とても夢中になること。
- 36 造詣（ぞうけい） 深い知識などをもっていること。
- 37 陶冶（とうや） 人の性質などを鍛え育てること。
- 38 看破（かんぱ） 物事の真相などを見抜くこと。
- 39 敏捷（びんしょう） 動作などが素早いこと。
- 40 胡乱（うろん）・烏乱 あやしく不確かなこと。
- 41 要諦（ようてい） 物事の最も大事なところ。
- 42 寵児（ちょうじ） 世間でもてはやされている人のこと。
- 43 沿革（えんかく） 物事の移り変わりのこと。
- 44 趨勢（すうせい） 一定の方向へと進む力のこと。
- 45 厨房（ちゅうぼう） 料理をするところ。
- 46 朋輩（ほうばい）・傍輩 主人や会社などが同じ仲間のこと。
- 47 驚倒（きょうとう） 甚だしく気が動転すること。
- 48 泰斗（たいと） その道で最も尊ばれる人のこと。

注意 41［要諦は「ようたい」とも読む］ 意味 48［碩儒（せきじゅ）＝深い学識をもつ学者のこと］

でる順 B

故事・諺 ①

10分で解こう!

17点以上とれれば合格!

得点
1回目 /21
2回目 /21

次の故事・成語・諺のカタカナの部分を漢字で記せ。

1 セッタの裏に灸。
2 テンキ洩漏すべからず。
3 網ドンシュウの魚を漏らす。
4 燕雀安んぞコウコクの志を知らんや。
5 ボタンに唐獅子、竹に虎。
6 六親和せずしてコウジあり。
7 トンビに油揚げをさらわれる。
8 リョウジョウの君子。
9 キャラの仏に箔を置く。

解答

1 雪駄　長尻の客が早く帰るというおまじない。
2 天機　重大な秘密は、何があっても漏らしてはならない。
3 呑舟　大悪人を法で捕らえることができず逃してしまうこと。
4 鴻鵠　小人物には、大人物の大志は理解できない。
5 牡丹　絵になる、組み合わせのよいものの例。
6 孝慈　一族が不和になると、子が親を、親が子を愛する気持ちが必要になってくる。
7 鳶　手に入るはずのものを不意に横取りされて呆然とするさま。
8 梁上　泥棒のこと。
9 伽羅　よいものを、さらによくすること。

意味 2［天機＝天地自然の秘密のこと］

10 酒は天のビロク。

11 イチモツの猫は爪を隠す。

12 七皿食うてサメクサい。

13 両テンビンを掛ける。

14 オウムは能く言えども飛鳥を離れず。

15 タイカンは忠に似たり。

16 フクテツを踏む。

17 バクギャクの友。

18 塗り箸でソウメンを食う。

19 味噌コしで水を掬う。

20 カンリを貴んで頭足を忘る。

21 ズキンと見せて頰かぶり。

---

10 美禄 酒の素晴らしさを誉める言葉。

11 逸物 有能な人はむやみにそれをひけらかさないものだというたとえ。

12 鮫臭 さんざん食べた後で、まずいとけちを付けること。

13 天秤 対立する二つのどちらを選んでもよいように関係をつけておく。

14 鸚鵡 口先ばかり達者で、行動が伴わないなら鳥獣と同じだということ。

15 大姦（奸） 大悪人は巧みに主君に仕えるので、忠臣のように見える。

16 覆轍 前人の失敗を繰り返す。

17 莫逆 無二の親友。

18 素麺・索麺 物事がまどろっこしくてやりにくいことのたとえ。

19 漉（濾） いくら苦労をしても、効果がないことのたとえ。

20 冠履 根本を軽視し、枝葉末節を重視することのたとえ。

21 頭巾 表面は立派に見せかけているが、実際はそうでないこと。

意味 20［履＝靴のこと］

でる順 B

故事・諺 ②

10分で解こう!

17点以上とれれば合格!

次の故事・成語・諺のカタカナの部分を漢字で記せ。

1 裸でユズの木に登る。
2 コイの滝登り。
3 積善の家には必ずヨケイあり。
4 ヤミヨに烏、雪に鷺。
5 シュンメ痴漢を乗せて走る。
6 コウセンの路上老少無し。
7 湯のジギは水になる。
8 傘とチョウチンは戻らぬつもりで貸せ。
9 マリと手と歌は公家の業。

解答

1 柚・柚子　無鉄砲な勇気のたとえ。
2 鯉　立身出世すること。
3 余慶　善行を積めば必ずその報いとして子孫に幸福が訪れる。
4 闇夜　はっきり見分けがつかないことのたとえ。
5 駿馬　美人が、愚かなつまらない男と結婚することのたとえ。
6 黄泉　死は老若に関係なく訪れるということ。
7 辞儀・辞宜　遠慮も時と場合によるというたとえ。
8 提灯・挑灯　一時だけ必要な物は、貸しても戻らないと思っていた方がよい。
9 鞠（毬）　蹴鞠、書道、和歌は、公家にとって当然のたしなみである。

□ 10 野にイケン無し。
□ 11 危うきことルイランの如し。
□ 12 遠慮なければキンユウあり。
□ 13 鐘もシュモクの当たりがら。
□ 14 重箱の隅をヨウジでほじくる。
□ 15 点滴岩をウガつ。
□ 16 飛鳥尽きてリョウキュウ蔵る。
□ 17 下手なアンマと仲裁は初めより悪くなる。
□ 18 ウミの出る目に気遣いなし。
□ 19 花は三月ショウブは五月。
□ 20 アリの思いも天に届く。
□ 21 カナエの軽重を問う。

---

10 遺賢　有能な人材が登用されて正しい政治が行われているさま。
11 累卵　きわめて危険な状態のこと。
12 近憂　先先のことを考えずにいると、程なく必ず心配事が起こる。
13 撞木　連れ添う相手次第で、よくも悪くもなる。
14 楊枝・楊子　些細なことまでほじくり出して口うるさく言うことのたとえ。
15 穿（鑽・鑿・鐫）　絶え間なく努力を続ければ、いつか成功するというたとえ。
16 良弓　用済みになったら、捨てられてしまうことのたとえ。
17 按摩・案摩　なまじ手を出して、かえってこじらせてしまうことのたとえ。
18 膿　膿の出る眼病は、毒が体外に排出されるので心配は無用。
19 菖蒲　「花」は桜のことで、花の時季を言った言葉。
20 蟻　弱小な者でも懸命に願えば、望みは叶えられる。
21 鼎　権力者の実力を疑うこと。

意味 14［重箱＝二重、三重と重ねることのできる料理を入れる箱のこと］

でる順 B

故事・諺 ③

10分で解こう!

17点以上とれれば合格!

得点

1回目 /21

2回目 /21

次の故事・成語・諺のカタカナの部分を漢字で記せ。

1 **サギ**は洗わねどもその色白し。

2 **イチモツ**の鷹も放さねば捕らず。

3 小智は**ボダイ**の妨げ。

4 **ノウジ**畢われり。

5 鴨が**ネギ**を背負って来る。

6 慌てる**カニ**は穴へ這入れぬ。

7 犬骨折って鷹の**エジキ**。

8 **ジュシ**ともに謀るに足らず。

9 白駒の**ゲキ**を過ぐるが若し。

解答

1 鷺　人の運命は生まれた時から定まっているものだということ。

2 逸物　いくら有能なものでも、実際に使わなければ何の役にも立たない。

3 菩提　小智ある者は、それがかえって邪魔になり、悟りを開けない。

4 能事　やるべきことは残らずやり終えた。

5 葱　好都合が重なって、ますますおあつらえ向きになることのたとえ。

6 蟹　慌てたり焦ったりすると失敗することのたとえ。

7 餌食　苦労して得たものを他人に横取りされることのたとえ。

8 竪(孺)子　浅はかな者とは、重大なことについて相談しても仕方ない。

9 隙(郤)　月日や時間の経過するのが、きわめて早く感じられることのたとえ。

意味 8［竪(孺)子＝子ども。または、未熟な相手を軽蔑していう言葉］

10 大道廃れてジンギ有り。

11 朝にコウガンありて夕べに白骨となる。

12 元のサヤに収まる。

13 ルリの光も磨きがら。

14 泥中のハチス。

15 キシン矢の如し。

16 礼儀はフソクに生じ、盗窃は貧窮に起こる。

17 コチョウの夢の百年目。

18 一家は遠のく、ノミは近寄る。

19 石臼をハシに刺す。

20 歓楽極まりてアイジョウ多し。

21 ケンカ両成敗。

---

10 仁義 世の中が乱れて道理が失われると、道徳などを説く必要が生じてしまう。

11 紅顔 無常の世では、人の生死を予測することなどできない。

12 鞘 いったん仲違いして別れた者同士が、また元の関係に戻ること。

13 瑠璃・琉璃 素質があっても、それを錬磨しなければ大成しないというたとえ。

14 蓮 汚れた環境にいても、それに影響されず清く生きることのたとえ。

15 帰心 故郷や家へ一刻も早く戻りたい気持ちをいう言葉。

16 富足 生活が豊かでないと、人は礼儀をわきまえる余裕などない。

17 胡(蝴)蝶 人生を振り返ってみて、夢であったかのようだと驚くこと。

18 蚤 貧窮に陥るさまをいう。

19 箸 無理難題を言うこと。

20 哀情 楽しみが頂点に達すると、かえって悲しみが生じる。

21 喧嘩(諠譁) 争った者同士を、理非に拘わらず同じように処罰すること。

意味 14［蓮＝ハスのことで、スイレン科の水生の多年草］

でる順 B

故事・諺 ④

10分で解こう!

17点以上とれれば合格!

次の故事・成語・諺のカタカナの部分を漢字で記せ。

☐ 1 **イワシ**の頭も信心から。

☐ 2 棚から**ボタモチ**。

☐ 3 一富士二鷹三**ナスビ**。

☐ 4 **ソウメン**で首くくる。

☐ 5 **ボンノウ**の犬は追えども去らず。

☐ 6 買うは**モラ**うに勝る。

☐ 7 **ワイロ**には誓紙を忘る。

☐ 8 **ミノカサ**を着て人の家に入らぬもの。

☐ 9 自慢の**クソ**は犬も食わぬ。

解答

1 鰯(鰮) 信仰すると、つまらないものでも有り難いものに思えること。

2 牡丹餅 思い掛けない幸運が転がり込んでくることのたとえ。

3 茄子・茄 初夢に見ると縁起がよいとされるものを順に並べた言葉。

4 素麺・索麺 できるはずのないことのたとえ。

5 煩悩 心身を悩ませ苦しめるなどの作用が人につきまとって離れないことを、犬にたとえた言葉。

6 貰 ただで物をいただくと義理が生じるので、買う方が気楽である。

7 賄賂 いくら固い約束をしても、利欲の誘惑には勝てないということ。

8 蓑(簑)笠 蓑笠を脱いでから、人の家に上がるのが礼儀である。

9 糞 自慢ばかりする者は周りから相手にされなくなる。

10 海中より盃中に**デキシ**する者多し。

11 眼光**シハイ**に徹す。

12 理屈と**コウヤク**はどこにでもつく。

13 盗人**タケダケ**しい。

14 **ケガ**の功名。

15 魚の**フチュウ**に遊ぶが如し。

16 **クボ**き所に水溜まる。

17 負け相撲の痩せ**シコ**。

18 爪の垢を**セン**じて飲む。

19 **ハキョウ**再び照らさず。

20 愛**オクウ**に及ぶ。

21 秋刀魚が出ると**アンマ**が引っ込む。

---

10 溺死　飲みすぎを戒める言葉。

11 紙背　書物の表面上の意味だけでなく、その深意をも読み取る。

12 膏薬　つけようと思えば、理屈はどうにでもつけられる。

13 猛猛・猛々　悪事をとがめられて、逆に開き直る態度を罵っていう言葉。

14 怪我　失敗が、思い掛けなくよい結果をもたらすこと。

15 釜中　危険が迫っているのも知らずに、のんきにしていること。

16 窪・凹　物事は集まるべきところに集まってくる。また、低い地位や苦境にある者のところには種種の苦難が集まる。

17 四股　負けてから強がっても脅威を感じないこと。

18 煎　すぐれた人に少しでもあやかろうとすることのたとえ。

19 破鏡　いったん壊れた関係は、元通りにはならないことのたとえ。

20 屋烏　愛する人に関係する全てのものに愛を感じることのたとえ。

21 按摩・案摩　旬の食材が体によいことのたとえ。

意味 17 [四股＝力士が手を膝に当て足を交互に高く上げ、踏み下ろす動作]

でる順 B

文章題①

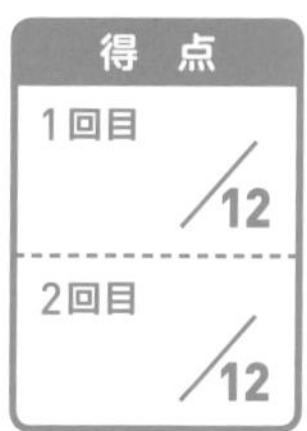

得点 1回目 /12 2回目 /12

文章中の傍線（1〜4）のカタカナを漢字に直し、波線（ア〜ク）の漢字の読みをひらがなで記せ。

□ A 書きたいさ。是でも書かなくっちゃ何の為に生まれて来たのかわからない。それが書けないと極まった以上は1ゴクツブし同然だサ。（夏目漱石「野分」より）

□ B とかくして頂上についたのであるが、急に濃い霧が吹き流れて来て、頂上のパノラマ台という、2ダンガイの縁（へり）に立ってみても、いっこうに眺望がきかない。（太宰治「富嶽百景」より）

□ C 姉さんはそのひとをご存じの3ハズですが、しかし、おそらく、逢った事は無いでしょう。（太宰治「斜陽」より）

□ D 「僕ばかりじゃない。4グガンの士はみんなそう思っている」（夏目漱石「三四郎」より）

□ E 恐怖を追い払い追い払い、無理に、ア荒んだ身振りで、また一寸、ここは、いったいどこだろう、なんの物音もない。（太宰治「八十八夜」より）

解答

A 1 穀潰
穀潰し＝定職に就かず、遊び暮らす者のこと。

B 2 断崖
垂直に切り立った崖のこと。

C 3 筈
当然そうなるべきこと、を表す言葉。

D 4 具眼
物事の真偽などを判断し、本質を見抜く見識をもっていること。

E ア すさ
荒む＝気持ちなどの余裕がなくなり、とげとげしくなる。

誤答例 2［段崖］

□ F 実際先生は時々昔の同級生で今著名になっている誰彼を捉えて、ひどく無遠慮な批評を加える事があった。
（夏目漱石「こころ」より）

□ G この身功名の為に生まれず、又濃情の為に生まれず、筆硯を顧みて暫く撫然たり。
（北村透谷「客居偶録」より）

□ H 然り、義経及びその一党はピレネエ山中最も気候の温順なる所に老後の隠栖をトしたのである。
（坂口安吾「風博士」より）

□ I 前日の夕方迄碇泊していた六隻の軍艦の中、大破損を受けながらも兎に角水面に浮かんでいたのは、僅か一隻に過ぎなかった。
（中島敦「光と風と夢」より）

□ J 山東の地をして一時騒擾せしむるに至りたるもの、真に是稗史の好題目たり。
（幸田露伴「運命」より）

□ K 一歩門へ近寄った小野さんの靴は同時に一歩杖に牽かれて故へ帰る。
（夏目漱石「虞美人草」より）

□ L 健三の兄は小役人であった。彼は東京の真ん中にある或る大きな局へ勤めていた。其の宏壮な建物のなかに永い間憐れな自分の姿を見出す事が、彼には一種の不調和に見えた。
（夏目漱石「道草」より）

F イ とら
捉える＝しっかりとつかむ。とりおさえる。

G ウ ひっけん
筆と硯。文章などを書くこと。

H エ いんせい
俗世を離れてひっそりと暮らすこと。

I オ わず
僅か＝数などがほんの少しであること。

J カ はいし
昔、中国で書かれた小説風の歴史書。民間の歴史書。

K キ ひ
牽く＝前に立ち、引き寄せる。

L ク こうそう
建物などが広く、立派であること。

誤答例 ク［ごうそう］

でる順 B

文章題 ②

10分で解こう！

10点以上とれれば合格！

文章中の傍線（1〜4）のカタカナを漢字に直し、波線（ア〜ク）の漢字の読みをひらがなで記せ。

A それればかりではない、父は娘が手習いの手本にまで、貞操の美しいことや、献身の女の徳であることや、隣の人までも愛せよということや、それから勤勉、1コッキ、倹約、誠実、篤行などの訓誨（くんかい）を書いて、それをお種に習わせたものであった。（島崎藤村「家」より）

B 此の上は自ら重井との関係を断ち2ホンゼン悔悟して此の一身をば愛児のために捧ぐべし。（福田英子「妾の半生涯」より）

C あの皸（ひび）だらけの3ホオは愈赤くなって、時々鼻洟（はな）をすすりこむ音が、小さな息の切れる声と一しょに、せわしなく耳へはいって来る。（芥川龍之介「蜜柑」より）

D 広い風呂場を照らすものは、只一つの小さき釣り洋灯（ランプ）のみであるから、此の隔たりでは澄み切った空気を控えてさえ、確と4ブッショクはむずかしい。（夏目漱石「草枕」より）

E 私はもう少し先迄同じ道をア辿って行きたかった。（夏目漱石「こころ」より）

解答

A 1 克己　強い意志で、自らの欲望などに打ち勝つこと。

B 2 翻然　急に改心するさま。

C 3 頰　顔の両面にある、耳と口や鼻の間にある柔らかい部分のこと。

D 4 物色　多くのものの中から適当な人、物などを探し出すこと。

E ア たど　辿る＝ある手がかりをもとに進む。

誤答例 2［奔然］

□ F 誠に、何とも豪宕な観ものであった。
（中島敦「光と風と夢」より）

□ G 一人でも二人でも、左様な御方がある為にこの被害民の不幸を蒙り、また国家の不幸を蒙ると云う不都合がござりますれば、私はまた議員をも罷めるのでございます。
（木下尚江「政治の破産者・田中正造」より）

□ H おれが天下を取る筈だわ、という意は人々の識力眼力より遥かに自分が優って居るという例の自慢である。
（幸田露伴「蒲生氏郷」より）

□ I 糸子は微かな笑を、二三段に切って鼻から洩らした。
（夏目漱石「虞美人草」より）

□ J 俯向いて足の爪尖を瞠め乍ら、薄笑いをして近づいて来る。
（石川啄木「葬列」より）

□ K「清助さん、水戸浪士のことをきいて御覧。」と横鎗を入れるのは宗太だ。
（島崎藤村「夜明け前　第二部」より）

□ L 余は中佐の敢えてせる旅順閉塞の行為に一点虚偽の疑いを挟むを好まぬものである。だから好んで罪を中佐の詩に嫁するのである。
（夏目漱石「艇長の遺書と中佐の詩」より）

F イ ごうとう
気持ちが大きく、小さなことにこだわらないこと。

G ウ や
罷める＝続けてきた物事を終わりにする。

H エ はず
当然そうなるべきこと、を表す言葉。

I オ かす
微か＝なんとか認識できるさま。

J カ つまさき
足の指の先端のこと。

K キ よこやり
第三者がわきから口出しすること。

L ク か
嫁する＝なすりつける。

誤答例　ク［よめ（する）］

でる順 B

文章題 ③

10分で解こう!

10点以上とれれば合格!

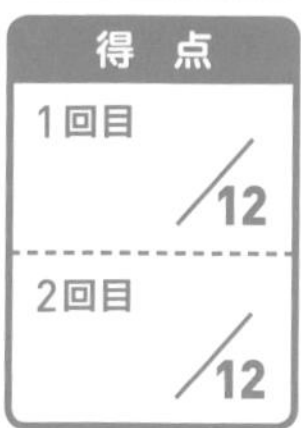

文章中の傍線（1〜4）のカタカナを漢字に直し、波線（ア〜ク）の漢字の読みをひらがなで記せ。

A 文人が真に人生の説明者であり群集の1ボクタクであらんとするには、此の浮気な態度を棄てて真剣にマジメに死身になって努力しなければならない。
（内田魯庵「二十五年間の文人の社会的地位の進歩」より）

B 現実世界に在って、余とあの女の間に2テンメンした一種の関係が成り立ったとするならば、余の苦痛は恐らく言語に絶するだろう。
（夏目漱石「草枕」より）

C 水蜜桃や、林檎や、3ビワや、バナナを綺麗に籠に盛って、すぐ見舞物（みやげもの）に持って行ける様に二列に並べてある。
（夏目漱石「夢十夜」より）

D 指頭に触れるピンピンいう音が、秒を刻む袂（たもと）時計の音と4サクソウして、彼の耳に異様な節奏を伝えた。それでも彼は我慢して、為る丈の仕事を外でした。
（夏目漱石「道草」より）

E 元来アピアには、英・米・独の三国がそれぞれ領事を置いている。ア併し、最も権力のあるのは領事達ではなくて、独逸（ドイツ）人の経営に係わる南海拓殖商会であった。
（中島敦「光と風と夢」より）

解答

A 1 木鐸
世の中の人を教え導く人のこと。

B 2 纏綿
複雑に入り組んでいること。

C 3 枇杷
バラ科の常緑高木。また、その果実。

D 4 錯綜
複雑に入り組むこと。

E ア しか
併し＝述べてきたことに反することを述べる時に使う接続詞。

F するを、今度は寧ろ法外に熱した具合で、「うん、大分暖かい」と力の這入った返事があった。（夏目漱石「それから」より）

G 何と言うて世を隔てたる門を敲かん、我が真の心をば如何なる言葉もて打ち明けん。（高山樗牛「瀧口入道」より）

H 其の内に時は段々移った。代助は断えず置時計の針を見た。又覗く様に、軒から外の雨を見た。（夏目漱石「それから」より）

I 下宿の二階の窓をあけて、遠眼鏡のようにぐるぐる巻いた卒業証書の穴から、見える丈の世の中を見渡した。（夏目漱石「こころ」より）

J それにしても、ずっと昔私はどこかで僧心越の描いた墨絵の芙蓉の小軸を見た記憶がある。（寺田寅彦「烏瓜の花と蛾」より）

K 然し起きて膳に向かった時、彼には微かな寒気が脊筋を上から下へ伝わって行くような感じがあった。（夏目漱石「道草」より）

L 父は已を得ず、高木に何んな娯楽があるかを確かめた。高木は特別に娯楽を持たない由を答えた。（夏目漱石「それから」より）

F イ むし
寧ろ＝二つを比べ、もう一方よりもこちらを選ぶ気持ちを表す。

G ウ いか
如何なる＝どんな。

H エ のぞ
覗く＝隙間などから見る。

I オ とおめがね
望遠鏡の古い呼び方。

J カ ふよう
アオイ科の落葉低木。

K キ せすじ
背中の真ん中の線のこと。

L ク よし
理由。わけ。

でる順 B

文章題 ④

10分で解こう!

10点以上とれれば合格!

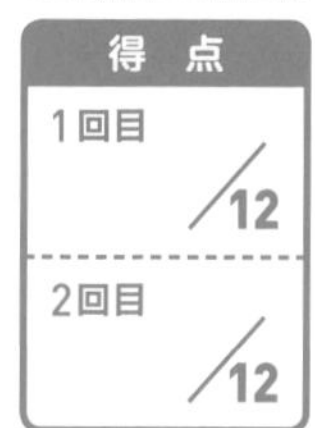

文章中の傍線（1～4）のカタカナを漢字に直し、波線（ア～ク）の漢字の読みをひらがなで記せ。

☐ A 雨を衝く一輛（いちりょう）の車は輪を鳴らして、格子の前で留まった。がらりと明く1トタンに、ぐちゃりと濡れた草鞋（わらじ）を沓脱ぎへ踏み込んだものがある。
（夏目漱石「虞美人草」より）

☐ B 三十分ばかり話してから帰って行った此の若い母親と色白の男の赤ん坊とは、2ロウジョウ達の上に通り魔のような不思議な作用（はたらき）を残して行った。
（中島敦「かめれおん日記」より）

☐ C 実際急いだと見えてお兼（かね）さんは富士額の3リョウワキを、細かい汗の玉でじっとりと濡らしていた。
（夏目漱石「行人」より）

☐ D 青い頭は既に4ノレンをくぐって、春風に吹かれて居る。
（夏目漱石「草枕」より）

☐ E ミルトンは情熱（インパッションド）を以て大詩人の一要素としたり。深幽とア清楚とを備えたるは少なからず、然れどもまことの情熱を具有するは大詩人にあらずんば期すべからず。
（北村透谷「情熱」より）

解答

A 1 途端
あることが行われた、そのすぐ後。その瞬間。

B 2 老嬢
歳を重ねた未婚の女性。

C 3 両脇
両方のわき。

D 4 暖簾
商店で、店名などを表し店の出入り口に垂らす布。

E ア せいそ
飾り気がなく、さっぱりとしているさま。

☐ **F** エエ千日も万日も止めたき願望（ねがい）ありながら、と跡の一句は口に洩れず、薄紅となって顔に露（イ）るる可愛さ、珠運の身になってどうふりすてらるべき。（幸田露伴「風流仏」より）

☐ **G** 植物共の生命が私の指先を通して感じられ、彼等のあがきが、私には歎願のように応える。血に塗（ウ）れているような自分を感じる。（中島敦「光と風と夢」より）

☐ **H** 己（おの）が胡服を纏（エ）うに至った事情を話すことは、流石に辛かった。（中島敦「李陵」より）

☐ **I** これを譬（たと）えば人生に必用なる日光空気を得るに銭を須（オ）いざるが如し。（福沢諭吉「学問のすゝめ」より）

☐ **J** 細君は縮緬（カ）の紋付きで「いやな猫ねえ」と仰せられる。主人さえ書斎から出て来て「此の馬鹿野郎」といった。（夏目漱石「吾輩は猫である」より）

☐ **K** 家の事は左のみ気に掛からなかった。職業もなるが儘（キ）になれと度胸を据えた。（夏目漱石「それから」より）

☐ **L** お銭（あし）は子供の持つものでないと思って居ましたし、巾着（ク）からお銭を出して自分の好きなものを買うことも知りませんでした。（島崎藤村「ふるさと」より）

F **イ** あらわ
露れる＝はっきりと見えるようになる。

G **ウ** まみ
塗れる＝あるものが一面に付き、汚れる。

H **エ** まと
纏う＝身に付ける。

I **オ** もち
須いる＝求める。必要とする。

J **カ** ちりめん
細かいしぼが表面にある絹織物。

K **キ** まま
その成り行きにまかせること。

L **ク** きんちゃく
口をひもで締める、布などでできた袋のこと。

誤答例 カ［ちぢめん］

でる順 B

文章題 ⑤

10分で解こう!

10点以上とれれば合格!

得点 1回目 /12 2回目 /12

文章中の傍線(1〜4)のカタカナを漢字に直し、波線(ア〜ク)の漢字の読みをひらがなで記せ。

A 而して麦と1アワと大豆とを可なり高い相場で買って帰らねばならなかった。(有島武郎「カインの末裔」より)

B どこの御寺の勧進にも2キシャをした事のないあの男が、金銭には更に惜し気もなく、整えてやると云うのでございますから、嘘のような気が致すではございませんか。(芥川龍之介「地獄変」より)

C 但し幸いなることには、小鳥に対する先生の好意には、著しい3コウハクが有る。(柳田国男「野鳥雑記」より)

D 「私からああなったのか、それともあなたのいう人世観とか何とかいうものから、ああなったのか。隠さず云って4チョウダイ」(夏目漱石「こころ」より)

E 燎(にわび)を焼いて雪中の寒気をア凌いだ。(柳田国男「年中行事」より)

F 一人は、俺もみんなで七日イ許り休んだ筈だと言った。(石川啄木「葉書」より)

解答

A 1 粟
イネ科の一年草。

B 2 喜捨
金品などを寺院や貧しい人などに進んで寄付すること。

C 3 厚薄
厚いことと薄いこと。

D 4 頂戴
(主に「…て〜」の形で)急かす時に親しみを込めて使う言葉。

E ア しの
凌ぐ=耐えて困難を乗り切る。

F イ ばか
許り=おおよその程度を表す言葉。

誤答例 1 [沫]

☐ G すべて彼等の作品は、熱烈なる主観によって、何物かの正義を主張し、社会の因襲に対して牙をむいてる、憎悪の烈(ウ)しい感情で燃焼されてる。
（萩原朔太郎「詩の原理」より）

☐ H 硝子窓(がらすまど)の下や運動場や湯呑場などで話し合った符牒(エ)や言葉が絶えず出る。
（田山花袋「田舎教師」より）

☐ I 中から出たものは、縦横に引いた罫(オ)の中へ行儀よく書いた原稿様のものであった。
（夏目漱石「こころ」より）

☐ J 丸い顔の、腰に斧を指した男が、瓢簞(カ)を持って、滝壺の傍に踞(かが)んでいる。
（夏目漱石「三四郎」より）

☐ K 女の移り香が鼻を撲(キ)ったので、時雄は変な気になった。
（田山花袋「蒲団」より）

☐ L 栖栖遑遑(こうこう)、時を匡(ク)し道に順い、仰いで鳳鳴を悲しみ、俯(ふ)して匏瓜(ほうか)を嘆ず、これを估(う)りて售(う)れざらんことを恐れ、これを蔵めて失わんことを憂う、これ正は即ち正なりといえども、むしろ鳥獣の営々として走生奔死するに等しきなきか。
（高山樗牛「人生終に奈何」より）

G ウ はげ
烈しい＝感情などの勢いが強い。

H エ ふちょう
仲間内だけに分かる言葉のこと。

I オ けい
一定の間隔で引かれた線のこと。

J カ ひょうたん
ウリ科の一年草。実の中身を取り除き、酒などを入れる容器とする。

K キ う
撲つ＝激しく刺激する。

L ク ただ
匡す＝悪いことなどを改めさせる。

誤答例 ウ［れっ（しい）］

ちょっと一休み・・・ 熟字訓・当て字 ②

準1級の漢字を使った熟字訓・当て字をピックアップしました。正しく読めるか試してみましょう。

※但し、国名など準1級の出題範囲ではなく、1級の試検内容になるものもあります。

食物

胡瓜・黄瓜・木瓜―きゅうり
胡桃―くるみ
三鞭酒―シャンパン
冬瓜―とうがん
蕃茄―トマト
鳳梨―パイナップル
蕃瓜樹―パパイア
凸柑―ポンかん

動植物

鳳蝶―あげはちょう
海豹・水豹―あざらし
家鴨―あひる
食蟻獣―ありくい
鴨脚樹・銀杏―いちょう
袋鼠―カンガルー
蜘蛛―くも
向日葵―ひまわり
松陰嚢―まつぼっくり
栗鼠―りす

国名・都市名 など

愛蘭―アイルランド
亜爾然丁―アルゼンチン
加奈陀―カナダ
瑞西―スイス
新西蘭―ニュージーランド
紐育―ニューヨーク
仏蘭西―フランス
葡萄牙―ポルトガル
欧羅巴―ヨーロッパ
倫敦―ロンドン

でる順 C ランク

出題される頻度は低いものの
実力に差をつける問題

でる順 C

読み ①

得点	
1回目	/36
2回目	/36

次の傍線部分の読みをひらがなで記せ。1～24は音読み、25～36は訓読みである。

1 繭糸は化粧品にも利用されている。
繭と糸。また、きぬいと。

2 事業が成功し有卦に入っている。
有卦に入る＝運が向いてきて、する事なす事うまくいく。

3 金無垢の仏具が発見された。
純金。

4 鷹揚な態度で接する。
ゆったりとし、小さなことにこだわらないこと。

5 恩師の劉覧を請う。
他人が目を通すことを敬った言い方。

6 分娩の時間が短く、安産だった。
子どもを産むこと。

7 濤声が耳について寝付けない。
大きな波の音。

8 この場所は要津として栄えていた。
交通や商業上、重要な港。

9 勝者には賞牌と記念品が贈られる。
賞として与える記章のこと。

10 険しい山山が聯亙する。
長くつながり続いていること。

11 藍綬褒章を授かる。
藍綬褒章＝公衆の利益や公共事業に貢献した人に与えられる褒章。

12 ここから巽位に城が見える。
東南の方角。

13 アルコール飲料を酒と汎称する。
同類のものをひとくくりにしていうこと。

14 神祇をまつってあるほこらに行く。
天の神と地の神。

15 貨物船を港まで曳航する。
船が他の船を引いて航行すること。

16 欠損した前歯を補綴した。
破れなどを直すこと。

解答

1 けんし
2 うけ
3 きんむく
4 おうよう
5 りゅうらん
6 ぶんべん
7 とうせい
8 ようしん
9 しょうはい
10 れんこう
11 らんじゅ
12 そんい
13 はんしょう
14 じんぎ
15 えいこう
16 ほてい・ほてつ

誤答例 8［ようつ］

読み
①表外の読み
熟語の読み
共通の漢字
書き取り
誤字訂正
四字熟語
対義語・類義語
故事・諺
文章題

☐ 17 家の光耀ある歴史を調べる。
光り輝くこと。

☐ 18 全校生徒の前で答辞を捧読する。
目の前の高さに捧げ持って読むこと。

☐ 19 城柵を乗り越えて忍び込む。
城の柵のこと。

☐ 20 巌頭に立ち、辺りを見渡す。
岩の上。

☐ 21 様様な呪術を記した本を読む。
神霊などに働きかけ、超自然現象などを起こし願望をかなえようとする行い。

☐ 22 有名な絵画を賞翫する。
そのものの美しさやよさを楽しむこと。

☐ 23 娘は読みにくい蠅頭の字を書く。
とても細かい文字のこと。

☐ 24 怯夫をしてだに感じる。
臆病な男のこと。

☐ 25 御伽噺を現代風にアレンジした。
子どもに聞かせる昔話などのこと。

☐ 26 ズボンの裾を纏ってもらう。
纏る＝布の端を内に折りこみ、裏側から表側に縫いつける。

☐ 27 釣竿に靭やかな素材を使う。
靭やか＝弾力があり柔らかいさま。

☐ 28 愈という時に彼はいなかった。
切迫した状況になるさま。

☐ 29 春には土手に野蒜を摘みに行く。
ユリ科の多年草。

☐ 30 バッティングの要領を摑む。
摑む＝物事の要点などを把握する。

☐ 31 前作をはるかに凌ぐスケールだ。
凌ぐ＝程度などが他を越える。

☐ 32 その店員は夷顔で近づいてきた。
にこにこした笑顔のこと。

☐ 33 最後まで足掻いてみせる。
足掻く＝悪い状況などからなんとか脱しようとする。

☐ 34 採った早蕨のアクを抜く。
芽を出したばかりの蕨。

☐ 35 彼の目つきは尖い。
尖い＝勢いなどがとても厳しい。

☐ 36 汲めども尽きぬ思いを感じる。
汲む＝物事の趣などをよく理解し取りこむ。

---

17 こうよう
18 ほうどく
19 じょうさく
20 がんとう
21 じゅじゅつ
22 しょうがん
23 ようとう
24 きょうふ
25 おとぎばなし
26 まつ

27 しな
28 いよいよ
29 のびる
30 つか
31 しの
32 えびすがお
33 あが
34 さわらび
35 するど
36 く

誤答例 18［ぼうどく］

でる順 C

読み ②

10分で解こう!

29点以上とれれば合格!

次の傍線部分の読みをひらがなで記せ。1〜24は音読み、25〜36は訓読みである。

1 英語の階梯が次のレベルに進む。
学問や芸術などの手ほどき、学ぶ段階のこと。

2 亡母の実家を訪れ廻向する。
読経などを行い死者の冥福を祈ること。

3 自然薯を掘りに山に出かける。
ヤマノイモ。

4 状況の趨向を見極める。
物事がある方向に進むこと。

5 縦容として戦地に赴く。
ゆったりと落ち着いているさま。

6 会社の実状を知悉している。
ある物事にとても詳しいこと。

7 事件の状況を審訊する。
裁判所が当事者や証人などに、書面や口頭で問いただすこと。

8 遡上する鮭を熊が狙う。
川の流れを遡ること。

9 勃如として顔色が変わった。
むっとし、怒るさま。

10 花弁が散って花蕊が残った。
花の雄蕊と雌蕊。

11 三つの派閥が鼎立している。
三者がお互い張り合い、譲らないこと。

12 寒さで肌膚が粟立つ。
肌。

13 田舎に逼塞する。
落ちぶれて世間から隠れて暮らすこと。

14 二つの県に跨がって潟湖が広がる。
湾口にできた砂洲などにより、切り離されてできた湖のこと。

15 少年法には虞犯少年の規定がある。
虞犯少年＝将来罪を犯す可能性のある少年のこと。

16 大河から運ばれた沃土が広がる。
豊かな土地のこと。

解答

1 かいてい
2 えこう
3 じねんじょ
4 すうこう
5 しょうよう
6 ちしつ
7 しんじん
8 そじょう
9 ぼつじょ
10 かずい
11 ていりつ
12 きふ
13 ひっそく
14 せきこ
15 ぐはん
16 よくど

誤答例 16［ようど］

☐ 17 心を**弘誓**の仏地に樹(た)てる。
全ての衆生を救おうとする菩薩の誓い。

☐ 18 母屋は**紅蓮**の炎に包まれた。
真っ赤に燃える炎の色のこと。

☐ 19 彼への**妬心**を抑えられない。
妬む心。

☐ 20 和歌の**叢書**を購読する。
同じ種類や分野を、一定の形式や体裁で刊行した一連の書物。ある分野の書物を集大成したもの。

☐ 21 死が**旦夕**に迫っている。
切迫していること。

☐ 22 **捷報**を聞き、父は歓喜した。
勝利の知らせのこと。

☐ 23 彼は文学についての**造詣**が深い。
ある分野について深い知識や理解をもっていること。

☐ 24 彼は外国人と**姻戚**関係を結んだ。
婚姻によってできた血縁のない親類のこと。

☐ 25 昨晩は**沫雪**が降り続いた。
泡のように溶けやすい雪のこと。

☐ 26 **咽**ぶような鳥の鳴き声が聞こえる。
咽ぶ＝声をつまらせ泣くような音を立てる。

☐ 27 お土産に**佃煮**を買って帰った。
小魚や海藻などを醤油やみりんなどで味付けし、火を通した食べもの。

☐ 28 **儘**よ、どうにでもなってしまえ。
儘よ＝物事の成り行きにまかせる時にいう言葉。

☐ 29 今宵の月は**利鎌**のようだ。
切れ味のいい鎌。

☐ 30 **禿髪**の童子と話す。
子どもの髪を短く切りそろえて垂らしたもの。

☐ 31 **些**か見識に違いがあるようだ。
些か＝すこし。

☐ 32 **頑**に沈黙を守る理由を知りたい。
意地を張り、自分の意見などを変えないさま。

☐ 33 会社の規律に**叛**く行為をした。
叛く＝取り決めや主人の考えに反する。

☐ 34 近所の池には**蒲**が群生している。
池や沼などに群生する多年草。

☐ 35 弟の風邪に**託**けて学校を休む。
託ける＝無関係なことを関連させて、事を行う口実にする。

☐ 36 兄は**笈**を背負い行脚に出た。
修験者などが仏具や衣類などを入れて背負う箱のこと。

---

17 ぐぜい
18 ぐれん
19 としん
20 そうしょ
21 たんせき
22 しょうほう
23 ぞうけい
24 いんせき
25 あわゆき
26 むせ

27 つくだに
28 まま
29 とがま・とかま
30 かむろ・かぶろ
31 いささ
32 かたくな
33 そむ
34 がま
35 かこつ
36 おい

誤答例 29［りがま］

でる順 C

読み ③

10分で解こう!

29点以上とれれば合格!

次の傍線部分の読みをひらがなで記せ。1～24は音読み、25～36は訓読みである。

☐ 1 **老爺**が一人、畑を耕していた。
年老いた男性のこと。

☐ 2 君主の暴政に**畏怖**の念を抱く。
恐れ、おののくこと。

☐ 3 **優渥**なるもてなしに感謝します。
心がこもっていて手厚いこと。

☐ 4 祖父は私を**鍾愛**してくれた。
深く愛すること。

☐ 5 その発言は社訓に**背馳**している。
背くこと。

☐ 6 経営が**危殆**に瀕する。
危殆に瀕する＝非常に危ない状態である。

☐ 7 **蓬萊**を訪れる夢を見た。
中国で、不老不死の薬を持つ仙人が住むとされる神山。

☐ 8 悪政を倒すべく国民は**蜂起**した。
大勢が一斉に暴動などを起こすこと。

☐ 9 いつも**鎮咳**剤を携帯している。
鎮咳剤＝咳を鎮めるための薬。

☐ 10 **塵芥**車がごみを回収した。
ごみのこと。

☐ 11 **卿相**が集まり歌を競っていた。
太政大臣や大納言などの総称のこと。

☐ 12 父は高価な**象箸**を愛用している。
象牙の箸のこと。

☐ 13 美しい**堆朱**の盆を買った。
朱漆を何層も重ね塗りし、それに文様を彫った彫漆。

☐ 14 大型船が**湊泊**している。
港に停泊すること。

☐ 15 政策を巡って党が**紛擾**する。
もめること。

☐ 16 **書笈**を背負って本を売り歩く。
書物を入れて背負うための箱のこと。

解答

1 ろうや
2 いふ
3 ゆうあく
4 しょうあい
5 はいち
6 きたい
7 ほうらい
8 ほうき
9 ちんがい
10 じんかい
11 けいしょう
12 ぞうちょ
13 ついしゅ・たいしゅ
14 そうはく
15 ふんじょう
16 しょきゅう

誤答例 11［けいそう］

17 時代に合わない悪法を匡正する。
正しい状態に直すこと。

18 着物を衣桁にかけて陰干しをする。
着物などをかける鳥居のような形をした道具のこと。

19 苧麻で織られた帯を結ぶ。
カラムシ。また、カラムシの茎からとった繊維。

20 中国の朔北を訪ねる。
北の方角。また、中国の北部。

21 心の深淵を覗かれたような気分だ。
深い淵。

22 名人には専用の脇息がある。
肘掛け。

23 魚に鉤餌だけ取られてしまった。
釣り針に付けた餌のこと。

24 博物館に古い鐸が展示してある。
銅などでできた大型の鈴。

25 梯を使って屋根に上る。
長い二本の材の間に足がかりとなる横棒を取り付けた、高い所に登るための道具のこと。

26 落下物から子どもを庇う。
庇う＝他から害を受けないよう守る。

27 甲子園出場の夢が潰えた。
潰える＝希望や計画が断たれる。

28 瑞穂が秋風にたなびく。
生気に満ちた稲の穂のこと。

29 雄花の蕊から花粉を採取する。
種子植物がもつ生殖器官。

30 祖母の家にはまだ砧が残っている。
布を木槌で打つ際に敷く木や石の台のこと。

31 大成して竈が賑わった。
竈が賑わう＝生活が豊かになる。

32 おごり昂った態度を戒めた。
昂る＝尊大なさま。

33 馬の蹄の手入れをする。
馬などの足先にある硬い角質のつめのこと。

34 遺跡から勾玉が発掘される。
巴のような形の古代の装身具のこと。

35 今日は頗る調子がよい。
頗る＝程度が甚だしいさま。

36 春の日差しの下、野点を楽しんだ。
野外で茶を点てること。

---

17 きょうせい
18 いこう
19 ちょま
20 さくほく
21 しんえん
22 きょうそく
23 こうじ
24 たく
25 はしご
26 かば
27 つい
28 みずほ
29 しべ
30 きぬた
31 かまど
32 たかぶ
33 ひづめ
34 まがたま
35 すこぶ
36 のだて

誤答例 31［かま］

でる順 C

表外の読み

10分で解こう！

29点以上とれれば合格！

得点 1回目 /36 2回目 /36

次の傍線部分は常用漢字である。その表外の読みをひらがなで記せ。

1 古い慣習に泥む。
泥む＝そのことにこだわる。

2 諸の事情を含んでいる。
多くのもの。様様なもの。

3 自分の現状を患える。
患える＝よくない方に考え心配する。現状を嘆く。

4 犯人を誘き出すことに成功した。
誘き出す＝だまして誘い出す。

5 父は破れ鐘のような声で歌う。
破れ鐘＝太くにごった大声のこと。

6 これにて失礼仕ります。
仕る＝「する」「行う」の謙譲語。

7 寒さで道が凍てついてしまった。
凍てつく＝凍りつく。

8 何の科もないのに責めないでくれ。
人から非難されるような行為。罪。

9 事故で車が支えている。
支える＝邪魔なものがあり先に進めない状態になる。

10 彼は手配中の男を匿っていた。
匿う＝追われている人を、見つからないように隠す。

11 謙った物言いをする。
謙る＝相手を敬い自分を卑下したり謙遜したりする。

12 家紋は豊かな森を象っている。
象る＝ある物事の象徴を表す。物の形を似せて作る。

13 ここの標は最近撤去された。
領有や立ち入り禁止を示す標識のこと。

14 先例に法って判断する。
法る＝規準や規範として従う。

15 母に妊った時の話を聞く。
妊る＝妊娠する。

16 梅擬の盆栽を手入れする。
梅擬＝モチノキ科の落葉低木。

解答

1 なず
2 もろもろ
3 うれ
4 おび
5 わ
6 つかまつ
7 い
8 とが
9 つか
10 かくま
11 へりくだ
12 かたど
13 しめ
14 のっと
15 みごも
16 もどき

誤答例 1［なじ（む）］

17 幼い子どもの笑顔に癒やされる。
幼い＝年齢の低い。

18 逸る気持ちを抑えられない。
逸る＝心が焦る。

19 知っていることを都て話す。
都て＝全部。

20 天を衝くほどの塔が建った。
天を衝く＝天に届くぐらい高い。

21 偉人ほど頭を垂れるものだ。
首から上の部分のこと。

22 事業が失敗し荒んだ生活になる。
荒む＝気持ちなどに余裕がなくとげとげしくなる。

23 布袋の人形を買う。
七福神の一人。

24 子どもが拐されてしまった。
拐す＝だまして連れ去る。

25 一抹の不安が心を過った。
過る＝横切る。通り過ぎる。

26 多種の木が参差として立ち並ぶ。
高低、長短などが入りまじっているさま。

27 来客にお茶を点てた。
点てる＝抹茶にお湯を注ぎまぜる。

28 伝を頼りに職を探す。
希望などを達成するための手がかりのこと。

29 事実を普く国民に知らせる。
普く＝全体に及んでいるさま。

30 旅先で丹塗りの椀を買う。
丹塗り＝丹または朱で塗ること。

31 初心者が敵う相手ではない。
敵う＝対抗できる。

32 身を守るため異臭を放る。
放る＝からだの外に出す。

33 夜中に騒ぐ族を注意する。
（主に悪い意味で）連中。

34 父の盆栽が末枯れてしまった。
末枯れる＝寒さなどによって、草木の枝先や葉先が枯れてしまう。

35 首席の彼に亜ぐ成績だった。
亜ぐ＝そのすぐ後に続く。

36 新人が書いた原稿を訂す。
訂す＝文章などの間違いを直す。

---

17 いとけな
18 はや
19 すべ
20 つ
21 こうべ
22 すさ
23 ほてい
24 かどわか
25 よぎ
26 しんし

27 た
28 つて
29 あまね
30 に
31 かな
32 ひ
33 やから
34 うら
35 つ
36 ただ

誤答例 17［おさな（い）※常用漢字表内の読み］

でる順 C

熟語の読み

10分で解こう!

36点以上とれれば合格!

得点 1回目 /44 2回目 /44

次の熟語の読み（音読み）と、その語義にふさわしい訓読みを（送りがなに注意して）ひらがなで記せ。

例 健勝……勝れる → けんしょう……すぐ

ア 1 棲息……2 棲む
その場所で生きていること。

イ 3 一瞥……4 瞥る
ちらっと見ること。

ウ 5 馴致……6 馴らす
馴れさせること。徐徐にある状態になっていくこと。

エ 7 宥恕……8 恕す
寛大な心で許すこと。

オ 9 轟音……10 轟く
大きく響き渡る音のこと。

カ 11 冶金……12 冶る
鉱石から金属を取り出し、精製などをすること。

キ 13 窺管……14 窺く
管を覗き見ること。

ク 15 啓蒙……16 蒙い
道理に暗い者たちを、理解を深めるように教え導くこと。

解答

ア 1 せいそく……2 す
イ 3 いちべつ……4 み
ウ 5 じゅんち……6 な
エ 7 ゆうじょ……8 ゆる
オ 9 ごうおん……10 とどろ
カ 11 やきん……12 い
キ 13 きかん……14 のぞ
ク 15 けいもう……16 くら

意味 12［冶る＝金属などを溶かして加工する］

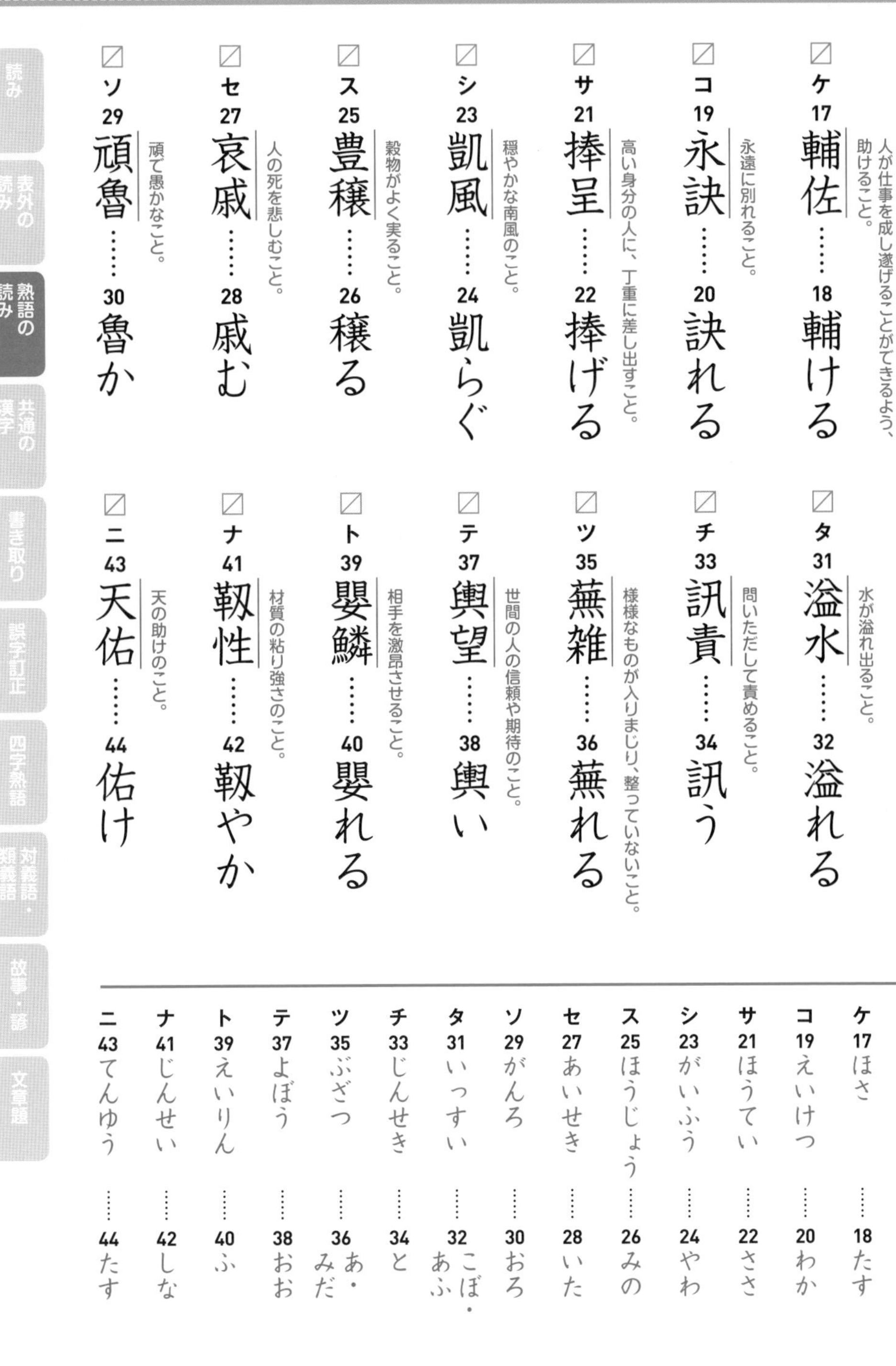

ケ 17 輔佐……18 輔ける
人が仕事を成し遂げることができるよう、助けること。

コ 19 永訣……20 訣れる
永遠に別れること。

サ 21 捧呈……22 捧げる
高い身分の人に、丁重に差し出すこと。

シ 23 凱風……24 凱らぐ
穏やかな南風のこと。

ス 25 豊穣……26 穣る
穀物がよく実ること。

セ 27 哀戚……28 戚む
人の死を悲しむこと。

ソ 29 頑魯……30 魯か
頑で愚かなこと。

タ 31 溢水……32 溢れる
水が溢れ出ること。

チ 33 訊責……34 訊う
問いただして責めること。

ツ 35 蕪雑……36 蕪れる
様々なものが入りまじり、整っていないこと。

テ 37 輿望……38 輿い
世間の人の信頼や期待のこと。

ト 39 嬰鱗……40 嬰れる
相手を激昂させること。

ナ 41 靭性……42 靭やか
材質の粘り強さのこと。

ニ 43 天佑……44 佑け
天の助けのこと。

ケ 17 ほさ……18 たす
コ 19 えいけつ……20 わか
サ 21 ほうてい……22 ささ
シ 23 がいふう……24 やわ
ス 25 ほうじょう……26 みの
セ 27 あいせき……28 いた
ソ 29 がんろ……30 おろ
タ 31 いっすい……32 こぼ・あふ
チ 33 じんせき……34 と
ツ 35 ぶざつ……36 あ・みだ
テ 37 よぼう……38 おお
ト 39 えいりん……40 ふ
ナ 41 じんせい……42 しな
ニ 43 てんゆう……44 たす

意味 38［輿い＝大衆のこと］　補足 39［嬰鱗＝「逆鱗に嬰れる」より］

共通の漢字 ①

次の各組の二文の（　）には共通する漢字が入る。その読みを後の□から選び、常用漢字（一字）で記せ。

1
強（　）を発動した。
国家がもつ司法上・行政上の他者を強制する力。
（　）高な振る舞いをする。
気位が高く傲慢なこと。

2
嵐で高速道路の交通が（　）絶した。
続いてきたものが絶えること。
海外出張の壮（　）に就いた。
希望にあふれた盛んな門出のこと。

3
彼は生涯、叛（　）精神を貫いた。
権威などには簡単には屈しないという強い意志のこと。
気（　）のある男に惚れる。
どんな弊害にも信念を曲げない心のこと。

い・かさ・けん・こつ・だん・と

4
債（　）に追われる日日を送る。
借金を厳しくとりたててくる人のこと。
（　）籍に入った友を悼む。
（　）籍に入る＝死亡する。

5
（　）獄事件の裁判を傍聴する。
有罪か無罪かの判決を下しにくい事件のこと。特に大きな贈収賄事件。
（　）団が氷解したわけではない。
心中にわだかまっている不審な思い。

6
土地を（　）託した。
金品などを特定の人などに保管してもらうこと。
教え子から（　）応を受けた。
食事や酒などのもてなしのこと。

い・き・ぎ・きょう・しゅ・しゅつ

10分で解こう！

12点以上とれれば合格！

得点	
1回目	/14
2回目	/14

解答

1 権 — 強権（きょうけん）　権高（けんだか）

2 途 — 途絶（とぜつ）　壮途（そうと）

3 骨 — 叛骨（はんこつ）　気骨（きこつ）

4 鬼 — 債鬼（さいき）　鬼籍（きせき）

5 疑 — 疑獄（ぎごく）　疑団（ぎだん）

6 供 — 供託（きょうたく）　供応（きょうおう）

誤答例 4［主籍］

7 民衆の輿(　)を担っている。
世間の人人の信頼や期待。
(　)外な幸せをかみしめる。
当初の願いをこえたよい結果のこと。

8 子どもが消えたとは(　)妖な事だ。
不思議なこと。怪しいこと。
臆(　)もなく出任せを言う。
気おくれした様子のこと。

9 (　)得ずくでしか事を判断しない。
(　)得ずく＝行動を自分の求めるものかどうかで決めること。
胴(　)な男には狭量な者が多い。
求める思いが強く、非道であること。

10 悲報に彼女は紅(　)を絞った。
美女のなみだのこと。
声(　)倶に下りながら話した。
声(　)倶に下る＝憤り号泣しながら語るさま。

ちょう・じん・びょう・ぼう・めん・よく・るい・ろん

11 税関で一度開(　)された。
封書を開くこと。
頂いた信書を(　)見する。
文書などを開き見ること。

12 軟弱な軀(　)を鍛える。
からだ。
すぐれた才(　)をもつ同僚がいる。
物事を成し遂げる能力のこと。

13 蓋(　)の才の出現を待つ。
社会をおおいつくすほど勢いが盛んなこと。
経(　)済民の精神が政治の基本だ。
社会を治めること。

14 人人から(　)弾される。
非難し、しりぞけること。
道路を挟んで(　)呼の間にある。
(　)呼の間＝呼べば応答できるほど近い距離のこと。

えん・かん・きょう・し・せい・ぜん・ひ・ふう

---

7 望：輿望(よぼう)・望外(ぼうがい)

8 面：面妖(めんよう)・臆面(おくめん)

9 欲：欲得(よくとく)・胴欲(どうよく)

10 涙：紅涙(こうるい)・声涙(せいるい)

11 披：開披(かいひ)・披見(ひけん)

12 幹：軀幹(くかん)・才幹(さいかん)

13 世：蓋世(がいせい)・経世(けいせい)

14 指：指弾(しだん)・指呼(しこ)

誤答例　10［声潮］

でる順 C

共通の漢字 ②

10分で解こう!

12点以上とれれば合格!

得点 1回目 /14 2回目 /14

次の各組の二文の（　）には共通する漢字が入る。その読みを後の[　]から選び、常用漢字（一字）で記せ。

1
政治家としての命（　）は尽きた。
いのち。
両者は気（　）を通じている。
気（　）を通じる＝ひそかに連絡をとりあい、意思を通じ合う。

2
世（　）に長けた老爺がいる。
世（　）に長ける＝世の中の事情に詳しく世渡りがうまい。
（　）買の横行を防ぐ。
盗品であることを知りつつ買うこと。

3
（　）衣の交わりはうまくいった。
（　）衣の交わり＝庶民同士の付き合い。身分などにこだわらない付き合い。
災害注意の（　）達がなされた。
広く一般に知らせること。

こ・じょう・だい・みゃく・ふ・れん

4
（　）霞のごとき人だかりだ。
多くの人が集まることのたとえ。
彼は凌（　）の志をもっている。
凌（　）の志＝俗世を超越したいという高い志。

5
すぐれた才（　）をもっている。
才知と地位などにふさわしい能力や人徳。
会社の什（　）を買い替える。
日常で使う家具類など。

6
意見に（　）然たる違いがある。
区別がはっきりしていること。
都市開発構想に参（　）する。
政策などの構想に加わること。

うん・えん・かく・き・ちょう・のう

解答

1 脈：命脈（めいみゃく）　気脈（きみゃく）

2 故：世故（せこ）　故買（こばい）

3 布：布衣（ふい）　布達（ふたつ）

4 雲：雲霞（うんか）　凌雲（りょううん）

5 器：才器（さいき）　什器（じゅうき）

6 画：画然（かくぜん）　参画（さんかく）

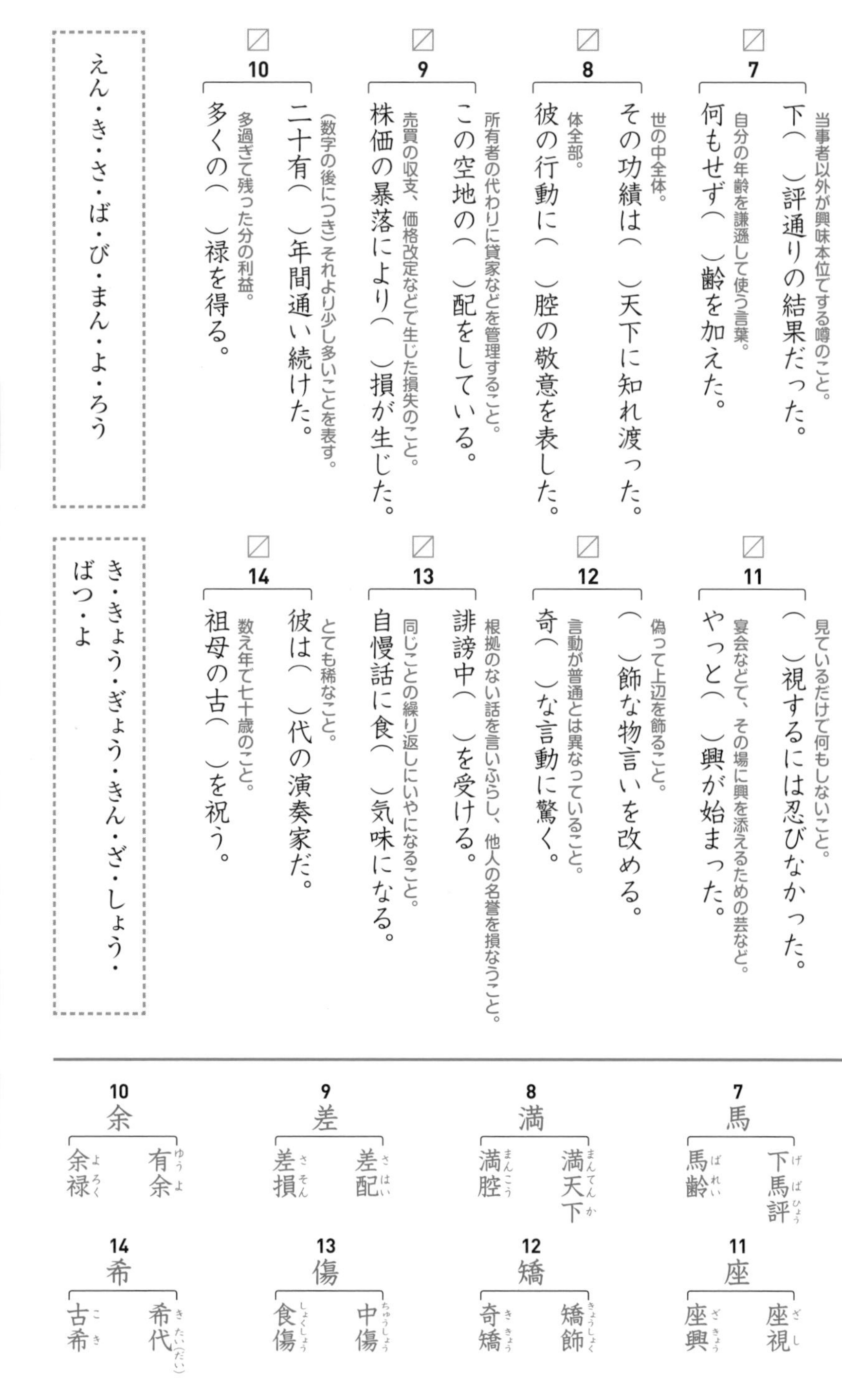

7 下（　）評通りの結果だった。
当事者以外が興味本位でする噂のこと。

何もせず（　）齢を加えた。
自分の年齢を謙遜して使う言葉。

8 その功績は（　）天下に知れ渡った。
世の中全体。

彼の行動に（　）腔の敬意を表した。
体全部。

9 この空地の（　）配をしている。
所有者の代わりに貸家などを管理すること。

株価の暴落により（　）損が生じた。
売買の収支、価格改定などで生じた損失のこと。

10 二十有（　）年間通い続けた。
（数字の後につき）それより少し多いことを表す。

多くの（　）禄を得る。
多過ぎて残った分の利益。

えん・き・さ・ば・び・まん・よ・ろう

11 （　）視するには忍びなかった。
見ているだけで何もしないこと。

やっと（　）興が始まった。
宴会などで、その場に興を添えるための芸など。

12 （　）飾な物言いを改める。
偽って上辺を飾ること。

奇（　）な言動に驚く。
言動が普通とは異なっていること。

13 誹謗中（　）を受ける。
根拠のない話を言いふらし、他人の名誉を損なうこと。

自慢話に食（　）気味になる。
同じことの繰り返しにいやになること。

14 彼は（　）代の演奏家だ。
とても稀なこと。

祖母の古（　）を祝う。
数え年で七十歳のこと。

き・きょう・ぎょう・きん・ざ・しょう・ばつ・よ

---

7 馬
下馬評（げばひょう）　馬齢（ばれい）

8 満
満天下（まんてんか）　満腔（まんこう）

9 差
差配（さはい）　差損（さそん）

10 余
有余（ゆうよ）　余禄（よろく）

11 座
座視（ざし）　座興（ざきょう）

12 矯
矯飾（きょうしょく）　奇矯（ききょう）

13 傷
中傷（ちゅうしょう）　食傷（しょくしょう）

14 希
希代（きたい（だい））　古希（こき）

誤答例 11［余視］

でる順 C

書き取り①

15分で解こう!

29点以上とれれば合格!

得点 1回目 /36 2回目 /36

次の傍線部分のカタカナを漢字で記せ。

1 私曲に**キュウキュウ**としている。
一つのことに心を奪われ、他をみる余裕がないこと。

2 **ギゾク**とはいえ見過ごせない。
金持ちから盗んだ金品を貧しい者に与えるような泥棒のこと。

3 **タユ**まず努力を続ける。
タユむ＝怠ける。

4 的の中心に**ネラ**いを定めて撃つ。
ネラい＝銃や弓などで、目標に当てようとして照準を定めること。

5 発見された**ドウクツ**を探査する。
崖や岩などにできた穴。

6 **チョウタク**された詩歌を読む。
詩などを練り上げること。

7 **アメ**をしゃぶらせておけばよい。
アメをしゃぶらせる＝巧みな言葉などで相手を喜ばせる。

8 **ケンバン**楽器専門の店を開く。
ピアノなどの指先で押す部分。

9 最後**ツウチョウ**を送った。
書面で知らせること。

10 彼女はいい**カネヅル**を見つけた。
金銭を手に入れるつて。資金などを出資してくれる人。

11 友情と恋愛を**テンビン**にかける。
テンビンにかける＝二つの物事を比較する。

12 ファンの感情を**サカナ**でした。
サカナで＝わざと不快にさせる言動をとること。

13 **トテツ**もない被害が出た。
トテツもない＝並外れている。

14 第一志望への進学を**アキラ**める。
アキラめる＝不可能だと判断し断念する。

15 **カノウ**した傷口が痛む。
傷などがうむこと。

16 古くなった**サイバシ**を取りかえる。
料理の時に使う長めのはしのこと。

解答

1 汲汲・汲々
2 義賊
3 弛
4 狙
5 洞窟
6 彫(雕)琢
7 飴
8 鍵盤
9 通牒
10 金蔓
11 天秤
12 逆撫
13 途轍
14 諦
15 化膿
16 菜箸

誤答例 12［逆無］

読み
表外の読み
熟語の読み
共通の漢字
書き取り①
誤字訂正
四字熟語
対義語・類義語
故事・諺
文章題

17 旧友がハルバル訪ねてきた。
とても遠くから。

18 地区のケンペイリツを調べる。
敷地面積に対する、たてものの面積の割合のこと。

19 私欲と公益とのカットウに悩む。
心の中に相反する感情などがあり、どれをとるか悩むこと。

20 新しいチョウツガイを付ける。
戸や蓋などが、自由に開閉できるように取り付ける金具のこと。

21 日頃のウップンを晴らした。
心の中にたまった怒りなど。

22 折り紙でダイリビナをつくった。
天皇・皇后をかたどってつくったひな人形。

23 医者に手のシッシンを診てもらう。
皮膚の炎症のこと。

24 その巨大さに思わずヒルんだ。
ヒルむ＝おじけづく。

25 ミスをコトしていたのが発覚した。
一時しのぎのごまかし。

26 急なコウバイの坂道を駆け上がる。
水平面に対する傾きの度合いのこと。

27 畑に上質なタイヒを使用する。
藁などを積み重ね、腐らせたこやしのこと。

28 シュンメを駆って戦場に急ぐ。
足の速いすぐれたウマのこと。

29 娘がカショクの典を挙げた。
カショクの典＝結婚式のこと。

30 エンコンによる事件が発生した。
うらむこと。

31 チョウホウ員として活動する。
敵の状況などを探り、味方に知らせること。

32 王者が挑戦者に攻めアグんでいる。
攻めアグむ＝効果のある攻めができず、もてあます。

33 旅先の酒肴をタンノウした。
満足すること。

34 タンノウ炎で入院した。
タンノウ炎＝たん汁をためておく器官が炎症を起こすこと。

35 花嫁の美しさにタメ息をつく。
タめ息＝心配や感心などをした時にする長い息のこと。

36 曲がった根性をタめ直してやる。
タめる＝悪い性質などを正す。

---

17 遥遥・遥々
18 建蔽率・建坪率
19 葛藤
20 蝶番
21 鬱憤
22 内裏雛
23 湿疹
24 怯
25 糊塗
26 勾配
27 堆肥
28 駿馬
29 華燭・花燭
30 怨恨
31 諜報
32 倦
33 堪能
34 胆嚢
35 溜
36 矯

誤答例 31［牒報］

でる順 C

書き取り ②

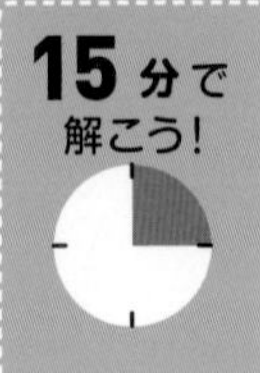

29点以上とれれば合格!

次の傍線部分のカタカナを漢字で記せ。

1 注目され時代の**チョウジ**となった。
世間でもてはやされている人のこと。

2 傷に**コウヤク**を塗った。
外傷などにつける外用剤のこと。

3 彼の言葉遣いに皆が**アゼン**とした。
意外な出来事に驚き、あきれかえっているさま。

4 **イハイ**を仏壇に安置する。
死者の戒名などを書いた木の札。

5 浸水防止に扉付近に**ドノウ**を積む。
つちを袋に詰め込んだもの。

6 酒の**サカナ**に刺身を買う。
酒を飲む時のつまみのこと。

7 彼は情に**モロ**い性格だ。
モロい＝感情に動かされやすい。

8 愛馬に**クツワ**を取り付ける。
手綱を付け馬を操るため、口にかませる金具のこと。

9 健康の**ヒケツ**を教えてもらう。
人に知られていない、特に効果のある方法のこと。

10 **シャハン**の事情を鑑みる。
前に述べた事柄を指す言葉。これら。

11 彼の身体能力は他を**リョウガ**する。
他をしのぎ、その上に出ること。

12 怒った彼女は**ヤシャ**のように怖い。
古代インドの鬼神のこと。

13 **シシ**累累の惨状に目を背ける。
シシ累累＝遺体が重なりあっているさま。

14 猫のしぐさに思わず顔が**ホコロ**ぶ。
ホコロぶ＝顔の表情がやわらぐ。

15 **キリン**は四霊の一つである。
中国の想像上の動物。

16 草木が**メグ**む時期になった。
メグむ＝草木の芽が出始める。

解答

1 寵児
2 膏薬
3 啞然
4 位牌
5 土嚢
6 肴
7 脆
8 轡（銜・勒）
9 秘訣
10 這般
11 凌駕・陵駕
12 夜叉
13 死屍
14 綻
15 麒麟（騏驎）
16 萌

誤答例 3［亜然］

17 西洋文化がデンパしてきた。
つたわり広まっていくこと。

18 他人を人前でバトウする。
ひどくののしること。

19 その演奏に客は拍手カッサイした。
拍手カッサイ＝手をたたいて称賛すること。

20 紛争がボッパツした。
急に事件などが起こること。

21 初めて人形ジョウルリを見た。
人形ジョウルリ＝三味線の演奏に合わせて人形で行う芝居のこと。

22 夏は避暑地にトウリュウする。
旅先などにある期間とどまること。

23 無事を確認しアンドした。
心が落ち着くこと。

24 ササイなことは気にしない。
取るに足りないこと。

25 学習室では勉強がハカドる。
物事が順調に進む。

26 飲みすぎてロレツがまわらない。
ロレツがまわらない＝酔った人や子どもなどが、舌がうまく動かずはっきり喋れないさま。

27 戦中に使われたゴウが発見された。
つちを掘って作った穴などのこと。

28 火事で貴重な本がウユウに帰した。
ウユウに帰す＝（特に火災などが原因で）なにもかもがなくなる。

29 ショウニュウドウを研究する。
石灰岩を雨水などが溶解浸食してできたどうくつのこと。

30 かまどのタき口を鋳る。
タき口＝火をたきつける口のこと。

31 それが彼のジョウトウ手段だ。
ジョウトウ手段＝ある場面で決まって使う手段のこと。

32 少し歩いただけで気息エンエンだ。
気息エンエン＝今にも死んでしまいそうなさま。

33 彼は権力者のソウクとなった。
権力者の手先となる者のこと。

34 ソウクの病人を看護した。
やせたからだのこと。

35 ここはノリの生産日本一の地だ。
アサクサノリなどを漉いて干した食べ物のこと。

36 日雇いの仕事で口をノリする。
口をノリする＝なんとかして生活をしていく。

---

17 伝播
18 罵倒
19 喝采・喝彩
20 勃発
21 浄瑠璃
22 逗留
23 安堵・案堵
24 些（瑣）細
25 捗
26 呂律
27 濠・壕
28 烏有
29 鍾乳洞
30 焚
31 常套
32 奄奄（淹淹）
33 走狗
34 痩軀
35 海苔
36 糊

誤答例 26［侶律］

でる順 C

誤字訂正 ①

10分で解こう！

16点以上とれれば合格！

次の各文にまちがって使われている同じ音訓の漢字が一字ある。その誤字と正しい漢字を記せ。

1 大一番に抜擢された新人選手は下馬評を覆し、才能の辺鱗を見せた。

2 頭骸骨に特徴ある打撲の痕跡があり、それが犯人逮捕の決め手となった。

3 かつて携帯ゲーム事業に先勉をつけ巨額の投資をした会社の隆替が激しい。

4 戎器を積んだ最新鋭の戦艦を転覆させ敵国の兵の士気を阻相させた。

5 搔き入れ時にタレに使う焼酎と味噌を切らし僅かな儲けに終わった。

6 朋友が陣没し彼の実家に廻向した際、床の間の位拝に恭しく一礼した。

7 建国記念の式典で、聡明で美しい容貌をもつ王妃に拝閲し叩頭した。

8 その梯子は範用性があり、建設関係の斯界では必須の持ち物らしい。

解答

1 辺→片　片鱗＝多くの中のほんの一部のこと。

2 骸→蓋　頭蓋骨＝頭部の骨を形成する骨格の総称。

3 勉→鞭　先鞭をつける＝他人に先だって着手する。

4 相→喪　阻喪＝気力がくじけて勢いをなくすこと。

5 搔→書　書き入れ時＝売り上げが最もよい時。

6 拝→牌　位牌＝死者の戒名などを書いた木の札。

7 閲→謁　拝謁＝高い身分の人に会うことをへりくだって使う言葉。

8 範→汎　汎用＝様様な用途に使うこと。

☑ **9** 鼎談した三党首だったが泥試合を演じ、国民からの信頼は失墜した。

☑ **10** 高位の椅子に座り王胤の後ろ盾がある彼は笠に懸かった物言いをする。

☑ **11** 蒔絵の制作技術を礎生させるため、練達した者を都内に鳩合した。

☑ **12** 相続についての意見に楯突き素封家の父の激鱗に触れ喧嘩となった。

☑ **13** 樗材だと謙遜しているが、樵猟して得た深い知識は賛嘆に値する。

☑ **14** 戦地から駿馬を駆り通牒を持った臣妾が息咳き切って捷報を伝えにきた。

☑ **15** 大陸から伝波した多くの兵器は、それぞれの時代の戦局を一変させた。

☑ **16** 鶴の一声で全てが決まる独裁的な領袖を失ったその組織の崩壊は明量だ。

☑ **17** 喉頭癌に関する治療法の端初を開いた功績が認められ知遇を得た。

☑ **18** 老舗の旦那の壇家寺にある廟堂には、金無垢の立派な厨子がある。

☑ **19** 蔵にあった稗史に旋乾転坤に提身した碩儒のことが記されてあった。

---

9 試→仕　泥仕合＝弱点などをあばきあい醜く争うこと。

10 笠→嵩　嵩に懸かる＝優位な立場を利用し威圧する。

11 礎→蘇（甦）　蘇生＝よみがえったように元気になること。

12 激→逆　逆鱗に触れる＝目上の人を激しく怒らせてしまうこと。

13 樵→渉　渉猟＝多量の書物などを読みあさること。

14 咳→急　息急き切る＝非常に急いでいるさま。

15 波→播　伝播＝伝わり広まっていくこと。

16 量→瞭　明瞭＝はっきりしているさま。

17 初→緒　端緒＝物事の始まりのこと。

18 壇→檀　檀家＝一定の寺に属し、その寺を援助する家。

19 提→挺　挺身＝先頭に立ち、自分の身を投げ出して物事を行うこと。

誤答例　12［撃鱗］

でる順 C

誤字訂正 ②

10分で解こう!

16点以上とれれば合格!

次の各文にまちがって使われている同じ音訓の漢字が一字ある。その誤字と正しい漢字を記せ。

1 螺旋階段を下ってきた王胤の才援を巡り、恋の鞘当てが起きた。

2 兇徒が起こした凄惨な事件現場に遭遇し全身が泡立つのを感じた。

3 多くの人が幽居した生活を送る老師の概博な知識を頼り叩門する。

4 気弱で分便にも立ち会わない怯夫に親戚たちは痛罵を浴びせた。

5 有名な職人の堆朱染めの漆器に触指が動いたが符牒を見て断念した。

6 駄馬しかいない萱葺きの厩舎が火事に遭い小屋を連瓦造りに変更した。

7 崩壊した廟堂の修繕費用のため、奉加金を額の多過に関わらず募った。

8 田舎の宿で自在鍵で懸吊された土鍋で烹炊した山菜をいただいた。

解答

1 援→媛
才媛＝教養があり高い知性をもつ女性。

2 泡→粟
粟立つ＝恐怖などのため毛穴がふくれ、肌に粒のようなものができる。

3 概→該
該博＝学識に広く通じていること。

4 便→娩
分娩＝子どもを産むこと。

5 触→食
食指が動く＝物事を欲求する心が起こる。

6 連→煉
煉瓦造り＝れんがを積み上げて造ること。

7 過→寡
多寡＝多いことと少ないこと。

8 鍵→鉤
自在鉤＝炉などの上から鍋などを吊し、上下に動かせる装置のこと。

9 責梁山脈に築いた城砦の跡を訪れるには険しい岨道を辿るしかない。

10 暢茂し城壁を掃い上がってきた蔦漆の蔓を研いだ利鎌で刈り取る。

11 親族の家に寄寓し頁岩の多い荒蕪地での馬鈴黍の栽培技術を研究した。

12 主君に献上する佳肴を探し求めて、壁地にある曽遊の地まで足を運んだ。

13 辺邑に住む母親は戦地に赴く息子のために馬艇形のお守りを贈った。

14 タワシを使って狛犬を洗浄し、判点に特徴のある神鹿に餌を与えた。

15 隣家の宿老は、初夏に泉水の周りに咲く菖蒲を賞含し佳什を歌う。

16 加持祈禱をしたり呪術を用いたりして厄災の原因とされる穏霊をはらった。

17 蓑笠を着け金伯を施した錫杖を持った恰幅のよい僧侶は旧友であった。

18 嵐の日に、その軍艦は曳航しながら顛幅を恐れず怒濤の中を猛進した。

19 管漑技術の発展と堰塞湖の建設、土嚢を積むなどして水害の対策をする。

---

9 責→脊
脊梁山脈＝主要な分水嶺となる山脈のこと。

10 掃→這
這い上がる＝這って上がる。

11 黍→薯
馬鈴薯＝ジャガイモ。

12 壁→僻
僻地＝都会から遠く離れた土地のこと。

13 艇→蹄
馬蹄＝馬のひづめのこと。

14 判→斑
斑点＝まだらに散らばっている点のこと。

15 含→玩 翫
賞翫＝そのものの美しさやよさを楽しむこと。

16 穏→怨
怨霊＝恨みをもって死んだ人の霊のこと。

17 伯→箔
金箔＝金を槌で打ち、薄く伸ばしたもの。

18 幅→覆
顛覆＝船などがひっくり返ること。

19 管→灌
灌漑＝水路を引くなどして農作物に必要な水を供給すること。

誤答例 12［壁地］

でる順 C

四字熟語 ①

15分で解こう!

18点以上とれれば合格!

得点 1回目 /22 2回目 /22

次の四字熟語に入る適切な語を後の[ ]の中から選び、漢字二字で記せ。

1 （　　）奇抜
2 （　　）魚躍
3 （　　）夢幻
4 （　　）脱漏
5 （　　）浄土
6 （　　）以徳
7 暮色（　　）
8 道聴（　　）
9 気息（　　）
10 経世（　　）
11 拍手（　　）
12 情緒（　　）

えんえん・えんぴ・かっさい・ごんぐ・さいみん・ざんしん・ずさん・そうぜん・てんめん・とせつ・ほうえん・ほうまつ

解答

1 斬新奇抜（ざんしんきばつ）　発想が独特できわめて新しいこと。
2 鳶飛魚躍（えんぴぎょやく）　本性に従い楽しみを得ることのたとえ。
3 泡沫夢幻（ほうまつむげん）　人生がはかないことのたとえ。
4 杜撰脱漏（ずさんだつろう）　つくりが雑で間違いが多いこと。
5 欣求浄土（ごんぐじょうど）　極楽往生できるよう心から願うこと。
6 報怨以徳（ほうえんいとく）　恨みをもたれていても恩恵をもって接すること。
7 暮色蒼然（ぼしょくそうぜん）　夕方、辺りが薄暗くなっているさま。
8 道聴塗説（どうちょうとせつ）（途説）　曖昧な知識を知ったふりして話すこと。
9 気息奄奄（きそくえんえん）（淹淹）　今にも死んでしまいそうなさま。
10 経世済民（けいせいさいみん）　世の中を治め、人人を助けること。
11 拍手喝采（はくしゅかっさい）（喝彩）　手をたたいて称賛すること。
12 情緒纏綿（じょうしょ（ちょ）てんめん）　感情がからみついて離れないさま。

他例 3［「夢幻」を書かせることもある］ 8［「道聴」を書かせることもある］

次の解説・意味にあてはまる四字熟語を後の［　］から選び、その傍線部分だけの読みをひらがなで記せ。

- ☐ 1 外見は立派だが実質が伴わないこと。
- ☐ 2 意志が強くて思い切りがよいこと。
- ☐ 3 小人物がはびこることのたとえ。
- ☐ 4 狩りをすること。
- ☐ 5 訪ねてくる人もいないさびれたさま。
- ☐ 6 言説に根拠がなく、でたらめなこと。
- ☐ 7 非常に貧乏であることのたとえ。
- ☐ 8 厳しくしたり寛容であったりすること。
- ☐ 9 権力者の陰に隠れ悪行を働く者。
- ☐ 10 老人ではあるがとても若若しいこと。

朝蠅暮蚊・剛毅果断・鶴髪童顔・飛鷹走狗・甑塵釜魚・一張一弛・門前雀羅・羊質虎皮・城狐社鼠・荒唐無稽

解答

1 こひ　羊質虎皮（ようしつこひ）
2 ごうき　剛毅（豪毅）果断（ごうきかだん）
3 ちょうよう　朝蠅暮蚊（ちょうようぼぶん）
4 ひよう　飛鷹走狗（ひようそうく）
5 じゃくら　門前雀羅（もんぜんじゃくら）
6 むけい　荒唐無稽（こうとうむけい）
7 そうじん　甑塵釜魚（そうじんふぎょ）
8 いっし　一張一弛（いっちょういっし）
9 しゃそ　城狐社鼠（じょうこしゃそ）
10 かくはつ　鶴髪童顔（かくはつどうがん）

誤答例 4［ひおう］

でる順 C

四字熟語 ②

15分で解こう!

18点以上とれれば合格!

得点 1回目 /22 2回目 /22

次の四字熟語に入る適切な語を後の[ ]の中から選び、漢字二字で記せ。

1 (　　)瓢飲
2 (　　)浮木
3 (　　)斉駆
4 (　　)寸長
5 (　　)舜雨
6 (　　)雲客
7 矛盾(　　)
8 泰山(　　)
9 甲論(　　)
10 牽衣(　　)
11 鱗次(　　)
12 挙措(　　)

おつばく・ぎょうふう・げっけい・こうもう・しっぴ・しんたい・せきたん・たんし・どうちゃく・とんそく・へいが・もうき

解答

1 箪食瓢飲（たんしひょういん）　清貧に安んじることのたとえ。
2 盲亀浮木（もうきふぼく）　巡りあうことがきわめて難しいこと。
3 並駕斉駆（へいがせいく）　実力や能力に差がないこと。
4 尺短寸長（せきたんすんちょう）　どんな人にも欠点や美点があること。
5 尭風舜雨（ぎょうふうしゅんう）　平和な世の中のこと。
6 月卿雲客（げっけいうんかく）　身分の高い人。
7 矛盾撞着（むじゅんどうちゃく）（撞著）　前後が食い違って筋が通らないこと。
8 泰山（太山）鴻毛（たいざんこうもう）　差が甚だしいことのたとえ。
9 甲論乙駁（こうろんおつばく）（乙駮）　主張しあい議論がまとまらないこと。
10 牽衣頓足（けんいとんそく）　別れを惜しむさま。
11 鱗次櫛比（りんじしっぴ）　鱗や櫛のようにびっしり並ぶこと。
12 挙措進退（きょそしんたい）　日常における立ち居振る舞いのこと。

他例 11［「鱗次」を書かせることもある］　12［「挙措」を書かせることもある］

次の解説・意味にあてはまる四字熟語を後の［　］から選び、その傍線部分だけの読みをひらがなで記せ。

☐ 1 優秀な人物や珍物を探し求めること。
☐ 2 人生のはかなさのたとえ。
☐ 3 一旦衰えた勢力が戻り巻き返すこと。
☐ 4 外見の美と実質が調和していること。
☐ 5 失敗した後で改めることのたとえ。
☐ 6 美女のこと。
☐ 7 何事にも力の差はあるということ。
☐ 8 物事を途中でやめるな、という教え。
☐ 9 本物とよく似ている偽物のこと。
☐ 10 親孝行することのたとえ。

老莱斑衣・孟母断機・氷肌玉骨・朝盈夕虚・捲土重来・魚目燕石・文質彬彬・相碁井目・亡羊補牢・鉄網珊瑚

解答

1 さんご　鉄網珊瑚（てつもうさんご）
2 ちょうえい　朝盈夕虚（ちょうえいせききょ）
3 けんど　捲土（巻土）重来（けんどちょう（じゅう）らい）
4 ひんぴん　文質彬彬（ぶんしつひんぴん）
5 ほろう　亡羊補牢（ぼうようほろう）
6 ひょうき　氷肌（冰肌）玉骨（ひょうきぎょっこつ）
7 せいもく　相碁井目（あいごせいもく）
8 もうぼ　孟母断機（もうぼだんき）
9 えんせき　魚目燕石（ぎょもくえんせき）
10 ろうらい　老莱斑衣（ろうらいはんい）

誤答例 7［いもく］

でる順 C

対義語・類義語

15分で解こう!

39点以上とれれば合格!

得点 1回目 /48 2回目 /48

次の□の中の語を一度だけ使って漢字に直し、対義語・類義語を記せ。

対義語

1 肥沃
2 斬新
3 模糊
4 遵奉
5 精密
6 濃艶
7 豪胆
8 称讃
9 奇手
10 蒼白

おくびょう・こうちょう・こうぶ・こたん・しっせき・じょうせき・ずさん・ちんぷ・はいち・めいりょう

類義語

11 未明
12 落成
13 急逝
14 牢記
15 堪能
16 争覇
17 優越
18 億劫
19 還付
20 鄭重

こんとう・しゅんこう・たいぎ・ちくろく・とんし・へんれい・まいそう・めいき・りょうが・れんたつ

解答

1 荒蕪（こうぶ） 土地が荒れ、雑草が生い茂ること。
2 陳腐（ちんぷ） 古くさいこと。
3 明瞭（めいりょう） はっきりしているさま。
4 背馳（はいち） 背くこと。
5 杜撰（ずさん） 手法がぞんざいでミスの多いこと。
6 枯淡（こたん） 淡淡とし、あっさりしていること。
7 臆病（おくびょう）・憶病 気弱で些細なことにも怯えること。
8 叱責（しっせき） 叱りとがめること。
9 定石（じょうせき）・定跡 一般的にベストとされる手順など。
10 紅潮（こうちょう） 顔に血が上り、赤みをおびること。
11 昧爽（まいそう） 明け方のほの暗い時間のこと。
12 竣工（しゅんこう）・竣功 建築などの工事が終わること。
13 頓死（とんし） 急に亡くなること。
14 銘記（めいき） 深く心に刻み、忘れないこと。
15 練達（れんたつ） 技術があり、精通していること。
16 逐鹿（ちくろく） 政権などを得ようと争うこと。
17 凌駕（りょうが）・陵駕 他をしのぎ、その上に出ること。
18 大儀（たいぎ） 疲れなどで何もやる気が起きないこと。
19 返戻（へんれい） 借りた物を返すこと。
20 懇到（こんとう） とても丁寧なこと。

読み
表外の読み
熟語の読み
共通の漢字
書き取り
誤字訂正
四字熟語
対義語・類義語
故事・諺
文章題

対義語

21 遅鈍
22 狭量
23 欣快
24 安泰
25 莫大
26 平穏
27 配下
28 富裕
29 乱射
30 灌木
31 永住
32 払暁
33 祝賀
34 黙黙

おうよう・かぐう・きたい・きょうぼく・きんしょう・こうこん・しゅうしょう・しゅかい・じょうらん・そげき・ちょうちょう・ちょうとう・ひっぱく・びんしょう

類義語

35 傾斜
36 卓出
37 激昂
38 波及
39 軽少
40 斧正
41 突如
42 配偶者
43 風聞
44 動顛
45 衰微
46 道楽
47 激浪
48 意趣

えいだつ・えんこん・がぜん・ぎゃくじょう・ぎょうてん・こうせつ・こうばい・ささい・ちょうらく・てんさく・でんぱ・どとう・はんりょ・ほうとう

---

21 敏捷（びんしょう） 動作などが素早いこと。
22 鷹揚（おうよう） ゆったりとし、細事に拘らないこと。
23 愁傷（しゅうしょう） 嘆き、悲しむこと。
24 危殆（きたい） 非常に危ないこと。
25 僅少（きんしょう） ほんのすこし。
26 擾乱（じょうらん） 様様なものが入りまじり騒ぐこと。
27 首魁（しゅかい） 悪事などの首謀者のこと。
28 逼迫（ひっぱく） 余裕のない状態になること。
29 狙撃（そげき） 銃で狙い撃つこと。
30 喬木（きょうぼく） 高い木のこと。
31 仮寓（かぐう） 仮に住むこと。
32 黄昏（こうこん） 夕暮れのこと。
33 弔悼（ちょうとう） 人の死を悼むこと。
34 喋喋（ちょうちょう）・諜諜 口数の多いさま。

35 勾配（こうばい） 水平面に対する傾きの度合いのこと。
36 穎脱（えいだつ） 才能が飛びぬけてすぐれていること。
37 逆上（ぎゃくじょう） 興奮し、分別をなくすこと。
38 伝播（でんぱ） 伝わり広まっていくこと。
39 些細（ささい）（瑣細） わずかなこと。
40 添削（てんさく） 他人の答案などに加筆訂正し直すこと。
41 俄然（がぜん） 急に。
42 伴侶（はんりょ） 夫婦の一方からみたもう一方。
43 巷説（こうせつ） 世間に流れる噂のこと。
44 仰天（ぎょうてん） 非常に驚くこと。
45 凋落（ちょうらく）・彫落 おちぶれてしまうこと。
46 放蕩（ほうとう） 酒や色事に溺れること。
47 怒濤（どとう） 激しく荒れている大波のこと。
48 怨恨（えんこん） 恨むこと。

意味 30 [灌木（かんぼく）＝低い木の旧称]

でる順 C

故事・諺 ①

10分で解こう!

17点以上とれれば合格!

次の故事・成語・諺のカタカナの部分を漢字で記せ。

1 キンパクがはげる。
2 ホラが峠をきめこむ。
3 身体ハップ之を父母に受く。
4 欲のクマタカ股裂くる。
5 ヨシの髄から天を覗く。
6 河童のカンゲイコ。
7 ケイグンの一鶴。
8 モッケの幸い。
9 チョッカンは一番槍より難し。

解答

1 金箔　上辺を繕っていたものがとれて、隠れていた本性が現れる。
2 洞　有利な方につこうと、成り行きをうかがう。
3 髪膚　体は全て親から受けたものだから、大切に扱うべきである。
4 熊鷹　欲張りすぎると、ひどい目に遭うことのたとえ。
5 葦（蘆・葭）　狭い見識に基づいて、物事を勝手に判断するたとえ。
6 寒稽古　一見苦痛のように見えるものが、本人にとってはなんでもないことのたとえ。
7 鶏群　多くの凡人の中にいる、一人だけ際立ってすぐれた人物のたとえ。
8 勿怪・物怪　思い掛けなく転がり込んできた幸運。
9 直諫　目上の地位を恐れず諫めることの難しさをたとえている言葉。

10 開いた口へ**ボタモチ**。
11 **キョウキン**を開く。
12 修身**セイカ**治国平天下。
13 **イハツ**を継ぐ。
14 骨折り損の**クタビ**れ儲け。
15 **キセン**の分かつところは行いの善悪にあり。
16 知者は未だ**キザ**さざるに見る。
17 **キュウソ**猫を噛む。
18 **ワサビ**と浄瑠璃は泣いて誉める。
19 亀の年を鶴が**ウラヤ**む。
20 知らぬ神より**ナジ**みの鬼。
21 **ウロ**の争い。

10 牡丹餅 思い掛けない幸運が転がり込んでくることのたとえ。
11 胸襟 心の中に思っていることを、ありのまま打ち明ける。
12 斉家 自己修養から順を経て天下の平和に至るべきという儒教の政治観。
13 衣鉢 弟子が師から奥義を受け継ぐ。
14 草臥 苦労の甲斐もなく、ただ疲れただけ。
15 貴賤 人が貴いか、賤しいかは、地位ではなく行いの善悪で決まる。
16 萌・兆 知者は、物事の前ぶれが現れる前にそれを見抜く。
17 窮鼠 弱者も土壇場では強者を攻撃することがあるというたとえ。
18 山葵（山薑） ワサビも浄瑠璃も人を泣かせるものほど上質でうまいということ。
19 羨 欲には限りがないことのたとえ。
20 馴染（昵） どんな人だとしても、疎遠な人よりは身近な人の方がよい。
21 烏鷺 囲碁を打つこと。

他例 10［棚から牡丹餅］

でる順 C

故事・諺 ②

10分で解こう!

17点以上とれれば合格!

得点 1回目 /21 2回目 /21

次の故事・成語・諺のカタカナの部分を漢字で記せ。

1 カイケイの恥を雪ぐ。
2 国にイサめる臣あればその国必ず安し。
3 損せぬ人にモウけなし。
4 難波の葦は伊勢の浜オギ。
5 香ジの下 必ず死魚有り。
6 正直貧乏 横着エイヨウ。
7 シャベる者は半人足。
8 玉のコシに乗る。
9 人をノロわば穴二つ。

解答

1 会稽　戦いに敗れた屈辱や、以前受けた積年の恨みを晴らす。
2 諫　君主の権力を恐れず諫める臣下がいる国は安泰である。
3 儲　多少の損を覚悟しないと、大きな利益はあげられない。
4 荻　ものの名や風俗習慣は、土地によって異なることのたとえ。
5 餌　利益のためには身を滅ぼすこともいとわないというたとえ。
6 栄耀・栄曜（燿）　正直者は貧しく、悪賢い者は栄えるという、世の矛盾をいった言葉。
7 喋（喃）　話をしながら仕事をする者は、半人前の役にしか立たない。
8 輿（輦）　身分の低い女性が、富貴な人の妻になること。
9 呪（詛）　人に害を与えようとすれば、自分も悪い報いを受けるという戒め。

意味 2［諫める＝目上の人に悪い点などを指摘する］

読み
表外の読み
熟語の読み
共通の漢字
書き取り
誤字訂正
四字熟語
対義語・類義語
故事・諺②
文章題

10 付け焼き刃は**ナマ**りやすい。

11 **ウド**の大木。

12 破れ鍋に**ト**じ蓋。

13 富貴にして故郷に帰らざるは、**シュウ**を衣て夜行くがごとし。
※シュウ…豪華な衣装

14 **カナヅチ**の川流れ。

15 **オヒレ**が付く。

16 片手で**キリ**はもめぬ。

17 **ヒジ**鉄砲を食わす。

18 **ミノ**になり笠になる。

19 **トビ**が鷹を生む。

20 羊を亡いて**ロウ**を補う。

21 万緑**ソウチュウ**紅一点。

---

10 鈍　にわか仕込みは、すぐにぼろが出る。

11 独活　体ばかり大きくて、役に立たないもののたとえ。

12 綴　どんな人にもそれ相応の相手があるということ。

13 繍　成功しても誰にも知られないことのたとえ。

14 金槌・金鎚　他人に頭の上がらないこと、また、出世の見込みのないことのたとえ。

15 尾鰭　ある事ない事が付加されて、話が大袈裟になること。

16 錐（鑽）　物事を為すには、人と力を合わせることが大切であるということ。

17 肘・肱（臂）　申し出や誘いをはねつける。

18 蓑（簑）　あれこれ庇う。

19 鳶（鴟・鵄）　平凡な親がすぐれた子を生むことのたとえ。

20 牢　失敗してしまった後で、それを改めることのたとえ。

21 叢中　男性ばかりの中に、女性が一人だけいることのたとえ。

意味　13［富貴＝金持ちで、しかも地位などの高いこと］

でる順 C

文章題 ①

10点以上
とれれば
合格!

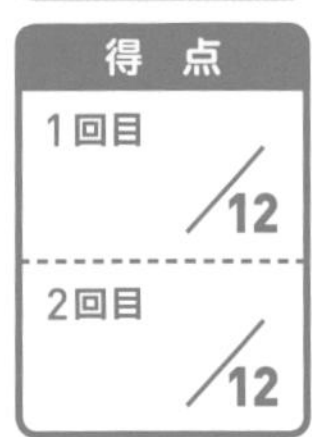

文章中の傍線(1〜4)のカタカナを漢字に直し、波線(ア〜ク)の漢字の読みをひらがなで記せ。

A 彼は中学校を出るとすぐに生真面目な紙屋の1ダンナになっている主人と、自分のような人間との境遇の著しい違いを思い較べていた。
(寺田寅彦「まじょりか皿」より)

B けれども女は静かに首を引っ込めて2サラサの手帛(はんかち)で額の所を丁寧に拭き始めた。
(夏目漱石「三四郎」より)

C 侍所にいる連中は、五位に対して、殆ど3ハエ程の注意も払わない。
(芥川龍之介「芋粥」より)

D 徽章の着いた制帽と、半洋袴(ズボン)と、背中にしょった4ハイノウとが、其の子の来た方角を彼に語るには充分であった。
(夏目漱石「明暗」より)

E 彼女はこの不正をア矯める為に(!)重吉に馴れ馴れしい素振りを示した。
(芥川龍之介「玄鶴山房」より)

F 幾回かの争いの後、彼はイ最早息子を責めようとせず、ひたすらに我が身を責めた。
(中島敦「光と風と夢」より)

解答

A 1 旦那
商家などの男の主人。

B 2 更紗
人、花、鳥獣などの模様を絹や綿の布に描いたもの。

C 3 蠅
ハエ目イエバエ科および近縁の昆虫の総称。

D 4 背嚢
(主に兵士が用いる)皮などで作られた方形の背負う鞄のこと。

E ア た
矯める=悪いことなどを改める。

F イ もはや
今となっては。

G　近年我が日本に於いて、都鄙（とひ）上下の別なく、学問の流行すること古来未だ其の比を見ず。実に文運降盛の［ウ］秋と称すべし。

（福沢諭吉「学問之独立」より）

H　［エ］方に一触即発のこの時、天は絶妙な劇作家的手腕を揮って人々を驚かせた。

（中島敦「光と風と夢」より）

I　まだ散り残った藤の匂いがかすかに漂って来るような夜でございましたが、その涼しい夜気の中に、一人二人の女房を御侍らせになって、もの静かに御酒盛をなすっていらっしゃる御二方の美しさは、まるで［オ］倭絵の中からでも、抜け出していらしったようでございました。

（芥川龍之介「邪宗門」より）

J　我此の塔に銘じて得させん、十兵衛も見よ源太も見よと［カ］宣いつつ、江都（こうと）の住人十兵衛之を造り川越源太郎之を成す、

（幸田露伴「五重塔」より）

K　伯夷叔斉（はくいしゅくせい）は旧悪を［キ］念わず、怨み是を用いて希なり。

（太宰治「竹青」より）

L　［ク］理むる方無く掻き乱されし胸の内は靄然（あいぜん）として頓に和らぎ、恍然（こうぜん）として総て忘れたり。

（尾崎紅葉「続続金色夜叉」より）

G　ウ　とき
大事な時期であること。

H　エ　まさ
方に＝ちょうどその時。

I　オ　やまとえ
日本の風景などを描いた絵。

J　カ　のたま
宣う＝「言う」の尊敬語。

K　キ　おも
念う＝ある物事を心にかける。

L　ク　おさ
理める＝心を正す。

誤答例　ウ［あき］

でる順 **C**

文章題 ②

10点以上
とれれば
合格!

文章中の傍線（**1**～**4**）のカタカナを漢字に直し、波線（**ア**～**ク**）の漢字の読みをひらがなで記せ。

A 遂に三つ**ドモエ**[1]が一所に寄って、丸い円になろうとする少し前の所で、忽然其の一つが欠けたため、残る二つは平衡を失った。
（夏目漱石「それから」より）

B それが必ずしも特殊の**デンパ**[2]で無いことは、羽後由利郡（うごゆりぐん）の海岸でもサシボコ、それから尚東北一帯のサシドリがあって、寧ろ分布は他の何れよりも弘いのである。
（柳田国男「野草雑記」より）

C「此の青磁の形は大変いい。色も美事だ。殆ど羊羹（ようかん）に対して**ソンショク**[3]がない」
（夏目漱石「草枕」より）

D けれども彼が何（ど）の位の負債に何う苦しめられているかという**コサイ**[4]の事実は、遂に健三の耳に入（い）らなかった。
（夏目漱石「道草」より）

E 昔は賈誼（かぎ）漢の文帝に勧めて、禍いを未萌に防ぐの道を白[ア]せり、
（幸田露伴「運命」より）

解答

A **1** 巴
三つ巴＝ほぼ拮抗した三つの勢力が対立すること。

B **2** 伝播
伝わり広まっていくこと。

C **3** 遜色
他と比べて劣ること。

D **4** 巨細
大きいことから、ちいさいことまで全部。

E **ア** もう
白す＝はっきり言う。

誤答例 2［伝波］

読み
表外の読み
熟語の読み
共通の漢字
書き取り
誤字訂正
四字熟語
対義語・類義語
故事・諺
文章題 2

☐ F あなたは父母の膝下(イ)を離れると共に、すぐ天真の姿を傷つけられます。
(夏目漱石「明暗」より)

☐ G 主観主義の芸術は「観照」でなく、現実の充たされない世界に於いて自我の欲情する観念(イデヤ)(理念)を掲げ、それへの止みがたい思慕からして、訴え、歎き(ウ)、哀しみ、怒り、叫ぶ所の芸術である。
(萩原朔太郎「詩の原理」より)

☐ H おせんが見えなく成った当座なぞは、家の内を探し歩いて、ツマラナイような顔付きをして萎れ(エ)返って居たものだ。
(島崎藤村「刺繡」より)

☐ I 其の宣宗(せんそう)に紹ぎ(オ)たまいたる天子の、建文帝に対して如何の感をや為したまえる。
(幸田露伴「運命」より)

☐ J 予はこの遺書を認むる(カ)に臨み、再び当時の呪う可き光景の、眼前に彷彿(ほうふつ)するを禁ずる能わず。
(芥川龍之介「開化の殺人」より)

☐ K 一穂(キ)の春灯で豊かに照らされて居た六畳の間は、陰士の影に鋭く二分せられて柳行李(やなぎごうり)の透きから吾が輩の頭の上を越えて壁の半ばが真っ黒になる。
(夏目漱石「吾輩は猫である」より)

☐ L 況(ま)して立ち上がる湯気の、濃(ク)やかなる雨に抑えられて、逃げ場を失いたる今宵の風呂に、立つを誰と固より定めにくい。
(夏目漱石「草枕」より)

F イ しっか
庇護してくれる人の下。

G ウ なげ
歎く＝ひどく悲しむ。世間の風潮などに憤る。

H エ しお
萎れる＝元気がなくなりしょんぼりとする。

I オ つ
紹ぐ＝前の者の仕事などを引き続き行う。

J カ したた
認める＝書き記す。

K キ いっすい
火などを穂に見立てて使う言葉。

L ク こま
濃やか＝密度などが濃いさま。

誤答例 エ［しな(れる)］

ちょっと一休み・・・ 国字

準1級対象漢字の国字を集めました。

※送り仮名は（　）で示しています。

鰯—いわし
樫—かし
粁—キロメートル〈訓〉
粂—くめ
喰—く（らう）・く（う）
榊—さかき
笹—ささ
鴫—しぎ
椙—すぎ
鱈—セツ・たら

糎—センチメートル〈訓〉
雫—ダ・しずく
凧—たこ
辻—つじ
栂—とが・つが
噸—トン〈訓〉
凪—なぎ・な（ぐ）
硲—はざま
畠—はた・はたけ
噺—はなし

鋲—ビョウ
柾—まさ・まさき
俣—また
麿—まろ
粍—ミリメートル〈訓〉
杢—もく
籾—もみ
椛—もみじ
匁—もんめ・め
鑓—やり

予想問題

本番形式の予想問題3回分

第1回 予想問題

制限時間 60分

合格点 160点

得点 /200

1 次の傍線部分の読みを**ひらがな**で記せ。1〜20は**音読み**、21〜30は**訓読み**である。

各1点 /30

1 次次に小国が**併呑**されている。（　　）
2 **衣桁**にかけてある着物を渡す。（　　）
3 彼は自分が**樗材**だと謙遜する。（　　）
4 旅先で**托鉢**をする僧侶に会った。（　　）
5 **湛然**たる大河を眺める。（　　）
6 稗史の**劉覧**をする。（　　）
7 あらたに**堰堤**を築く。（　　）
8 世界最大の**潟湖**を訪れる。（　　）
9 店員の**摯実**な対応に感心する。（　　）
10 **祁寒**に耐えて春を待つ。（　　）
11 私はよく**些事**にとらわれる。（　　）
12 **没義道**な行いは許せない。（　　）

2 次の傍線部分は常用漢字である。その**表外**の**読み**を**ひらがな**で記せ。

各1点 /10

1 **序**でがあれば伝言します。（　　）
2 王者に**比**ぶ実力の持ち主だ。（　　）
3 いつまでも昔のミスを**詰**る。（　　）
4 豪華なシャンデリアを**設**える。（　　）
5 祖父は教祖と**崇**められていた。（　　）
6 宮殿の**荘**かな雰囲気が好きだ。（　　）
7 **動**もするとあきらめがちだ。（　　）
8 道が**凍**てつき交通規制がしかれた。（　　）
9 事故の真相が**詳**らかになった。（　　）
10 経理を**掌**る部署に配属される。（　　）

13 腫脹した部分を切除した。（　　）
14 恩師に枕頭の書を聞いた。（　　）
15 遺跡から青銅の鐸が見つかった。（　　）
16 辛酉の年に革命が起こるとされた。（　　）
17 蔚蔚として休日を過ごした。（　　）
18 大嘗会についての本を読む。（　　）
19 其の徳夙昔に守りたる。（　　）
20 茅茨に籠もりて夜を越す。（　　）
21 雫が顔にしたたり落ちてきた。（　　）
22 砧に布を敷き、槌で打つ。（　　）
23 種籾は別の倉庫にしまってある。（　　）
24 図書館では勉強が捗ります。（　　）
25 パンに鼠の嚙った跡がある。（　　）
26 椴松を建築材として使った。（　　）
27 猫が獲物の隙を覗っている。（　　）
28 瓢を持った老爺が現れた。（　　）
29 雨覆いの蔀など今様めかし。（　　）
30 殆うき兆しを悟る。（　　）

3 次の**熟語の読み**（**音読み**）と、その**語義**にふさわしい**訓読み**を（送りがなに注意して）**ひらがな**で記せ。

各1点　／10

例 健勝……勝れる→けんしょう……すぐ

ア 1 疏水（　　）……2 疏る（　　）
イ 3 晦蔵（　　）……4 晦ます（　　）
ウ 5 聯亙（　　）……6 亙る（　　）
エ 7 畢生（　　）……8 畢わる（　　）
オ 9 恢廓（　　）……10 恢い（　　）

4 次の各組の二文の（　）には**共通**する漢字が入る。その読みを後の□から選び、**常用漢字**（**一字**）で記せ。

各2点　／10

1
世俗の好（1）とは合わないようだ。
（1）歯の心を大切にする。
（　　）

解答は234ページ

2
（2）荒で野菜が高騰する。
議員を（2）徒から守った。
（　　）

3
豪華賞品に射（3）心がそそられる。
薄（3）な人生が変わり始める。
（　　）

4
十分な成（4）を得た。
人数に応じて利益を（4）分した。
（　　）

5
事件の起こった事（5）を調べる。
偉人の墨（5）が残っている。
（　　）

あん・きゅう・きょう・こう・こん・しょう・せき・ぼう

5 次の傍線部分の**カタカナ**を**漢字**で記せ。

各２点　／40

1 破れた**フスマガミ**を補修した。（　　）
2 数分間**モクトウ**を捧げた。（　　）
3 貿易黒字が**テイゾウ**してきた。（　　）
4 父を**ナダ**めるのに苦労する。（　　）
5 子どもが口を**スボ**めて喋っている。（　　）

1 古希を祝う晩餐会の席で過去の失態を暴露され、寒顔の至りだった。（　・　）
2 莞爾として微笑む花憐な女性に彼の心は翻弄され、煩悶している。（　・　）
3 料理で資産家の心を摑み玉の輿に乗った彼女は皆の煽望の的となった。（　・　）
4 範用性にすぐれた道具の開発に成功し会社は崖っ縁の状態から脱した。（　・　）
5 漆黒の茶碗を手透きの和紙で梱包して逗留している宿の若旦那に送る。（　・　）

7 次の〔**問1**〕と〔**問2**〕の四字熟語について答えよ。

〔**問1**〕次の四字熟語に入る適切な語を後の□の中から選び、**漢字二字**で記せ。

各２点　／20

1 （　　）戴天
2 （　　）以徳
6 山河（　　）
7 鼓腹（　　）

6 アマドイに溜まったゴミを取る。（　）
7 店員の横柄な態度にイラ立った。（　）
8 川辺にホリュウが群生している。（　）
9 絵画のシンガンの鑑定を依頼する。（　）
10 必要不要をシュンベツしている。（　）
11 ハンカチをカの子斑の模様にする。（　）
12 突然の大音に思わずヒルんだ。（　）
13 バターがトロけていい香りがする。（　）
14 旧友との再会につい顔がホコロぶ。（　）
15 ブザツな言葉遣いに呆れる。（　）
16 彼に和解のアッセンをしてもらう。（　）
17 連覇のガイカをあげた。（　）
18 ガイカ預金の相談をする。（　）
19 いつも父のツルの一声で決まる。（　）
20 出世のツルを見つけた。（　）

6 次の各文にまちがって使われている**同じ音訓の漢字**が**一字**ある。**上に誤字**を、**下に正しい漢字**を記せ。

各2点　／10

3 （　）転生
4 （　）盗鐘
5 （　）美俗
8 筆耕（　）
9 虚心（　）
10 泰山（　）

えんじ・きんたい・げきじょう・けんでん・こうもう・じゅんぷう・たんかい・ふぐ・ほうえん・りんね

〈問2〉 次の1～5の**解説・意味**にあてはまる四字熟語を後の□から選び、その**傍線部分だけの読み**を**ひらがな**で記せ。

各2点　／10

1 故郷をなつかしむことのたとえ。（　）
2 小者が集まり、あれこれ騒ぐこと。（　）
3 天下泰平の世の中。（　）
4 非常に貧乏であることのたとえ。（　）
5 外見は立派でも中身が伴わないこと。（　）

舜日尭年・胡馬北風・甑塵釜魚・邑犬群吠・錦心繍口・夢幻泡影・羊頭狗肉・三者鼎談

解答は234ページ

8 次の1〜5の**対義語**、6〜10の**類義語**を後の□の中から選び、**漢字**で記せ。□の中の語は一度だけ使うこと。

各2点　／20

対義語

1 激賞（　　　）
2 中枢（　　　）
3 悠悠（　　　）
4 迫害（　　　）
5 威嚇（　　　）

類義語

6 経緯（　　　）
7 横行（　　　）
8 鄭重（　　　）
9 錬成（　　　）
10 剃髪（　　　）

いぶ・きゅうきゅう・こんとう・ちょうりょう・つうば・てんまつ・とうや・ひご・まっしょう・らくしょく

9 次の故事・成語・諺の**カタカナ**の部分を**漢字**で記せ。

各2点　／20

む所〔ア〕頗る厚く、賤吏に甘んずるを潔しとしなかった。いくばくもなく官を退いた後は、故山(こざん)、虢略(かくりゃく)に帰臥し、人と交わりを絶って、ひたすら詩作に〔イ〕耽った。（中略）詩家としての名を死後百年に遺そうとしたのである。しかし、文名は容易に揚がらず、生活は日を逐うて苦しくなる。李徴は〔ウ〕漸く焦躁(しょうそう)に駆られて来た。この頃から其の**1ヨウボウ**も峭刻(しょうこく)となり、肉落ち骨秀で、眼光のみ徒に炯々(けいけい)として、〔エ〕曾て進士に登第した頃の豊頬の美少年の俤(おもかげ)は、何処に求めようもない。数年の後、貧窮に堪えず、妻子の衣食のために遂に節を屈して、再び東へ赴き、一地方官吏の職を奉ずることになった。（中略）彼が昔、鈍物として歯牙にもかけなかった其の連中の下命を拝さねばならぬことが、往年の儁才(しゅんさい)李徴の自尊心を〔オ〕如何に傷つけたかは、想像に**2カタ**くない。彼は快々(おうおう)として楽しまず、狂悖(きょうはい)の性は〔カ〕愈抑えがたくなった。（中略）或る夜半、急に顔色を変えて寝床から起き上がると、何か訳の分からぬことを叫びつつ其の**3ママ**下にとび下りて、闇の中へ駆け出した。（中略）

叢の中からは、〔キ〕暫く返辞がなかった。しのび泣きかと思われる〔ク〕微かな声が時々洩れるばかりである。

1　紺屋のシロバカマ。（　　）
2　ボタンに唐獅子、竹に虎。（　　）
3　鴨がネギを背負って来る。（　　）
4　ジュシともに謀るに足らず。（　　）
5　センダンは双葉より芳し。（　　）
6　河豚好きでキュウ嫌い。※注：キュウ…やいと。（　　）
7　ワサビと浄瑠璃は泣いて誉める。（　　）
8　人間万事サイオウが馬。（　　）
9　親の欲目と他人のヒガメ。（　　）
10　門前ジャクラを張る。（　　）

10　文章中の傍線（1〜5）の**カタカナ**を**漢字**に直し、波線（ア〜コ）の**漢字の読み**を**ひらがな**で記せ。

書き取り 各2点　／10
読み 各1点　／10

A

隴西（ろうせい）の李徴（りちょう）は博学才穎、天宝の末年、若くして名を虎榜（こぼう）に連ね、ついで江南尉（こうなんい）に補せられたが、性、狷介（けんかい）、自ら恃（たの）

（中島敦「山月記」より）

B

之は夢だぞと知っているような夢を、自分はそれ4マデに見たことがあったから。どうしても夢でないと悟らねばならなかった時、自分は茫然（ぼうぜん）とした。（中略）自分は直ぐに死を想うた。しかし、其の時、眼の前を一匹の兎が駆け過ぎるのを見た5トタンに、自分の中の人間はケ忽ち姿を消した。再び自分の中の人間が眼を覚ました時、自分の口は兎の血にコ塗れ、あたりには兎の毛が散らばっていた。

（中島敦「山月記」より）

1（　　）　ア（　　）　カ（　　）
2（　　）　イ（　　）　キ（　　）
3（　　）　ウ（　　）　ク（　　）
4（　　）　エ（　　）　ケ（　　）
5（　　）　オ（　　）　コ（　　）

解答は234ページ

第2回 予想問題

制限時間 60分

合格点 160点

得点 /200

1 次の傍線部分の読みをひらがなで記せ。
1～20は音読み、21～30は訓読みである。

各1点 /30

1 瓶酒を配達する。（　　）
2 不正が上役によって掩蔽された。（　　）
3 悪習は籔却するべきだ。（　　）
4 不審な人を誰何する。（　　）
5 彼は暢達な筆跡を残した。（　　）
6 彼は失策を喋喋と弁解した。（　　）
7 骨董好きの私はよく蚤の市に行く。（　　）
8 兵の一人が捷報を伝えた。（　　）
9 学校の徽章を鞄に縫い付ける。（　　）
10 長からの牒状を受け取った。（　　）
11 二人の話は吻合しない。（　　）
12 己丑の年に結婚した。（　　）

2 次の傍線部分は常用漢字である。
その表外の読みをひらがなで記せ。

各1点 /10

1 店員の対応に焦れてしまった。（　　）
2 日日家事に勤しむ妻を労う。（　　）
3 異臭などを放る動物を捕まえる。（　　）
4 努努約束を破らぬように。（　　）
5 故郷を離れ、十年を閲する。（　　）
6 優勝に与って力があった。（　　）
7 近所の子どもが挙って参加した。（　　）
8 残り火を灰に埋ける。（　　）
9 希望に副う対応をした。（　　）
10 まだ幼い子どもが被害に遭った。（　　）

13 新たな方法を**嘗試**する。（　　）
14 子どもの**鶯遷**を期待する。（　　）
15 旅先で**堆朱**の櫛を買った。（　　）
16 彼は**聡慧**で信頼できる人です。（　　）
17 この町は**繭糸**を売って栄えていた。（　　）
18 **花圃**が観光客で賑わう。（　　）
19 **禿筆**以て之を追求す。（　　）
20 恐れず**侃侃**と申す。（　　）

21 より**靭**やかな素材を開発した。（　　）
22 海が穏やかに**凪**いできた。（　　）
23 **郁**しい花の香りに誘われる。（　　）
24 **妖**かしい笑顔に背筋が凍った。（　　）
25 ゆでた**笹身**をパンに挟む。（　　）
26 財布を**叩**いて買う。（　　）
27 最近、彼の**嵩高**な態度が目につく。（　　）
28 彼は人を**煽**てるのがうまい。（　　）
29 彼の徳化、遠方に**奄**う。（　　）
30 鶴、**鼎**に飛ばんとす。（　　）

3 次の**熟語の読み**（**音読み**）と、その**語義**にふさわしい**訓読み**を（送りがなに注意して）**ひらがな**で記せ。

各1点　／10

例 健勝……勝れる→けんしょう……すぐ

ア 1 夙成（　　）……2 夙い（　　）
イ 3 敦厚（　　）……4 敦い（　　）
ウ 5 歎傷（　　）……6 歎く（　　）
エ 7 鍾寵（　　）……8 鍾める（　　）
オ 9 一瞥（　　）……10 瞥る（　　）

4 次の各組の二文の（　）には**共通**する漢字が入る。その読みを後の□から選び、**常用漢字**（**一字**）で記せ。

各2点　／10

1 「その事件は（1）属中である。
結婚して（1）累が増える。（　　）

第2回　予想問題

解答は236ページ

2 計算に穎（2）した方だった。俗事を超（2）した生き方だ。（　）

3 無事の知らせに（3）眉を開いた。表情に憂（3）の色が濃く出ている。（　）

4 縦（4）とした態度で応じる。曽祖母の温（4）に接してきた。（　）

5 町に迂（5）した川がある。つまらない私（5）を捨てる。（　）

えつ・きょく・けい・しゅう・しん・だつ・はく・よう

5 次の傍線部分の**カタカナ**を**漢字**で記せ。

各2点 ／40

1 **サンゴショウ**の美しい海を泳ぐ。（　）

2 **ハシゴ**を使って木に登った。（　）

3 祖母は**コウトウガン**で亡くなった。（　）

4 暖炉の**タ**き口には触れないように。（　）

5 男性が女性に**フンソウ**している。（　）

1 脳梗塞による昏睡状態から目が覚めると環境が変貌しており驚当した。（　・　）

2 帰還の途次、船が転幅し亡くなった者へ黙禱を捧げ、家族を慰撫した。（　・　）

3 胡散臭い巷説に扇動され錯争している現場の様子が取り沙汰された。（　・　）

4 釣った鰯を刺身や蒲鉾、また、升油などで佃煮にして肴核とした。（　・　）

5 斬新で奇抜な商品が市場を席圏し、途轍もない儲けをもたらした。（　・　）

7 次の**〈問1〉**と**〈問2〉**の四字熟語について答えよ。

〈問1〉 次の四字熟語に入る適切な語を後の□の中から選び、**漢字二字**で記せ。

各2点 ／20

1 （　）雀躍

2 （　）絶壁

6 和光（　）

7 疾風（　）

6　床の紙屑を**ワシヅカ**みにする。（　　）
7　友人の話に**アイヅチ**を打つ。（　　）
8　彼は**キョウリョウ**工事に反対した。（　　）
9　体験学習で**ハニワ**を作った。（　　）
10　同盟国との**チュウタイ**を強める。（　　）
11　大事故で**ヒンシ**の状態になる。（　　）
12　日が強いので**スゲガサ**を被る。（　　）
13　この絵画は**ガンサク**と鑑定された。（　　）
14　怠慢な態度を**シッセキ**する。（　　）
15　彼はいつも失敗を**コト**している。（　　）
16　胡瓜の**ヌカヅ**けが好物だ。（　　）
17　試験合格に**カイサイ**を叫んだ。（　　）
18　父からの借金を**カイサイ**した。（　　）
19　毎日床をから**ブ**きする。（　　）
20　昔はかわら**ブ**きの家に住んでいた。（　　）

6　次の各文にまちがって使われている**同じ音訓の漢字**が**一字**ある。**上に誤字**を、**下に正しい漢字**を記せ。

各2点　／10

3　（　　）露宿
4　（　　）猛進
5　（　　）一触
8　熟読（　　）
9　四面（　　）
10　笑面（　　）

がいしゅう・がんみ・きんき・そか・だんがい・ちょとつ・どうじん・どとう・ふうさん・やしゃ

〈問2〉次の1〜5の**解説・意味**にあてはまる四字熟語を後の□から選び、その**傍線部分だけの読み**を**ひらがな**で記せ。

各2点　／10

1　きわめて短い時間のたとえ。（　　）
2　詩や文の才能にすぐれていること。（　　）
3　農作物がよく実ること。（　　）
4　気楽な老後生活を送ること。（　　）
5　行動や運命をともにすること。（　　）

一蓮托生・名詮自性・含飴弄孫・嘉辰令月・紫電一閃・衆酔独醒・錦心繡口・五穀豊穣

8 次の1～5の**対義語**、6～10の**類義語**を後の□の中から選び、**漢字**で記せ。□の中の語は一度だけ使うこと。

各2点 /20

対義語

1 険阻（　　）
2 活用（　　）
3 枯渇（　　）
4 永劫（　　）
5 貫徹（　　）

類義語

6 堪能（　　）
7 精通（　　）
8 穎敏（　　）
9 意趣（　　）
10 要諦（　　）

えんこん・さいり・ざせつ・しぞう・じゅんたく・せつな・ちしつ・ひけつ・へいたん・れんたつ

9 次の故事・成語・諺の**カタカナ**の部分を**漢字**で記せ。

各2点 /20

これはこの地方に特有で、この地方ではこれを田池（たねけ）と[ウ]称えて、その深さは殆ど人の肩を没するばかり、鯉、[エ]鮒の魚類をも其の中に養って、時には四五尺の大きさまで育てる事もあるという話。周囲には萱やら、[オ]薄やらの雑草が次第もなく生い茂って水際には河骨（こうほね）、撫子（なでしこ）などが、やや濁った水にあたらその美しい影をうつして、居るという光景であった。山県の話に、自分が十五六の悪戯盛（いたずらざかり）には相棒の杉山とよくこの田池の鯉を荒らして、一夜に何十尾という数を盗んで、殆ど仕末に困った事があったとの事を聞いて居ったが、その[カ]所謂田池がこんな小さな汚穢（きたな）い者とは夢にも思って居らなかった。（中略）

自分はその妻の手に由って、直ちに友の父なる人に紹介された。父なる人は折りしも[2]**ノコギリ**や、鎌や、唐瓜（とうなす）や、糸屑などの無茶苦茶に散らばって居る縁側に後向に坐って、[キ]頻りに野菜の種を選り分けて居るが、自分を見るや、兼ねて子息（むすこ）から[3]**ウワサ**に聞いて居った身の、さも馴々しく、「これはこれは東京の先生――好（よ）う、まア、この山中（やまなか）に」という調子で挨拶された。

（田山花袋「重右衛門の最後」より）

1 燕雀安んぞ**コウコク**の志を知らんや。（　　）
2 巧詐は**セッセイ**に如かず。（　　）
3 **ノウチュウ**の錐。（　　）
4 **アバタ**もえくぼ。（　　）
5 **ケシ**の中に須弥山あり。（　　）
6 正直貧乏　横着**エイヨウ**。（　　）
7 天網**カイカイ**疎にして漏らさず。（　　）
8 紅旗征**ジュウ**　吾が事に非ず。（　　）
9 愛**オクウ**に及ぶ。（　　）
10 **カイケイ**の恥を雪ぐ。（　　）

10 文章中の傍線（1～5）の**カタカナ**を**漢字**に直し、波線（ア～コ）の**漢字の読み**を**ひらがな**で記せ。

書き取り 各2点　／10
読み 各1点　／10

A

高く夕日の影に懸って見える桔槹（はねつるべ）、ア猶その前に、鍬や鋤を洗う為に一間四方ばかり水1**タ**めがイ穿たれてあるが、

B

此の女も或る猟人に逢って、身の上話をしたと云う。飢えを感ずるままに始めは虫を捕って喰って居たが、それでは事足らぬように覚えて、後には4**キツネ**や狸、見るに随い引き裂いて食とし、次第に力附いて、寒いとも物ほしいとも思わぬようになったと語る。（中略）女にはもちろん不平や5**エンセイ**の為に、山に隠れると云うことが無い。（中略）

（中略）ケ遍く里人に尋ぬれども、仔細を知る者無し。（中略）其の年暦を計るにコ凡そ百年に余れり。

（柳田国男「山の人生」より）

1（　　）　ア（　　）　カ（　　）
2（　　）　イ（　　）　キ（　　）
3（　　）　ウ（　　）　ク（　　）
4（　　）　エ（　　）　ケ（　　）
5（　　）　オ（　　）　コ（　　）

解答は 236 ページ

第3回 予想問題

制限時間 60分

合格点 160点

得点 /200

1 次の傍線部分の読みを**ひらがな**で記せ。1~20は**音読み**、21~30は**訓読み**である。

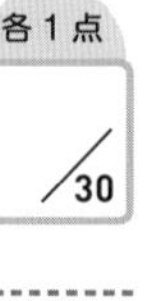

各1点 /30

1 敵が城柵を超えて侵入してきた。（　）
2 烹炊隊の一人として雇われた。（　）
3 更紗に錦模様を捺染する。（　）
4 彼の技は幼少期から穎脱していた。（　）
5 彼のもつ慧眼は頼りになる。（　）
6 孜孜として働き続けた。（　）
7 鄭重なもてなしを受けた。（　）
8 書笈を担いで旅に出た。（　）
9 ここは小さい家が櫛比する地域だ。（　）
10 眺めの良い岡阜で一休みする。（　）
11 蕃境に足を踏み入れる。（　）
12 瑞雲を見て優勝を確信した。（　）

---

2 次の傍線部分は常用漢字である。その**表外の読み**を**ひらがな**で記せ。

各1点 /10

1 あれは何か企んでいる顔だ。（　）
2 肉スジが解れてきた。（　）
3 香を薫いて心を落ち着かせる。（　）
4 姉が妊ったという知らせに喜ぶ。（　）
5 試合に態と負けて処分された。（　）
6 件の事件について聞かれた。（　）
7 自己ベストは二人とも略同じだ。（　）
8 祝賀会に薦被りを用意する。（　）
9 枝葉が参差として生い茂る。（　）
10 方に出かけようとした瞬間だった。（　）

13 彼の美術史における造詣は深い。（　　）
14 趣味で古い玩具を蒐集している。（　　）
15 人里離れた山奥の草庵に住む。（　　）
16 綾子の帯を締める。（　　）
17 藪沢にすむ生き物を調査する。（　　）
18 茸茸たる草木が茂る。（　　）
19 長く杵臼の交わりを続け給う。（　　）
20 萱堂が守り居る。（　　）
21 畦道をアヒルの親子が横断した。（　　）
22 禿髪をかき上げる。（　　）
23 自転車が雨に曝されている。（　　）
24 矢鱈な事を言うものではない。（　　）
25 ワインの澱を漉す。（　　）
26 その災害も丙午に起こっていた。（　　）
27 舷から海をのぞき込んだ。（　　）
28 最近鰯が高騰している。（　　）
29 上達部などにそれを賄うべし。（　　）
30 人事は棺を蓋うて定まる。（　　）

第3回　予想問題

3 次の**熟語の読み**（**音読み**）と、その**語義**にふさわしい**訓読み**を（送りがなに注意して）**ひらがな**で記せ。　各1点　／10

例 健勝……勝れる → けんしょう……すぐ

ア 1 輿望（　　）……2 輿い（　　）
イ 3 遁辞（　　）……4 遁れる（　　）
ウ 5 挺進（　　）……6 挺んでる（　　）
エ 7 凋残（　　）……8 凋む（　　）
オ 9 嘉尚（　　）……10 嘉する（　　）

4 次の各組の二文の（　）には**共通**する漢字が入る。その読みを後の□から選び、**常用漢字**（**一字**）で記せ。　各2点　／10

1 ┌母を亡くした彼の苦（1）を察する。
　└師を（1）心から尊敬している。（　　）

2 ［中古車を輸出し、(2)鞘を稼ぐ。
彼は犀(2)な感受性をもつ。　(　　)

3 ［(3)一対をなしている建造物だ。
彼を誘ういい(3)餌をもっている。　(　　)

4 ［いまだ(4)楽して年月を送る。
彼は放(4)な生活をしている。　(　　)

5 ［(5)明をもって足りる。
彼に対し(5)意を伝えた。　(　　)

いつ・ぎ・こう・そ・ちゅう・のう・ほう・り

5 次の傍線部分の**カタカナ**を**漢字**で記せ。　各2点　／40

1 **タケベラ**を使って野菜を混ぜる。　(　　)

2 **ヒノキ**を擦って火をつける。　(　　)

3 自宅で**セッケン**を作った。　(　　)

4 会場は**リッスイ**の余地もなかった。　(　　)

5 ファンの感情を**サカナ**でした。　(　　)

---

1 縁戚の華燭の典で、羅旋階段から降りてくる花嫁に拍手喝采だった。　(　・　)

2 経営破綻の責任を微塵も感じず家に籠城し続ける領袖を厭汚する。　(　・　)

3 肩肘張らず、冬の埠頭を眺めていると錯漠とした気持ちになった。　(　・　)

4 篤志家の力を借り、碩儒が傾注して編纂した啓盲的な本を上梓した。　(　・　)

5 祖父から手縫いで鷹や鷲などの猛禽類の糸繍のある巾着を頂戴した。　(　・　)

7 次の**〔問1〕**と**〔問2〕**の四字熟語について答えよ。

〔問1〕 次の四字熟語に入る適切な語を後の□の中から選び、**漢字二字**で記せ。　各2点　／20

1 (　　)雲客

6 阿鼻(　　)

2 (　　)同時

7 河図(　　)

6 カサばる荷物ばかり持ってきた。（　　）
7 木木がメグむ季節が待ち遠しい。（　　）
8 キキョウな振る舞いを注意する。（　　）
9 ショウノウを芳香剤に使う。（　　）
10 建築に適した木をコる。（　　）
11 悲報を聞いて目に涙をタタえる。（　　）
12 あの男はダキすべき人物だ。（　　）
13 日曜大工でノコギリを使う。（　　）
14 文章の要点をハソクする。（　　）
15 機密情報のロウエイを防ぐ。（　　）
16 三党首のテイダンが実現した。（　　）
17 父との約束にイハイしてしまった。（　　）
18 仏壇のイハイに手を合わせる。（　　）
19 ウの花を摘む。（　　）
20 そんな噂をウ呑みにするな。（　　）

6 次の各文にまちがって使われている**同じ音訓の漢字**が**一字**ある。**上に誤字**を、**下に正しい漢字**を記せ。

各２点 ／10

3 （　　）佳人 8 前途（　　）
4 （　　）神助 9 魚目（　　）
5 （　　）嘗胆 10 情緒（　　）

えんせき・がしん・きょうかん・げっけい・さいし・そったく・てんめん・てんゆう・らくしょ・りょうえん

〔問２〕 次の１〜５の**解説・意味**にあてはまる四字熟語を後の□から選び、その**傍線部分だけの読み**を**ひらがな**で記せ。

各２点 ／10

1 うるさいだけの、無用の言論。（　　）
2 この世に存在しないもののたとえ。（　　）
3 親孝行することのたとえ。（　　）
4 思いのままに考えを述べること。（　　）
5 主張しあい議論がまとまらないこと。（　　）

芝蘭玉樹・春蛙秋蟬・雷轟電転・老莱斑衣・横説竪説・片言隻句・甲論乙駁・兎角亀毛

8 次の1〜5の**対義語**、6〜10の**類義語**を後の□の中から選び、**漢字**で記せ。□の中の語は一度だけ使うこと。

各2点 ／20

対義語

1 安泰（　　）
2 欣快（　　）
3 快諾（　　）
4 賢明（　　）
5 熟視（　　）

類義語

6 知悉（　　）
7 碇泊（　　）
8 波及（　　）
9 頓着（　　）
10 不審（　　）

うぐ・うろん・きたい・こうでい・しゅうしょう・しゅんきょ・つうぎょう・でんぱ・とうびょう・べっけん

9 次の故事・成語・諺の**カタカナ**の部分を**漢字**で記せ。

各2点 ／20

せん。常に1**ソウカイ**に風をきり、スイスイと小気味よく無限に飛びつづけているのでした。

けれども彼はただの鳥でした。枝から枝を飛び廻り、たまに谷をア渉るぐらいがせいぜいで、枝にとまってうたたねしている梟にも似ていました。彼は2**ビンショウ**でした。

（坂口安吾「桜の森の満開の下」より）

B

沙翁は女を評して3**モロ**きは汝が名なりと云った。（中略）夢にだもわれをイ弄ぶの意思なくして、満腔の誠を4**ササ**げてわが玩具となるを栄誉と思う。（中略）

ウ唯々として来るべき筈の小野さんが四五日見えぬ。

（夏目漱石「虞美人草」より）

C

而して枝柯甚だ盛んにして本幹エ却って弱きの勢いを致せるに近しというべし。（中略）皇族を尊くし臣下を抑うるも、亦至れりというべし。且つ元の裔の猶存して、時に塞下に出没するを以て、辺に接せる諸王をして、国中に専制し、三護衛の重兵を擁するを得せしめ、将を遣りて諸路の兵を徴すにも、必ず親王に関白してオ乃ち発することとせり。（中略）太祖の深智達識は、まことに能く前代の覆轍

1 画**ベイ** 飢えを充たさず。（　　）
2 **マリ**と手と歌は公家の業。（　　）
3 野に**イケン**無し。（　　）
4 朝菌は**カイサク**を知らず。（　　）
5 **エンオウ**の契り。（　　）
6 **オヒレ**が付く。（　　）
7 下手な**カジ**屋も一度は名剣。（　　）
8 **ノレン**に腕押し。（　　）
9 **ソバ**の花見て蜜をとれ。（　　）
10 **キョウキン**を開く。（　　）

10 文章中の傍線（1～5）の**カタカナ**を**漢字**に直し、波線（ア～コ）の**漢字の読み**を**ひらがな**で記せ。

書き取り 各2点 ／10
読み 各1点 ／10

A

女の欲望は、いわば常にキリもなく空を直線に飛びつづけている鳥のようなものでした。（中略）その鳥は疲れま

に[カ]鑑みて、後世に長計を貽(おく)らんとせり。（中略）太祖が熟慮遠謀して施(し)為せるところの者は、即ち是れ孝陵(こうりょう)の土未だ乾かずして、北平(ほくへい)の[5]**チリ**既に起こり、矢石京城に雨注して、皇帝遐陬(かすう)に雲遊するの因とならんとは。

太祖が諸子を封ずることの過ぎたるは、[キ]夙に[ク]之を論じて、然る可からずとなせる者あり。（中略）詔を下し直言を求められにければ、山西(さんせい)の葉居升(しょうきょしょう)というもの、上書して第一には分封の[ケ]太だ侈(おご)れること、第二には刑を用いる太だ繁きこと、第三には治を求むる太だ速やかなることの三条を言えり。（中略）諸王の都城宮室の制、広狭大小、天子の都に[コ]亜ぎ、之に賜うに甲兵衛士の盛んなるを以てしたまえり、（中略）。

（幸田露伴「運命」より）

1（　　）　ア（　　）　カ（　　）
2（　　）　イ（　　）　キ（　　）
3（　　）　ウ（　　）　ク（　　）
4（　　）　エ（　　）　ケ（　　）
5（　　）　オ（　　）　コ（　　）

第1回 予想問題 解答と解説

1 読み
各1点・計30点

1 へいどん
2 いこう
3 ちょざい
4 たくはつ
5 たんぜん
6 りゅうらん
7 えんてい
8 せきこ
9 しじつ
10 きかん
11 さじ
12 もぎどう
13 しゅちょう
14 ちんとう
15 たく
16 しんゆう
17 うつうつ
18 だいじょうえ
19 しゅくせき

3 熟語の読み
各1点・計10点

ア 1 そすい 2 とお(る)
イ 3 かいぞう 4 くら(ます)
ウ 5 れんこう 6 わた(る)
エ 7 ひっせい 8 お(わる)
オ 9 かいかく 10 ひろ(い)

4 共通の漢字
各2点・計10点

1 尚(好尚・尚歯)
2 凶(凶荒・凶徒)
3 幸(射幸・薄幸)
4 案(成案・案分)
5 跡(事跡・墨跡)

5 書き取り
各2点・計40点

3 輪廻(転生)
4 掩耳(盗鐘)
5 醇風・淳風(美俗)
6 (山河)襟帯
7 (鼓腹)撃壌
8 (筆耕)硯田
9 (虚心)坦懐
10 (泰山)鴻毛

〔問2〕
1 こば(胡馬北風)
2 ゆうけん(邑犬群吠)
3 しゅんじつ(舜日尭年)
4 そうじん(甑塵釜魚)
5 くにく(羊頭狗肉)

8 対義語・類義語
各2点・計20点

1 痛罵
2 末梢

6 顛末
7 跳梁

( )内は解答の補足です。

1 読み

1 併呑＝自分の勢力下に入れ、従わせること。
7 堰堤＝川などの流れを止めるためなどの堤防のこと。
18 大嘗会＝天皇が即位して初めて行われる新嘗祭のこと。
23 種籾＝種として蒔くため、選別して保存する籾のこと。
24 捗る＝物事が順調に進む。
25 噛る＝かたいものを直接歯でかむ。
28 瓢＝瓢箪のこと。

2 表外の読み

2 比ぶ＝実力などの差がない。
7 動もすると＝その状況になりやすいさま。どうかすると。

4 共通の漢字

3 射幸＝偶然の利益や成功をあてにすること。

5 書き取り

7 苛立つ＝いらいらする。

20 ぼうし
21 しずく
22 きぬた
23 たねもみ
24 はかど(り)
25 かじ(った)
26 とどまつ
27 うかが(って)
28 ふくべ・ひさご
29 しとみ
30 あや(うき)

2 表外の読み

各1点・計10点

1 つい(で)
2 なら(ぶ)
3 なじ(る)
4 しつら(える)
5 あが(め)
6 おごそ(かな)
7 やや(もすると)
8 い(て)
9 つまび(らか)
10 つかさど(る)

1 襖紙
2 黙禱
3 逓増
4 宥(める)
5 窄(歙)(めて)
6 雨樋
7 苛(立った)
8 蒲柳
9 真贋
10 峻別

11 鹿(の子)
12 怯(んだ)
13 蕩(盪)(けて)
14 綻(ぶ)
15 蕪雑
16 斡旋
17 凱歌
18 外貨
19 鶴
20 蔓

6 誤字訂正

各2点・計10点

1 寒(顔)→汗(顔)
2 花(憐)→可(憐)
3 煽(望)→羨(望)
4 範(用)→汎(用)
5 (手)透き→(手)漉き・抄き

7 四字熟語

各2点・計30点

〔問1〕
1 不倶(戴天)
2 報怨(以徳)

3 汲汲・汲々
4 庇護
5 慰撫

8 懇到
9 陶冶
10 落飾

9 故事・諺

各2点・計20点

1 白袴
2 牡丹
3 葱
4 竪(孺)子
5 栴檀

6 灸
7 山葵(山薑)
8 塞翁
9 僻目
10 雀羅

10 文章題

〔書き取り〕

各2点・計10点

1 容貌
2 難(く)
3 儘

4 迄
5 途端

〔読み〕

各1点・計10点

ア すこぶ(る)
イ ふけ(った)
ウ ようや(く)
エ かつ(て)
オ いか(に)

カ いよいよ
キ しばら(く)
ク かす(かな)
ケ たちま(ち)
コ まみ(れ)

---

10 峻別＝厳しく区別すること。
18 外貨＝外国の貨幣。外国の商品。
20 蔓＝手がかり。

6 誤字訂正

3 羨望＝うらやましく思うこと。

7 四字熟語

〔問1〕
4 掩耳盗鐘＝浅知恵で自分を欺く。
6 山河襟帯＝山や川がめぐる自然の要害のこと。

8 対義語・類義語

5 慰撫＝なぐさめ心を安らかにすること。
10 落飾＝高い身分の人が髪を剃り、出家すること。

9 故事・諺

6 不摂生は好んでするが、摂生に努めることを嫌がるという人は救いようがないというたとえ。

10 文章題

イ 耽る＝一つのことに夢中になる。
キ 暫く＝長くはないが、すぐでもない程度の時間。

第2回 予想問題 解答と解説

（ ）内は解答の補足です。

1 読み

各1点・計30点

1 へいしゅ
2 えんぺい
3 はきゃく
4 すいか
5 ちょうたつ
6 ちょうちょう
7 こっとう
8 しょうほう
9 きしょう
10 ちょうじょう
11 ふんごう
12 きちゅう
13 しょうし
14 おうせん
15 ついしゅ・たいしゅ
16 そうけい
17 けんし
18 かほ
19 とくひつ

3 熟語の読み

各1点・計10点

ア 1 しゅくせい　2 はや(い)
イ 3 とんこう　4 あつ(い)
ウ 5 たんしょう　6 なげ(く)
エ 7 しょうちょう　8 あつ(める)
オ 9 いちべつ　10 み(る)

4 共通の漢字

各2点・計10点

1 係(係属・係累)
2 脱(穎脱・超脱)
3 愁(愁眉・憂愁)
4 容(縦容・温容)
5 曲(迂曲・私曲)

5 書き取り

各2点・計40点

3 風餐(露宿)
4 猪突(猛進)
5 鎧袖(一触)
6 (和光)同塵
7 (疾風)怒濤
8 (熟読)玩味・翫味
9 (四面)楚歌
10 (笑面)夜叉

〔問2〕

1 いっせん(紫電一閃)
2 しゅうこう(錦心繡口)
3 ほうじょう(五穀豊穣)
4 がんい(含飴弄孫)
5 いちれん(一蓮托生)

8 対義語・類義語

各2点・計20点

1 平坦
2 死蔵

6 練達
7 知悉

1 読み

2 掩蔽＝おおって隠すこと。
7 骨董＝希少価値のある古い美術品や道具。
11 吻合＝二つの物事がぴったりと一致すること。
18 花圃＝花畑のこと。
22 凪ぐ＝風や波が静かになる。
23 郁しい＝よい香りがする。
26 叩く＝お金を使い切る。

2 表外の読み

3 放る＝からだの外に出す。
8 埋ける＝炭火を灰の中に埋める。

3 熟語の読み

3 敦厚＝篤実で人情深いこと。

5 書き取り

7 相槌を打つ＝相手の話に合わせて応答すること。
14 叱責＝しかりとがめること。
18 皆済＝借りたお金の返済を終えること。

20 かんかん
21 しな(やか)
22 な(いで)
23 かぐわ(しい)
24 なまめ(かしい)
25 ささみ
26 はた(いて)
27 かさだか
28 おだ(てる)
29 おお(う)
30 まさ(に)

2 表外の読み

各1点・計10点

1 じ(れて)
2 いそ(しむ)
3 ひ(る)
4 ゆめゆめ
5 けみ(する)
6 あずか(って)
7 こぞ(って)
8 い(ける)
9 そ(う)
10 いとけな(い)

---

1 珊瑚礁（さんごしょう）
2 梯・梯子（はしご）
3 喉頭癌（こうとうがん）
4 焚（た）(き)
5 扮装（ふんそう）
6 鷲掴（わしづか）(み)
7 相槌・相鎚（あいづち）
8 橋梁（きょうりょう）
9 埴輪（はにわ）
10 紐帯（ちゅうたい）
11 瀕死（ひんし）
12 菅笠（すげがさ）
13 贋作（がんさく）
14 叱責（しっせき）
15 糊塗（こと）
16 糠漬（ぬかづ）(け)
17 快哉（かいさい）
18 皆済（かいさい）
19 拭（ふ）(き)
20 葺（ふ）(き)

6 誤字訂正

各2点・計10点

1 (驚)当→(驚)倒（きょうとう）
2 (転)幅→(転)覆（てんぷく）
3 (錯)争→(錯)綜（さくそう）
4 升(油)→醤(油)（しょうゆ）
5 (席)圏→(席)捲・巻（せっけん）

7 四字熟語

各2点・計30点

〔問1〕
1 欣喜(雀躍)（きんきじゃくやく）
2 断崖(絶壁)（だんがいぜっぺき）

---

3 潤沢（じゅんたく）
4 刹那（せつな）
5 挫折（ざせつ）
8 犀利（さいり）
9 怨恨（えんこん）
10 秘訣（ひけつ）

9 故事・諺

各2点・計20点

1 鴻鵠（こうこく）
2 拙誠（せっせい）
3 嚢中（のうちゅう）
4 痘痕（あばた）
5 芥子(罌粟)（けし）
6 栄耀・栄曜(燿)（えいよう）
7 恢恢・恢々（かいかい）
8 戎（じゅう）
9 屋烏（おくう）
10 会稽（かいけい）

10 文章題

〔書き取り〕 各2点・計10点

1 溜（た）(め)
2 鋸（のこぎり）
3 噂（うわさ）
4 狐（きつね）
5 厭世（えんせい）

〔読み〕 各1点・計10点

ア なお
イ うが(たれて)
ウ とな(えて)
エ ふな
オ すすき
カ いわゆる
キ しき(り)
ク したが(い)
ケ あまね(く)
コ およ(そ)

---

6 誤字訂正

4 醤油＝小麦と大豆を原料とする調味料。

7 四字熟語

〔問1〕
2 断崖絶壁＝切り立った険しい崖。
8 熟読玩味＝文章の意味を深く考えて読み、味わうこと。

8 対義語・類義語

3 潤沢＝ものがたくさんあること。
9 怨恨＝恨むこと。

9 故事・諺

5 微小なものの中に思いのほか巨大なものが含まれているたとえ。
8 戦争で世の中が騒然としていても、自分には関係のないことだ。

10 文章題

コ 凡そ＝だいたい。

問題は222ページ

第3回 予想問題 解答と解説

（　）内は解答の補足です。

1 読み　各1点・計30点

1 じょうさく
2 ほうすい
3 なっせん
4 えいだつ
5 けいがん
6 しし
7 ていちょう
8 しょきゅう
9 しっぴ
10 こうふ
11 ばんきょう
12 ずいうん
13 ぞうけい
14 しゅうしゅう
15 そうあん
16 りんず
17 そうたく
18 じょうじょう
19 しょきゅう

3 熟語の読み　各1点・計10点

ア 1 よぼう　2 おお(い)
イ 3 とんじ　4 のが(れる)
ウ 5 ていしん　6 ぬき(んでる)
エ 7 ちょうざん　8 しぼ(む)
オ 9 かしょう　10 よみ(する)

4 共通の漢字　各2点・計10点

1 衷(苦衷・衷心)
2 利(利鞘・犀利)
3 好(好一対・好餌)
4 逸(逸楽・放逸)
5 疎(疎明・疎意)

5 書き取り　各2点・計40点

3 才子(佳人)
4 天佑・天祐(神助)
5 臥薪(嘗胆)
6 (阿鼻)叫喚
7 (河図)洛書
8 (前途)遼遠
9 (魚目)燕石
10 (情緒)纏綿

〔問2〕
1 しゅんあ(春蛙秋蟬)
2 きもう(兎角亀毛)
3 ろうらい(老莱斑衣)
4 じゅせつ(横説竪説)
5 おつばく(甲論乙駁)

8 対義語・類義語　各2点・計20点

1 危殆
2 愁傷

6 通暁
7 投錨

---

1 読み

4 穎脱＝才能が他を凌駕してすぐれていること。
11 蕃境＝未開の土地のこと。
17 藪沢＝雑草などが生い茂っている湿地のこと。
21 畦道＝田んぼと田んぼの間にある道のこと。
27 舷＝船の両側のへり。

2 表外の読み

4 妊る＝妊娠する。
10 方に＝物事がちょうど起こる。または起こる直前。

4 共通の漢字

2 利鞘＝取引で、売値と買値の差額によって得られる利益金のこと。
犀利＝文章などがするどいさま。

5 書き取り

1 竹篦＝竹でつくられたへら。
6 嵩ばる＝体積が大きく場所をとる。
12 唾棄＝ひどく軽蔑し嫌うこと。

20 けんどう
21 あぜみち
22 かむろ・かぶろ
23 さら(されて)
24 やたら
25 おり
26 ひのえうま
27 ふなばた・ふなべり
28 いわし
29 まいな(う)
30 おお(う)

2 表外の読み　各1点・計10点

1 たくら(んで)
2 ほぐ(れて)
3 た(いて)
4 みごも(った)
5 わざ(と)
6 くだん
7 ほぼ
8 こもかぶ(り)
9 しんし
10 まさ(に)

---

1 竹篦《たけべら》
2 檜《ひのき》
3 石鹸《せっけん》
4 立錐《りっすい》
5 逆撫《さかな》(で)
6 嵩《かさ》(ばる)
7 萌《めぐ》(む)
8 奇矯《ききょう》
9 樟脳《しょうのう》
10 樵《こ》(る)

11 湛《たた》(える)
12 唾棄《だき》
13 鋸《のこぎり》
14 把捉《はそく》
15 漏洩《ろうえい》(泄)
16 鼎談《ていだん》
17 違背《いはい》
18 位牌《いはい》
19 卯《う》
20 鵜《う》

6 誤字訂正　各2点・計10点

1 羅(旋)→螺《ら》(旋《せん》)
2 (厭)汚→(厭《えん》)悪《お》
3 錯(漠)→索《さく》(漠《ばく》)
4 (啓)盲→(啓《けい》)蒙《もう》
5 糸(繍)→刺《し》(繍《しゅう》)

7 四字熟語　各2点・計30点

〔問1〕

1 月卿《げっけい》(雲客《うんかく》)
2 啐啄《そったく》(同時《どうじ》)

---

3 峻拒《しゅんきょ》
4 迂愚《うぐ》
5 瞥見《べっけん》

8 伝播《でんぱ》
9 拘泥《こうでい》
10 胡乱《うろん》・烏乱

9 故事・諺　各2点・計20点

1 餅《べい》
2 鞠《まり》(毬)
3 遺賢《いけん》
4 晦朔《かいさく》
5 鴛鴦《えんおう》

6 尾鰭《おひれ》
7 鍛冶《かじ》
8 暖簾《のれん》
9 蕎麦《そば》
10 胸襟《きょうきん》

10 文章題

〔書き取り〕　各2点・計10点

1 爽快《そうかい》
2 敏捷《びんしょう》
3 脆《もろ》(き)

4 捧《ささ》(げて)
5 塵《ちり》

〔読み〕　各1点・計10点

ア わた(る)
イ もてあそ(ぶ)
ウ いい
エ かえ(って)
オ すなわ(ち)

カ かんが(みて)
キ つと(に)
ク これ
ケ はなは(だ)
コ つ(ぎ)

---

16 鼎談＝三人が向かい合って話すこと。

7 四字熟語

〔問1〕

3 才子佳人＝とてもすぐれた男女のこと。

7 河図洛書＝めったに入手できない本のこと。

8 対義語・類義語

4 迂愚＝物事にくらく、愚かなこと。

6 通暁＝ある物事について詳しいこと。

9 故事・諺

1 実際の役に立たないもののたとえ。

7 下手でも数を多くこなせば、うまくいくことがある。

10 文章題

ウ 唯々＝他人の言う通りに従うさま。

コ 亜ぐ＝順番などがすぐその下にいる。

問題は 228 ページ

分野別 漢検でる順問題集 別冊

でる順用例付き
漢字表

◎準1級漢字表
◎覚えておきたい表外読み
◎覚えておきたい四字熟語
◎覚えておきたい故事・成語・諺
◎部首索引

旺文社

準1級 漢字表

特に覚えておいた方がよい内容を資料としてまとめました。しっかり覚えましょう。

【漢字表の見方】

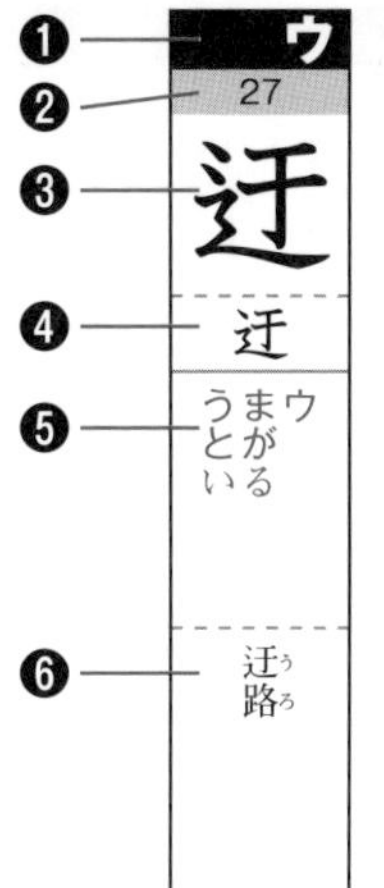

❶五十音見出し

❷通し番号……76ページ〜78ページの部首索引に対応しています。

❸漢字……準1級の対象漢字を音読み・総画数・部首の画数を基準に並べています。

❹許容字体……準1級の対象漢字の中で、許容字体として定められたものを記しています。この他にも試験で正解となるものもあります。※は、他に字体のデザインなどにおいて差異があってもここにあげた字体以外に正解とする場合があるものを示しています。国は国字を示しています。

❺読み……音読みはカタカナ、訓読みはひらがな、送りがなは細字で示しています。カタカナでも訓読みとするものには（訓）といれています。

❻用例……過去に出題された用例をまとめました。

ア

番号	漢字	異体字	読み	用例
1	阿		ア／くま／よる／おもねる／ひさし／お	阿鼻叫喚(あびきょうかん)　阿(くま)　阿る(おもねる)　四阿(あずまや)
2	娃		ア／アイ／うつくしい	宮娃(きゅうあい)
3	啞	唖	ア／アク／ああ／わらう	啞然(あぜん)
4	蛙		ア／ワ／かえる／みだら	井蛙(せいあ)
5	偓		アク／かかわる	
6	渥		アク／あつい／うるおい／こい	優渥(ゆうあく)　渥い(あつい)　渥う(うるおう)
7	斡		アツ／カン／めぐる／つかさどる	斡旋(あっせん)
8	按		アン／おさえる／かんがえる／しらべる	按摩(あんま)
9	庵		アン／いおり	草庵(そうあん)
10	鞍		アン／くら	鞍替え(くらがえ)

イ

番号	漢字	異体字	読み	用例
11	伊		イ／かれ／これ／ただ	
12	夷		イ／たいらか／たいらげる／ころす／うずくまる／おごる／えびす／えみし	坦夷(たんい)　夷顔(えびすがお)
13	葦	※	イ／あし／よし	稲麻竹葦(とうまちくい)　葦(よし)
14	飴	飴	イ／あめ	含飴弄孫(がんいろうそん)　飴(あめ)
15	謂		イ／いう／いわれ／いい	謂れ(いわれ)　謂(いい)　所謂(いわゆる)
16	惟		イ／ユイ／おもう／これ／ただ	思惟(しい)　惟んみる(おもんみる)　惟(ただ)
17	鮪		イ／ユウ／まぐろ／しび	
18	倭		イ／ワ／やまと	倭語(わご)　倭絵(やまとえ)
19	郁		イク／かぐわしい／さかん	郁郁(いくいく)　郁しい(かぐわしい)
20	溢	溢	イツ／あふれる／すぎる／おごる／みちる／こぼれる	充溢(じゅういつ)
21	鰯	鰯 国	いわし	潤目鰯(うるめいわし)
22	允		イン／まこと／まことに／ゆるす／じょう	允可(いんか)
23	寅		イン／つつしむ／とら	庚寅(こういん)
24	胤		イン／たね	後胤(こういん)
25	蔭		イン／かげ／おかげ／おおう／しげる	庇蔭(ひいん)

区分	番号	漢字	異体字	読み	用例
ウ	26	迂	迂	ウ まがる うとい とおい	迂路(うろ)
	27	烏		ウ オ からす くろい いずくんぞ なんぞ	金烏玉兎(きんうぎょくと)
	28	佑		ユウ ウ たすける たすけ	天佑神助(てんゆうしんじょ) 佑け(たすけ)
	29	欝		鬱の異体字	
	30	蔚		ウツ イ	蔚蔚(うつうつ)
	31	云		ウン いう	云為(うんい)
エ	32	曳		エイ ひく	揺曳(ようえい)
	33	盈		エイ みちる あまる	盈虚(えいきょ) 盈つる(みつる)
	34	瑛		エイ	
	35	叡		エイ かしこい	叡断(えいだん)
	36	穎	頴	エイ ほさき すぐれる	穎脱(えいだつ)
	37	嬰		エイ めぐる ふれる あかご	退嬰(たいえい)
	38	洩		エイ セツ のびる もれる	漏洩(ろうえい)
	39	亦		エキ また	亦(また)
	40	奄		エン おおう ふさがる たちまち	気息奄奄(きそくえんえん) 奄う(おおう) 奄ち(たちまち)
	41	掩		エン おおう かばう たちまち	掩護(えんご) 掩われ(おおわれ)
	42	堰		エン せき いせき せく	堰塞(えんそく) 堰(せき) 堰かれ(せかれ)
	43	淵	渕	エン ふち ふかい おくぶかい	深淵(しんえん)
	44	焰	焔	エン もえる ほのお	気焰(きえん)
	45	鳶		エン とび とんび	鳶飛魚躍(えんぴぎょやく) 鳶(とび(とんび))
	46	燕		エン つばめ さかもり くつろぐ	魚目燕石(ぎょもくえんせき)
	47	鴛		エン おしどり	鴛鴦(えんおう)
	48	薗		エン オン その	
	49	苑		エン オン ウツ その ふさがる	苑池(えんち)
	50	厭		エン オン ヨウ おさえる いとう あきる いや	厭悪(えんお) 厭きた(あきた) 厭(いや)
オ	51	於		オ おいて おける	
	52	姶		オウ みめよい	

番号	漢字	許容字体	読み	用例
オ				
53	鴨		オウ かも	鴨脚(おうきゃく)
54	鴦		オウ おしどり	鴛鴦(えんおう)
55	襖	襖	オウ わたいれ ふすま あお	襖紙(ふすまがみ)
56	鶯	鴬	オウ うぐいす	老鶯(ろうおう)
57	鷗	鴎	オウ かもめ	鷗盟(おうめい)
58	鸚		オウ イン	鸚鵡(おうむ)
59	凰		オウ コウ おおとり	鳳凰(ほうおう)
カ				
60	禾		カ いね のぎ	禾穀(かこく)
61	瓜	瓜	カ うり	瓜田(かでん) 瓜(うり)
62	茄		カ はす なす なすび	茄子(なすび)
63	珂		カ	
64	迦	迦	カ	釈迦(しゃか)
65	嘩	※	カ かまびすしい	喧嘩(けんか)
66	嘉		カ よい よみする	嘉肴(かこう) 嘉(よみ)する
67	榎		カ えのき	
68	樺		カ かば	白樺(しらかば)
69	霞		カ かすみ かすむ	雲霞(うんか) 霞(かすみ)
70	蝦		カ ガ えび がま	
71	伽		カ ガ キャ とぎ	堂塔伽藍(どうとうがらん) 伽羅(きゃら) 御伽(おとぎ)
72	卦		カ ケ うらなう うらない	有卦(うけ)
73	俄		ガ にわか にわか	俄然(がぜん) 俄(にわか)
74	臥		ガ ふす ふしど	臥薪嘗胆(がしんしょうたん) 草臥(くたび)れ儲(もう)け
75	峨	峩	ガ けわしい	峨(けわ)しく
76	駕		ガ のる のりもの あつかう しのぐ	並駕斉駆(へいがせいく)
77	蛾		ガ ギ まゆげ あり	
78	恢	※	カイ おおきい ひろい	天網恢恢(てんもうかいかい) 恢(ひろ)い
79	晦	晦	カイ みそか つごもり くらい くらます	晦渋(かいじゅう)
80	堺		カイ さかい	

番号	漢字	異体字等	読み	用例
81	魁		カイ / かしら / さきがけ / おおきい / おさ	首魁(しゅかい) / 魁(さきがけ)
82	檜	桧	カイ / ひのき / ひ	檜舞台(ひのきぶたい) / 檜垣(ひがき)
83	蟹	蠏	カイ / かに	蟹行(かいこう) / 蟹(かに)
84	廻		カイ / エ / まわす / まわる / めぐる / めぐらす	廻向(えこう) / 輪廻転生(りんねてんしょう)
85	咳		カイ / ガイ / せき / せく / しわぶき / しわぶく	鎮咳(ちんがい) / 咳(せき) / 咳く
86	凱		カイ / ガイ / かちどき / やわらぐ	凱旋(がいせん)
87	漑	漑※	カイ / ガイ / そそぐ / すすぐ	灌漑(かんがい)
88	鎧		カイ / ガイ / よろい / よろう	鎧袖一触(がいしゅういっしょく)
89	芥		カイ / ケ / からし / あくた / ちいさい	厨芥(ちゅうかい) / 芥子(けし)
90	亥		ガイ / い	亥月(がいげつ)
91	苅		ガイ / かる	
92	崕	崖の異体字		
93	葢	蓋の異体字		
94	碍		ガイ / ゲ / さまたげる / ささえる	阻碍(そがい) / 碍げる(さまたげる)
95	劃		カク / わかつ / くぎる	劃定(かくてい) / 劃る(くぎる)
96	廓		カク / ひろい / ひろげる / むなしい / くるわ	恢廓(かいかく) / 廓(くるわ)
97	赫		カク / あかい / さかん / かがやく / あつい	赫灼(かくしゃく) / 赫く(かがやく)
98	摑	掴	カク / つかむ	摑む(つかむ)
99	塙		カク / コウ / かたい / はなわ	塙(はなわ)
100	鍔		ガク / つば	鍔(つば)
101	鰐		ガク / わに	鰐皮(わにがわ)
102	樫	国	かし	樫(かし)
103	筈		カツ / やはず / はず	手筈(てはず)

番号	漢字	旧字体など	読み	用例
104	恰		カッ、コウ、あたかも	恰幅(かっぷく)、恰も(あたかも)
105	侃		カン、つよい	侃直(かんちょく)、侃い(つよい)
106	函	凾	カン、いれる、はこ、よろい	投函(とうかん)
107	姦		カン、よこしま、みだら、かしましい	大姦(たいかん)、姦しい(かしましい)
108	柑		カン、みかん、こうじ	柑橘(かんきつ)
109	竿		カン、さお、ふだ	百尺竿頭(ひゃくせきかんとう)
110	桓		カン	盤桓(ばんかん)
111	莞		カン、い、むしろ	莞爾(かんじ)
112	菅		カン、すげ、すが	菅笠(すげがさ)

番号	漢字	旧字体など	読み	用例
113	翰	翰	カン、ふで、ふみ、てがみ、とぶ、みき	翰墨(かんぼく)
114	舘		カン、やかた、たて、たち	
115	諫	諫	カン、いさめる	諫止(かんし)、諫める(いさめる)
116	灌	潅	カン、そそぐ	釈根灌枝(しゃくこんかんし)
117	萱		カン、ケン、かや、わすれぐさ	萱堂(けんどう)、萱葺き(かやぶき)
118	澗	澗	カン、ケン、たに、たにみず	
119	雁	鴈	ガン、かり	沈魚落雁(ちんぎょらくがん)
120	翫	翫	ガン、もてあそぶ、あじわう、あなどる、むさぼる	翫笑(がんしょう)、翫ぶ(もてあそぶ)、翫る(あなどる)

番号	漢字	旧字体など	読み	用例
121	癌		ガン	喉頭癌(こうとうがん)
122	贋		ガン、にせ	真贋(しんがん)
123	巌		ガン、けわしい、いわ、いわお、がけ	枯木寒巌(こぼくかんがん)、巌しく(けわしく)
124	其		キ、その、それ	
125	祁	祁	キ、おおいに、おおきい、さかんに	祁寒(きかん)
126	葵		キ、あおい	葵花(きか)、山葵(わさび)
127	箕		キ、み、ちりとり	箕(み)
128	嬉		キ、たのしむ、うれしい、あそぶ	嬉しい(うれしい)
129	槻		キ、つき	

番号	漢字	許容字体	読み	用例
130	毅		キ / つよい / たけし	毅然（きぜん） / 毅（つよ）い
131	窺		キ / うかがう / のぞく	管窺（かんき） / 窺（うかが）って / 窺（のぞ）く
132	徽	徽	キ / よい / しるし	徽章（きしょう）
133	磯		キ / いそ	磯際（いそぎわ）
134	麒		キ / きりん	麒麟（きりん）
135	鰭		キ / ひれ / はた	尾鰭（おひれ）
136	稀		キ / ケ / まれ / まばら / うすい	稀有（けう）
137	妓		ギ / わざおぎ / あそびめ / こ	老妓（ろうぎ）
138	祇	祇	ギ / くにつかみ	天神地祇（てんしんちぎ）
139	誼		ギ / よい / すじみち / よしみ	恩誼（おんぎ） / 誼（よしみ）
140	蟻		ギ / あり / くろい	蟻（あり）
141	掬		キク / すくう / むすぶ	一掬（いっきく） / 掬（すく）って
142	鞠		キク / まり / やしなう / とりしらべる / かがむ	鞠訊（きくじん） / 鞠（まり）
143	麴	麹	キク / こうじ / さけ	麴（こうじ）
144	吃		キツ / どもる / くう / すう	吃水（きっすい） / 吃（ども）った
145	迄	迄	キツ / いたる / およぶ / まで	迄（まで）
146	橘		キツ / たちばな	橘中（きっちゅう）
147	桔		キツ / ケツ	
148	仇		キュウ / かたき / あだ / つれあい	仇敵（きゅうてき）
149	汲	汲	キュウ / くむ / ひく	汲汲（きゅうきゅう） / 汲（く）め
150	灸		キュウ / やいと	灸（きゅう） / 灸（やいと）
151	笈	※	キュウ / おい	書笈（しょきゅう） / 笈（おい）
152	韮	韭	キュウ / にら	韮（にら）
153	厩	廏廐厩※	キュウ / うまや	厩肥（きゅうひ） / 厩（うまや）
154	玖		キュウ / ク	
155	鳩		キュウ / ク / はと / あつめる / あつまる / やすんずる	鳩首凝議（きゅうしゅぎょうぎ） / 鳩（あつ）める

156	157	158	159	160	161	162	163
渠	嘘	鋸	禦	叶	兇	匡	俠
※	嘘						侠
キョ みぞ おおきい かしら かれ なんぞ	キョ ふく はく すすりなく うそ	キョ のこぎり のこ	ギョ ふせぐ つよい	キョウ かなう	キョウ わるい おそれる	キョウ ただす すくう	キョウ おとこだて きゃん
溝渠(こうきょ)		鋸(のこぎり)	折衝禦侮(せっしょうぎょぶ) 禦(ふせ)ぐ	叶(かな)った		匡弼(きょうひつ) 匡(ただ)す	義俠(ぎきょう)

164	165	166	167	168	169	170	171	172
喬	僑	蕎	彊	橿	饗	杏	馨	怯
					饗※			
キョウ たかい おごる	キョウ やどる かりずまい	キョウ	キョウ つよい つとめる しいる	キョウ かし	キョウ あえ もてなす うける	キョウ アン あんず	キョウ ケイ かおり かおる	キョウ コウ おびえる おじる ひるむ
喬木(きょうぼく)		蕎麦(そば)			饗応(きょうおう) 饗(もてな)し	杏林(きょうりん)	芳馨(ほうけい)	怯弱(きょうじゃく) 怯(おび)える 怯(お)じる 怯(ひる)んだ

173	174	175	176	177	178	179	180
劫	亨	堯	旭	粁	芹	衿	欽
				国			
キョウ コウ ゴウ おびやかす かすめる	キョウ コウ ホウ とおる にる	ギョウ たかい	キョク あさひ	キロメートル (訓)	キン せり	キン えり	キン つつしむ うやまう
億劫(おっくう) 劫初(ごうしょ)	亨(とお)る	堯風舜雨(ぎょうふうしゅんう)	旭日昇天(きょくじつしょうてん)		献芹(けんきん)	衿帯(きんたい) 衿(えり)	欽慕(きんぼ)

番号	漢字	許容字体等	読み	用例
181	禽		キン / とり / とらえる / いけどり	良禽(りょうきん)
182	檎		キン / ゴ	林檎(りんご)
183	欣		キン / ゴン / よろこぶ	欣幸(きんこう)、欣求浄土(ごんぐじょうど)

ク

番号	漢字	許容字体等	読み	用例
184	矩		ク / さしがね / のり	規矩準縄(きくじゅんじょう)、矩(のり)
185	駈		ク / かける / かる	
186	軀	躯	ク / からだ / むくろ	長身痩軀(ちょうしんそうく)
187	倶	※	ク / グ / ともに	不倶戴天(ふぐたいてん)、倶に(ともに)
188	寓		グ / グウ / よせる / やどる / かりずまい / かこつける	寓意(ぐうい)、寓ける(かこつける)
189	狗		ク / コウ / いぬ	鶏鳴狗盗(けいめいくとう)
190	鉤	鈎	ク / コウ / かぎ / つりばり / かける / おびどめ / まがる	鉤縄規矩(こうじょうきく)、自在鉤(じざいかぎ)
191	腔	腔	クウ / コウ / から / からだ	腔腸(こうちょう)
192	粂	国	くめ	
193	喰	※国	くらう / くう	

ケ

番号	漢字	許容字体等	読み	用例
194	袈		ケ	大袈裟(おおげさ)
195	圭		ケイ / たま / かどだつ	
196	荊	荆	ケイ / いばら / むち	荊の道(いばらのみち)
197	桂		ケイ / かつら	
198	珪		ケイ / たま	珪石(けいせき)
199	畦		ケイ / うね / あぜ	圃畦(ほけい)、畦道(あぜみち)
200	罫		ケイ	罫線(けいせん)
201	頸	頚	ケイ / くび	頸椎(けいつい)
202	繫	繋	ケイ / つなぐ / つながる / かかる / とらえる / きずな	繫駕(けいが)、繫ぐ(つなぐ)、繫け(かけ)
203	慧		ケイ / エ / さとい / かしこい	慧眼(けいがん)
204	鮭		ケイ / カイ / さけ / さかな	
205	卿	卿卿	ケイ / キョウ / きみ / くげ	卿相雲客(けいしょううんかく)
206	戟		ケキ / ゲキ / ほこ	刺戟(しげき)
207	隙	隙の異体字		

ケ

番号	漢字	異体字	読み	用例
208	訣		ケツ わかれる おくぎ	秘訣(ひけつ) 訣(わか)れる
209	蕨		ケツ わらび	早蕨(さわらび)
210	頁		ケツ ヨウ かしら ページ(訓)	頁岩(けつがん)
211	倦	倦	ケン うむ あきる あぐむ つかれる	倦怠(けんたい) 倦(う)まず 倦(あぐ)んで
212	捲	捲	ケン まく まくる めくる いさむ	捲土重来(けんどちょうらい) 捲(まく)り 捲(めく)って
213	牽		ケン ひく つらなる	牽強附会(けんきょうふかい) 牽(ひ)かれて
214	喧		ケン かまびすしい やかましい	喧伝(けんでん)
215	絢		ケン あや	絢飾(けんしょく) 絢(あや)

番号	漢字	異体字	読み	用例
216	蜎		ケン うつくしい	
217	鰹		ケン かつお	
218	鹼	鹸	ケン しおけ あく	石鹼(せっけん)
219	硯		ケン ゲン すずり	筆耕硯田(ひっこうけんでん)
220	彦		ゲン ひこ	英彦(えいげん)
221	絃		ゲン いと つる	絃歌(げんか)
222	諺	諺	ゲン ことわざ	古諺(こげん)

コ

番号	漢字	異体字	読み	用例
223	乎		コ か や を かな	醇乎(じゅんこ)
224	姑		コ しゅうとめ しゅうと おんな しばらく	因循姑息(いんじゅんこそく) 姑(しばら)く
225	狐	狐	コ きつね	董狐の筆(とうこのふで) 狐(きつね)
226	袴		コ はかま ももひき	白袴(しろばかま)
227	壺	壷	コ つぼ	壺中(こちゅう)
228	菰	菰	コ こも まこも	真菰(まこも)
229	跨		コ またぐ またがる よる また	跨線橋(こせんきょう) 跨(また)ぐ 跨(また)がり
230	鈷		コ	
231	糊		コ のり くちすぎ	模糊(もこ) 糊(のり)する

番号	漢字	許容字体	読み	用例
232	瑚		ゴ コ	鉄網珊瑚(てつもうさんご)
233	醐		ゴ コ	醍醐味(だいごみ)
234	胡		コ ゴ ウ あごひげ えびす なんぞ でたらめ ながいき みだり いずくんぞ	胡蝶(こちょう) 胡乱(うろん)
235	伍		ゴ くみ いつつ	隊伍(たいご)
236	冴	※	ゴ さえる	冴(さ)えて
237	吾		ゴ われ わが	
238	梧		ゴ あおぎり	魁梧(かいご)
239	叩		コウ たたく はたく ひかえる	叩扉(こうひ) 叩(はた)いて

番号	漢字	許容字体	読み	用例
240	亙		コウ わたる	聯亙(れんこう) 亙(わた)る
241	宏		コウ ひろい おおきい	宏壮(こうそう)
242	佼		コウ うつくしい	佼人(こうじん) 佼(うつく)しい
243	庚		コウ かのえ とし	庚申(こうしん)
244	杭		コウ わたる くい	
245	肴		コウ さかな	酒肴(しゅこう) 肴(さかな)
246	肱		コウ ひじ	股肱(ここう)
247	巷	巷	コウ ちまた	街談巷説(がいだんこうせつ)
248	倖		コウ さいわい へつらう	薄倖(はっこう)
249	晃		コウ あきらか ひかる	晃晃(こうこう)

番号	漢字	許容字体	読み	用例
250	浩		コウ おおきい ひろい おおい おごる	浩然(こうぜん)
251	紘		コウ おおづな ひろい	
252	皐	皋	コウ さわ さつき	九皐(きゅうこう)
253	袷		コウ あわせ	袷(あわせ)
254	鈕		コウ かざる ボタン(訓)	
255	蛤		コウ はまぐり	
256	幌		コウ ほろ	幌(ほろ)
257	膏		コウ あぶら こえる うるおす めぐむ	膏火自煎(こうかじせん) 膏(こ)える

コ

番号	漢字	異体字	読み	用例
258	閤		コウ／くぐりど／へや／たかどの	閤下(こうか)
259	縞		コウ／しろぎぬ／しま	格子縞(こうしじま)
260	藁		コウ／わら	
261	糠		コウ／ぬか	糟糠(そうこう)／糠漬(ぬかづ)け
262	鮫		コウ／さめ	鮫臭(さめくさ)い
263	鴻		コウ／おおとり／おおきい	泰山鴻毛(たいざんこうもう)
264	礦	砿	コウ／あらがね	
265	攪	撹	コウ／カク／みだす／まぜる	攪乱(かくらん)
266	垢		コウ／ク／あか／よごれる／けがれる／はじ	塵垢(じんこう)／純真無垢(じゅんしんむく)／垢抜(あかぬ)けた
267	弘		コウ／グ／ひろい／ひろめる	弘報(こうほう)／弘誓(ぐぜい)／弘(ひろ)い
268	昂		コウ／ゴウ／たかぶる／あがる／たかい	昂進(こうしん)／昂(たかぶ)った
269	鵠	※	コウ／コク／くぐい／しろい／まと／ただしい／おおきい	不失正鵠(ふしっせいこく)
270	亘		コウ／セン／わたる	亘(わた)る
271	壕		ゴウ／ほり	壕(ごう)／壕(ほり)
272	濠		ゴウ／ほり	濠(ごう)
273	嚙	噛	ゴウ／かむ／かじる	窮鼠嚙猫(きゅうそごうびょう)／嚙(かじ)った
274	轟		ゴウ／とどろく／おおいに	轟然(ごうぜん)／轟(とどろ)く
275	忽		コツ／ゆるがせ／たちまち	粗忽(そこつ)／忽(ゆるが)せ／忽(たちま)ち
276	惚		コツ／ほれる／ほうける／ぼける／とぼける	惚(ほ)れ／自惚(うぬぼ)れて
277	坤		コン／つち／ひつじさる	乾坤(けんこん)
278	昏		コン／くれ／くらい／くらむ	昏睡(こんすい)
279	梱		コン／こり／こうり／しきみ	梱包(こんぽう)／二梱(ふたこり)(こうり)
280	艮		コン／ゴン／うしとら	艮(うしとら)

サ

番号	漢字	異体字	読み	用例
281	乍		サ／たちまち／ながら	乍(たちま)ち／乍(なが)ら
282	些		サ／いささか／すこし	些細(ささい)／些(いささ)か
283	嵯	嵳	サ／けわしい	嵯峨(さが)

番号	漢字	許容字体・国字	読み	用例
284	裟		サ	袈裟(けさ)
285	瑳		サ / みがく	切瑳(せっさ) 瑳く(みがく)
286	蓑		サ / サイ / みの	蓑(みの)
287	叉		サ / シャ / また / さす / こまねく / こまぬく	交叉(こうさ) 笑面夜叉(しょうめんやしゃ)
288	紗		サ / シャ / うすぎぬ	更紗(さらさ)
289	坐		ザ / すわる / いながら / そぞろに / います / おわす / まします	行住坐臥(ぎょうじゅうざが) 坐ら(いながら) 坐に(そぞろに)
290	哉		サイ / かな / や / か	快哉(かいさい)
291	晒		サイ / さらす	晒した(さらした)

番号	漢字	許容字体・国字	読み	用例
292	柴		サイ / しば / まつり / ふさぐ	柴扉(さいひ)
293	砦		サイ / とりで	山砦(さんさい)
294	栖		サイ / セイ / すむ / すみか	幽栖(ゆうせい)
295	犀		サイ / セイ / かたい / するどい	犀利(さいり)
296	啐		サイ / ソツ / なめる / なきごえ	啐啄同時(そったくどうじ)
297	榊	榊 [国]	さかき	榊(さかき)
298	朔		サク / ついたち / きた	晦朔(かいさく) 朔(ついたち)
299	窄		サク / せまい / せばまる / すぼむ / つぼむ	狭窄(きょうさく) 見窄らしい(みすぼらしい)
300	笹	[国]	ささ	篠笹(しのざさ)

番号	漢字	許容字体・国字	読み	用例
301	薩	薩	サツ	菩薩(ぼさつ)
302	撒		サツ / サン / まく	撒布(さんぷ) 撒く(まく)
303	珊	珊※	サン	珊瑚礁(さんごしょう)
304	蒜		サン / ひる / にんにく	野蒜(のびる)
305	餐		サン / くう / のむ / たべもの	風餐露宿(ふうさんろしゅく)
306	燦		サン / あきらか / あざやか / きらめく	燦然(さんぜん)
307	纂		サン / あつめる / くみひも / つぐ	編纂(へんさん) 纂める(あつめる)
308	讃	讚	サン / ほめる / たたえる / たすける	

シ

番号	漢字	許容字体・国字	読み	用例
309	之		シ / これ / この / の / ゆく	之(これ) 之く(ゆく)

番号	漢字	読み	用例
310	巳	シ　み	上巳(じょうし)
311	仔	シ　たえる　こまか　こ	
312	只	シ　ただ	
313	此	シ　この　これ　かく　ここ	彼此(ひし)
314	孜	シ　つとめる	孜孜(しし)
315	屍	シ　しかばね　かばね	死屍(しし)
316	砥	シ　と　といし　とぐ　みがく	砥礪(しれい)
317	偲	シ　しのぶ	偲(しの)んで
318	匙	シ　さじ	薬匙(やくし)　匙(さじ)
319	梓	シ　あずさ　はんぎ　だいく	上梓(じょうし)
320	斯	シ　この　これ　かく　かかる	斯学(しがく)　斯(これ)　斯(か)く
321	覗	シ　うかがう　のぞく	覗(うかが)う　覗(のぞ)く
322	獅	シ　しし	獅子奮迅(ししふんじん)
323	髭	シ　くちひげ　ひげ	
324	蒔	シ　ジ　うえる　まく	蒔絵(まきえ)　蒔(ま)く
325	笥	シ　ス　け　はこ	箪笥(たんす)
326	弛	シ　チ　たるむ　ゆるむ　たゆむ	一張一弛(いっちょういっし)　弛(たゆ)まず
327	而	ジ　しかして　しかれども　しかも　しかるに　なんじ	而立(じりつ)　而(しか)して　而(しか)も　而(しか)る後(のち)
328	痔	ジ　しもがさ	
329	馳	ジ　チ　はせる	背馳(はいち)　御馳走(ごちそう)　馳(は)せる
330	爾	ジ　ニ　なんじ　その	爾来(じらい)　爾(なんじ)
331	鴫 国	しぎ	鴫(しぎ)
332	宍	ジク　ニク　しし	
333	悉	シツ　つくす　ことごとく　つぶさに	知悉(ちしつ)　悉(ことごと)く　悉(つぶさ)に

番号	334	335	336	337	338	339	340	341
漢字	櫛	蛭	柘	這	勺	灼	錫	杓
許容字体	櫛櫛			這		※		杓
読み	シツ、くし、くしけずる	シツ、テツ、ひる	シャ、やまぐわ、つげ	シャ、この、これ、はう	シャク	シャク、やく、あきらか、あらたか、やいと	シャク、セキ、シ、すず、つえ、たまもの	シャク、ヒョウ、ひしゃく、しゃくう
用例	櫛比(しっぴ)、櫛(くし)	山蛭(やまびる)		這般(しゃはん)、這(は)い		赫灼(かくしゃく)、灼(あらた)かな	錫杖(しゃくじょう)、錫(すず)	杓子定規(しゃくしじょうぎ)

番号	342	343	344	345	346	347	348	349
漢字	雀	惹	諏	咒	竪	綬	嬬	濡
許容字体				呪の異体字	豎			
読み	ジャク、すずめ	ジャク、ジャ、ひく、まねく	シュ、ス、はかる、とう		ジュ、たつ、たて、こども、こもの	ジュ、ひも、くみひも	ジュ、つま、よわい	ジュ、うるおう、ぬれる、とどこおる、こらえる
用例	欣喜雀躍(きんきじゃくやく)	惹起(じゃっき)	諮諏(ししゅ)		竪子(じゅし)	藍綬(らんじゅ)		濡(ぬ)れ

番号	350	351	352	353	354	355	356	357	358	359
漢字	柊	洲	酋	萩	葺	蒐	輯	繡	鰍	穐
許容字体	柊		酋					繍		穐
読み	シュウ、ひいらぎ	シュウ、す、しま	シュウ、おさ、かしら	シュウ、はぎ	シュウ、ふく、つくろう	シュウ、あつめる、かり	シュウ、あつめる、やわらぐ	シュウ、ぬいとり、にしき、うつくしい	シュウ、どじょう、いなだ、かじか	シュウ、あき、とき
用例	柊葉(しゅうよう)	洲渚(しゅうしょ)			かわら葺(ぶ)き	蒐荷(しゅうか)、蒐(あつ)める	編輯(へんしゅう)、輯(あつ)める	刺繡(ししゅう)		

番号	漢字	異体字	読み	用例
360	鷲		シュウ ジュ わし	鷲摑み(わしづかみ)
361	嵩		シュウ スウ かさ かさむ たかい	水嵩(みずかさ) 嵩(かさ)ばる
362	楢	楢	シュウ ユウ なら	楢(なら)
363	什		ジュウ とお	佳什(かじゅう)
364	廿		ジュウ にじゅう	
365	戎		ジュウ えびす いくさ おおきい おおい つわもの	戎馬(じゅうば)
366	紐		ジュウ チュウ ひも	紐帯(ちゅうたい(じゅうたい))
367	夙		シュク つとに はやい まだき	夙志(しゅくし) 夙(つと)に 夙(はや)い

番号	漢字	異体字	読み	用例
368	粥		シュク イク かゆ ひさぐ	粥薬(しゅくやく) 粥腹(かゆばら) 粥(ひさ)いで
369	峻		シュン たかい けわしい おおきい きびしい	峻拒(しゅんきょ)
370	竣		シュン おわる	竣成(しゅんせい)
371	舜	※	シュン むくげ	尭風舜雨(ぎょうふうしゅんう)
372	隼		シュン ジュン はやぶさ	
373	醇		シュン ジュン もっぱら あつい	醇風美俗(じゅんぷうびぞく) 醇(あつ)い
374	馴		シュン ジュン クン なれる ならす すなお よい おしえ	馴致(じゅんち) 馴染(なじ)み
375	駿		シュン スン すぐれる	駿馬(しゅんめ)

番号	漢字	異体字	読み	用例
376	淳		ジュン あつい すなお	淳化(じゅんか) 淳(あつ)い
377	閏		ジュン うるう	閏月(じゅんげつ) 閏年(うるうどし)
378	楯		ジュン たて	楯(たて)突いた
379	惇		ジュン トン あつい まこと	温柔惇厚(おんじゅうとんこう) 惇(あつ)い
380	杵		ショ きね	杵臼(しょきゅう) 杵柄(きねづか)
381	渚		ショ なぎさ みぎわ	浅渚(せんしょ)
382	黍		ショ きび	麦秀黍離(ばくしゅうしょり)
383	曙		ショ あけぼの	曙光(しょこう) 曙(あけぼの)
384	藷	藷	ショ いも さとうきび	
385	恕		ショ ジョ おもいやる ゆるす	寛恕(かんじょ) 恕(ゆる)す

番号	漢字	異体字	読み	用例
386	鋤		ショ、ジョ、すき、すく	鋤鍬(すきくわ)
387	薯	薯	ショ、ジョ、いも	馬鈴薯(ばれいしょ)、自然薯(じねんじょ)、薯(いも)
388	疏	疏	ショ、ソ、とおす、とおる、うとい、うとむ、おろそか、あらい、まばら、ふみ	綱挙網疏(こうきょもうそ)、疏る(とおる)
389	疋		ショ、ソ、ヒツ、あし、ひき	五疋(ごひき)
390	汝		ジョ、なんじ	爾汝(じじょ)
391	妾		ショウ、めしつかい、めかけ、わらわ	姫妾(きしょう)
392	昌		ショウ、さかん、うつくしい、みだれる	隆昌(りゅうしょう)

番号	漢字	異体字	読み	用例
393	哨	哨	ショウ、みはり	哨戒(しょうかい)、哨(みはり)
394	娼		ショウ、あそびめ	
395	捷		ショウ、かつ、はやい	捷報(しょうほう)、捷つ(かつ)
396	梢		ショウ、こずえ、かじ	末梢(まっしょう)
397	菖		ショウ、しょうぶ	菖蒲(しょうぶ)
398	湘		ショウ	
399	蛸	蛸	ショウ、たこ	
400	蔣	蒋	ショウ、まこも	
401	裳		ショウ、も、もすそ	衣裳(いしょう)、裳着(もぎ)
402	廠	厰	ショウ、かりや、うまや、しごとば	廠舎(しょうしゃ)

番号	漢字	異体字	読み	用例
403	樟		ショウ、くす、くすのき	樟脳(しょうのう)
404	蕉		ショウ	
405	橡		ショウ、とち、くぬぎ、つるばみ	
406	鞘	鞘	ショウ、さや	利鞘(りざや)
407	篠	篠	ショウ、しの	乱篠(らんしょう)、篠突く(しのつく)
408	鍾		ショウ、さかずき、あつめる、つりがね	鍾寵(しょうちょう)、鍾める(あつめる)
409	醬	醤	ショウ、ししびしお、ひしお	醬油(しょうゆ)
410	鍬		ショウ、シュウ、すき、くわ	鋤鍬(すきくわ)
411	丞		ショウ、ジョウ、たすける	丞けて(たすけて)

412	413	414	415	416	417	418	419
嘗	甥	錆	鯖	庄	鎗	樵	秤
		錆	鯖				秤
ショウ ジョウ なめる かつて こころみる	ショウ セイ おい	ショウ セイ さび さびる	ショウ セイ さば よせなべ	ショウ ソウ いなか むらざと	ショウ ソウ やり	ショウ ゾウ きこり こる きこる	ショウ ビン はかり
臥薪嘗胆（がしんしょうたん） 嘗める（な） 嘗て（かつ）	外甥（がいせい）	錆（さび）			横鎗（よこやり）	樵蘇（しょうそ） 樵（きこり） 樵る（こ）	天秤（てんびん）

420	421	422	423	424	425	426
摺	杖	茸	擾	穣	瀞	鄭
摺					瀞	鄭
ショウ ロウ たたむ ひだ する くじく	ジョウ つえ	ジョウ しげる ふくろづの たけ きのこ	ジョウ ならす みだれる わずらわしい さわぐ	ジョウ ゆたか みのる	ジョウ セイ とろ	ジョウ テイ ねんごろ
摺る（す）	錫杖（しゃくじょう） 頬杖（ほおづえ）	茸茸（じょうじょう）	騒擾（そうじょう） 擾れる（みだ）	五穀豊穣（ごこくほうじょう） 穣る（みの）	瀞（とろ）	鄭重（ていちょう）

427	428	429	430	431	432	433	434	435
埴	蝕	燭	粟	辰	矧	晋	疹	秦
	蝕							
ショク はに	ショク むしばむ	ショク ソク ともしび	ショク ソク ゾク もみ あわ ふち	シン たつ ひ とき	シン はぐ	シン すすむ	シン はしか	シン はた
埴輪（はにわ）	蝕まれた（むしば）	華燭（かしょく） 蠟燭（ろうそく）	一粟（いちぞく） 粟（あわ）	辰砂（しんしゃ） 辰巳（たつみ）	矧ぐ（は）		湿疹（しっしん）	

番号	漢字	許容字体	読み	用例
436	榛		シン／はしばみ／はり／くさむら	
437	賑		シン／ほどこす／にぎわう／にぎやか	賑(にぎ)わい／賑(にぎ)やか
438	訊		シン／ジン／たずねる／とう／きく／たより	審訊(しんじん)／訊(と)う
439	槙		シン／テン／まき	
440	靭	靱靭	ジン／しなやか	強靭(きょうじん)／靭(しな)やか
441	塵		ジン／ちり	俗塵(ぞくじん)／塵(ちり)
442	儘		ジン／ことごとく／まま	気儘(きまま)
443	壬		ジン／ニン／みずのえ／おもねる	
444	荏		ジン／ニン／え／やわらか	荏苒(じんぜん)

ス

番号	漢字	許容字体	読み	用例
445	稔		ジン／ニン／ネン／みのる／とし／つむ	
446	翠	翆	スイ／かわせみ／みどり	深翠(しんすい)
447	錘		スイ／つむ／おもり	
448	錐		スイ／きり／するどい	立錐(りっすい)／錐(きり)
449	瑞		ズイ／しるし／めでたい／みず	瑞祥(ずいしょう)
450	蕊	蘂蕋	ズイ／しべ	浮花浪蕊(ふかろうずい)／雌蕊(めしべ)
451	雛		スウ／ス／ひな／ひよこ	伏竜鳳雛(ふくりょうほうすう)／内裏雛(だいりびな)
452	趨		スウ／ソク／シュ／はしる／おもむく／はやい／うながす	趨向(すうこう)／趨(はし)って／趨(おもむ)く

セ

番号	漢字	許容字体	読み	用例
453	椙	国	すぎ	椙(すぎ)の木(き)
454	吋		スン／トウ／インチ(訓)	
455	棲		セイ／すむ／すみか	棲息(せいそく)／棲(す)む
456	貰		セイ／もらう／かりる／ゆるす	貰(もら)う
457	靖		セイ／やすい／やすんじる	
458	鉦		セイ／ショウ／かね	鉦(かね)
459	脆	脆	セイ／ゼイ／もろい／よわい／やわらかい／かるい	脆弱(ぜいじゃく)／脆(もろ)く
460	汐		セキ／しお／うしお	
461	碩		セキ／おおきい	碩儒(せきじゅ)

セ

番号	漢字	異体字等	読み	用例
462	蹟		セキ シャク あと	真蹟（しんせき）
463	屑	屑	セツ いさぎよい くず	砕屑（さいせつ） 藻屑（もくず）
464	鱈	鱈 国	セツ たら	矢鱈（やたら）な
465	尖		セン とがる するどい さき	尖兵（せんぺい） 尖（とが）らせて 尖（するど）い 爪尖（つまさき）
466	舛	※	セン そむく あやまる いりまじる	舛誤（せんご）
467	苫		セン とま むしろ	苫屋（とまや）
468	穿	※	セン うがつ はく つらぬく ほじる ほじくる	磨穿鉄硯（ませんてっけん） 穿（うが）つ
469	茜		セン あかね	茜（あかね）
470	栴		セン	栴檀（せんだん）
471	閃		セン ひらめく	紫電一閃（しでんいっせん）
472	釧		セン うでわ くしろ	腕釧（わんせん）
473	揃	揃	セン そろう そろえる そろい	勢揃（せいぞろ）い
474	煽	煽	セン あおる おだてる おこる あおり	煽動（せんどう） 煽（あお）る 煽（おだ）て
475	銑		セン ずく	
476	箭	箭	セン や	弓箭（きゅうせん）
477	撰	撰	セン サン えらぶ	杜撰脱漏（ずさんだつろう）
478	賤	賎	セン ゼン やすい いやしい あやしい いやしめる しず	貧賤（ひんせん）
479	蟬	蝉	セン ゼン せみ うつくしい つづく	蟬脱（せんだつ） 春蛙秋蟬（しゅんあしゅうぜん）
480	苒	苒	ゼン	荏苒（じんぜん）
481	粁	国	センチメートル（訓）	

ソ

番号	漢字	異体字等	読み	用例
482	岨		ソ そば そばだつ	岨道（そばみち）
483	楚		ソ いばら しもと むち すわえ	四面楚歌（しめんそか）
484	溯	遡の異体字		

番号	漢字	異体字	読み	用例
485	姐		ソ シャ あね あねご ねえ	
486	鼠		ソ ショ ス ねずみ	城狐社鼠(じょうこしゃそ)
487	蘇		ソ ス ふさ よみがえる	蘇生(そせい)
488	匝	帀	ソウ めぐる	周匝(しゅうそう) 匝って(めぐって)
489	宋		ソウ	
490	蚤		ソウ のみ はやい つめ	蚤(のみ)
491	惣		ソウ すべて	惣菜(そうざい)
492	湊		ソウ みなと あつまる	湊泊(そうはく) 湊まって(あつまって)
493	葱		ソウ ねぎ き あおい	葱翠(そうすい) 葱(ねぎ)

番号	漢字	異体字	読み	用例
494	搔	掻	ソウ かく	掻頭(そうとう) 足掻いて(あがいて)
495	蒼		ソウ あお あおい しげる ふるびる あわただしい	古色蒼然(こしょくそうぜん)
496	槍		ソウ やり	
497	漕		ソウ はこぶ こぐ	回漕(かいそう) 漕ぐ(こぐ)
498	綜		ソウ すべる おさ まじえる	錯綜(さくそう)
499	聡		ソウ さとい	聡明(そうめい) 聡い(さとい)
500	甑	甑	ソウ こしき	甑塵釜魚(そうじんふぎょ) 甑(こしき)
501	糟		ソウ かす	糟糠(そうこう)
502	叢		ソウ くさむら むらがる	叢生(そうせい) 叢立てる(むらだてる)

番号	漢字	異体字	読み	用例
503	藪	薮	ソウ さわ やぶ	藪沢(そうたく)
504	竈	竈 竃	ソウ かまど へっつい	病竈(びょうそう) 竈(かまど)
505	鰺	鯵	ソウ あじ	縞鰺(しまあじ)
506	噌	噌	ソウ ソ かまびすしい	
507	巽		ソン たつみ ゆずる	巽位(そんい) 巽(たつみ)
508	噂	噂	ソン うわさ	噂(うわさ)
509	樽	樽	ソン たる	
510	鱒	鱒	ソン ゾン ます	虹鱒(にじます)

タ

番号	漢字	異体字	読み	用例
511	詑		タ あざむく	詑く(あざむく)
512	詫		タ わびる ほこる わび	詫びる(わびる)

番号	漢字	異体字等	読み	用例
513	柁		タ ダ かじ	
514	舵		タ ダ かじ	操舵（そうだ）
515	雫	国	ダ しずく	雫（しずく）
516	楕	橢	ダ こばんがた	楕円（だえん）
517	陀		タ ダ	
518	岱		タイ	
519	苔		タイ こけ	海苔（のり）
520	殆		タイ ほとんど あやうい ほとほと	危殆（きたい） 殆ど（ほとんど） 殆うい（あやうい） 殆（ほとほと）
521	碓		タイ うす	
522	腿	腿	タイ もも	大腿（だいたい）
523	黛		タイ まゆずみ かきまゆ まゆ	粉黛（ふんたい）
524	鎚	鎚	タイ ツイ つち かなづち	鉄鎚（てっつい）
525	梯		タイ テイ はしご	階梯（かいてい） 梯（はしご） 梯子（はしご）
526	悌		ダイ テイ やわらぐ	孝悌（こうてい）
527	醍		ダイ テイ	醍醐味（だいごみ）
528	乃		ダイ ナイ の すなわち なんじ	乃父（だいふ） 乃至（ないし） 乃ち（すなわち）
529	迺	迺 廼	ダイ ナイ なんじ すなわち の	迺ち（すなわち）
530	托		タク おす おく たのむ	托鉢（たくはつ） 托む（たのむ）
531	琢		タク みがく	彫琢（ちょうたく） 琢いて（みがいて）
532	鐸		タク すず	木鐸（ぼくたく）
533	擢	擢	タク テキ ぬく ぬきんでる	抜擢（ばってき） 擢んでた（ぬきんでた）
534	啄		タク トク ついばむ	啐啄同時（そったくどうじ） 啄んで（ついばんで）
535	凧	国	たこ	奴凧（やっこだこ）
536	韃	韃	タツ ダツ むち むちうつ	
537	捺		ダツ ナツ おす	捺印（なついん） 捺す（おす）
538	坦		タン たいら	平坦（へいたん）
539	耽		タン ふける おくぶかい	耽溺（たんでき） 耽った（ふけった）

チ

番号	漢字	許容字体	読み	用例
540	蛋		タン あま えびす たまご	蛋白質(たんぱくしつ)
541	歎	歎	タン たたえる なげく	歎願(たんがん) 歎(なげ)き
542	簞	箪	タン わりご はこ ひさご	簞食(たんし)瓢飲(ひょういん)
543	驒	騨	タン ダ タ	
544	椴		タン ダン とど とどまつ	椴松(とどまつ)
545	檀		タン ダン まゆみ	檀家(だんか)
546	湛		タン チン たたえる あつい しずむ ふかい ふける	湛然(たんぜん) 湛(たた)える
547	灘	灘	ダン タン はやせ なだ	灘(だん)(たん)響(きょう)
548	智		チ ちえ さとい	
549	蜘		チ くも	
550	筑	※	チク ツク	
551	蛛		チュ チュウ シュ くも	
552	丑		チュウ うし	己丑(きちゅう)
553	紬		チュウ つむぎ つむぐ	繭紬(けんちゅう)
554	註	※	チュウ ときあかす	
555	厨	廚	チュウ ズ くりや はこ	庖厨(ほうちゅう) 厨子(ずし) 厨(くりや)
556	苧		チョ からむし お	苧麻(ちょま) 苧殻(おがら)
557	猪		チョ い いのしし	猪突猛進(ちょとつもうしん)
558	樗		チョ おうち	樗材(ちょざい)
559	儲	儲	チョ そえ もうける たくわえる	儲君(ちょくん) 儲(もう)けた
560	瀦	潴	チョ みずたまり たまる	瀦滞(ちょたい)
561	吊		チョウ つる つるす	懸吊(けんちょう)
562	凋	凋	チョウ しぼむ	凋落(ちょうらく)
563	喋		チョウ しゃべる ふむ	喋喋(ちょうちょう) 喋(しゃべ)って
564	脹		チョウ ふくれる はれる ふくよか	腫脹(しゅちょう) 脹(は)れる
565	暢		チョウ のびる とおる のべる	暢達(ちょうたつ) 暢(の)びる
566	肇		チョウ はじめる はじめ	肇造(ちょうぞう) 肇(はじ)める
567	蔦		チョウ つた	蔦漆(つたうるし)
568	蝶		チョウ	胡蝶(こちょう)

チ

番号	漢字	備考	読み	用例
569	諜		チョウ うかがう さぐる しめす ふだ	諜報(ちょうほう)
570	寵		チョウ めぐむ めぐみ いつくしむ	鍾寵(しょうちょう)
571	帖		チョウ ジョウ かきもの たれる やすめる	手帖(てちょう) 画帖(がじょう)
572	牒		チョウ ジョウ ふだ	符牒(ふちょう)
573	釘		チョウ テイ くぎ	釘(くぎ)
574	鯛		チョウ トウ たい	
575	銚		チョウ ヨウ なべ すき とくり	

ツ・テ

番号	漢字	備考	読み	用例
576	砧		チン きぬた	砧声(ちんせい) 砧(きぬた)
577	椿		チン つばき	椿事(ちんじ)
578	槌	槌	ツイ つち うつ	鉄槌(てっつい) 槌音(つちおと)
579	辻	辻 国	つじ	辻札(つじふだ)
580	汀		テイ みぎわ なぎさ	汀渚(ていしょ)
581	剃		テイ そる	剃髪落飾(ていはつらくしょく)
582	碇		テイ いかり	
583	禎		テイ さいわい	禎祥(ていしょう)
584	鼎		テイ かなえ まさに	鼎立(ていりつ) 鼎(かなえ) 鼎に(まさに)
585	蹄	※	テイ ひづめ わな	馬蹄(ばてい) 蹄(ひづめ)

番号	漢字	備考	読み	用例
586	鵜		テイ う	鵜呑み(うのみ)
587	薙		テイ チ なぐ かる そる	薙髪(ち(てい)はつ) 薙ぎ倒す(なぎたおす)
588	挺	※	テイ チョウ ぬく ぬきんでる	挺して(ていして) 一挺(いっちょう) 挺く(ぬく)・挺んでる(ぬきんでる)
589	綴		テイ テツ つづる とじる あつめる	補綴(ほてい) 綴る(つづる) 綴じる(とじる)
590	禰	祢	デイ ネ みたまや かたしろ	禰宜(ねぎ)
591	荻		テキ おぎ	岸荻(がんてき) 荻(おぎ)
592	鏑		テキ やじり かぶら かぶらや	
593	姪		テツ めい	姪孫(てっそん)

番号	漢字	許容字体	読み	用例
594	畷		テツ、なわて	畷(なわて)
595	轍		テツ、わだち、あとかた、のり	途轍(とてつ)、轍(わだち)
596	辿	辿	テン、たどる	辿(たど)る
597	甜		テン、あまい、うまい	甜言蜜語(てんげんみつご)
598	顚	顛	テン、いただき、たおれる、くつがえる	顚末(てんまつ)
599	纏	纒纏	テン、まとう、まつわる、まとめる、まつる、まとい	情緒纏綿(じょうしょてんめん)、纏(まと)う、纏(まと)める、纏(まつ)って
600	佃		テン、デン、たがやす、つくだ、かり	佃煮(つくだに)
601	淀		テン、デン、よど、よどむ	

番号	漢字	許容字体	読み	用例
602	澱		テン、デン、おり、よどむ、よど	澱粉(でんぷん)、澱(おり)、澱(よど)んで
603	撚		デン、ネン、ひねる、よる、より	
604	鮎		デン、ネン、あゆ	

ト

番号	漢字	許容字体	読み	用例
605	兎	兔兎※	ト、うさぎ	兎角亀毛(とかくきもう)
606	菟	菟菟莵※	ト、うさぎ	菟糸燕麦(としえんばく)
607	堵	堵	ト、かき	安堵(あんど)
608	鍍		ト、めっき	
609	杜		ト、ズ、とじる、ふさぐ、やまなし、もり	杜漏(ずろう)、杜(ふさ)いで
610	宕		トウ、ほしいまま、ほらあな	豪宕(ごうとう)
611	沓		トウ、かさなる、むさぼる、くつ	雑沓(ざっとう)、沓石(くついし)
612	套		トウ、かさねる、おおい	常套(じょうとう)
613	桶		トウ、おけ	鉄桶(てっとう)、桶屋(おけや)
614	淘		トウ、よなげる	淘汰(とうた)、淘(よな)げる
615	董		トウ、ただす、とりしまる	董督(とうとく)、董(ただ)す
616	塘	塘	トウ、つつみ	池塘(ちとう)、塘(つつみ)
617	嶋		トウ、しま	

ト

番号	漢字	異体字	読み	用例
618	樋	樋	トウ ひ とい	雨樋(あまどい)
619	蕩		トウ うごく とろける のびやか ほしいまま みだす はらう あらう	蕩尽(とうじん) 蕩ける(とろける)
620	濤	涛	トウ なみ	怒濤(どとう)
621	檮	梼	トウ きりかぶ おろか	檮昧(とうまい)
622	禱	祷	トウ いのる まつる	黙禱(もくとう)
623	鐙		トウ たかつき あぶみ	鐙(あぶみ)
624	逗	逗	トウ ズ とどまる くぎり	逗留(とうりゅう)
625	兜		トウ ト かぶと	
626	萄		トウ ドウ	

番号	漢字	異体字	読み	用例
627	撞		トウ ドウ シュウ つく	自家撞着(じかどうちゃく) 撞木(しゅもく)
628	桐		ドウ トウ きり こと	桐油(とうゆ)
629	膿		ドウ ノウ うみ うむ	化膿(かのう) 膿(うみ)
630	栂	国	とが つが	栂(つが(とが))
631	禿		トク はげ はげる ちびる かむろ	禿筆(とくひつ) 禿(かむろ)
632	瀆	涜	トク みぞ けがす あなどる	冒瀆(ぼうとく) 瀆す(けがす) 瀆る(あなどる)
633	竺		トク ジク あつい	
634	沌		トン ふさがる	混沌(こんとん)
635	敦		トン あつい とうとぶ	温柔敦厚(おんじゅうとんこう) 敦い(あつい)

ナ ノ ハ

番号	漢字	異体字	読み	用例
636	噸	国	トン(訓)	
637	遁	遁	トン シュン ジュン のがれる しりごみする	遁世(とんせい) 遁れる(のがれる)
638	呑	※	トン ドン のむ	呑吐(どんと)
639	凪	国	なぎ なぐ	朝凪(あさなぎ) 凪いだ(ないだ)
640	楠		ナン くすのき	
641	囊	嚢	ノウ ドウ ふくろ	囊中(のうちゅう)
642	巴		ハ うずまき ともえ	三つ巴(みつどもえ)
643	杷		ハ さらい	枇杷(びわ)
644	琶		ハ	

番号	漢字	許容字体等	読み	用例
645	頗		ハ、かたよる、すこぶる	偏頗（へんぱ）、頗る（すこぶる）
646	簸		ハ、ひる、あおる	簸却（はきゃく）
647	芭		ハ、バ	
648	播		ハ、バン、まく、しく、さすらう	伝播（でんぱ）、播く（まく）
649	盃		ハイ、さかずき	
650	牌	牌	ハイ、ふだ	位牌（いはい）
651	稗	※	ハイ、ひえ、こまかい	稗史（はいし）
652	吠		ハイ、バイ、ほえる	邑犬群吠（ゆうけんぐんばい）
653	狽		バイ	周章狼狽（しゅうしょうろうばい）

番号	漢字	許容字体等	読み	用例
654	楳		バイ、うめ	
655	煤		バイ、すす、すすける	煤煙（ばいえん）、煤ける（すすける）
656	狛		ハク、こま、こまいぬ	狛犬（こまいぬ）
657	粕		ハク、かす	糟粕（そうはく）
658	箔		ハク、すだれ、のべがね	金箔（きんぱく）
659	柏		ハク、ビャク、かしわ	松柏（しょうはく）
660	駁		バク、ハク、まだら、ぶち、なじる、まじる	雑駁（ざっぱく）、黒駁（くろぶち）
661	曝		バク、ホク、さらす、さらける、さらばえる	曝書（ばくしょ）、曝す（さらす）

番号	漢字	許容字体等	読み	用例
662	硲	国	はざま	硲（はざま）
663	畠	国	はた、はたけ	畠物（はた（はたけ）もの）
664	捌		ハチ、ハツ、ベツ、さばく、さばける、はける、はかす	捌く（さばく）、水捌け（みずはけ）
665	潑	溌	ハツ、そそぐ、はねる	
666	醱	醗	ハツ、かもす	
667	筏		ハツ、バツ、いかだ	筏（いかだ）
668	噺	国	はなし	御伽噺（おとぎばなし）
669	磐		ハン、バン、いわ、わだかまる	磐石（ばんじゃく）
670	扮		ハン、フン、よそおう、かざる	扮装（ふんそう）

ハ						ヒ
671	672	673	674	675	676	677
叛	幡	挽	蕃	蔓	鰻	庇
叛		挽				
ハン ホン そむく はなれる	ハン マン ホン はた のぼり ひるがえる	バン ひく	バン ハン しげる ふえる まがき えびす	バン マン つる はびこる からむ	バン マン うなぎ	ヒ ひさし かばう
叛骨(はんこつ) 叛く(そむく)		挽歌(ばんか) 挽(ひ)かせ	蕃境(ばんきょう) 蕃殖(はんしょく) 蕃(ふ)える	金蔓(かねづる)		庇護(ひご) 庇(かば)う

678	679	680	681	682	683	684	685	686	687
匪	斐	緋	誹	轡	枇	毘	梶	琵	畢
						毗			※
ヒ わるもの あらず	ヒ あや	ヒ あか	ヒ そしる	ヒ たづな くつわ	ヒ ビ さじ くし	ヒ ビ たすける	ビ かじ こずえ	ビ	ヒツ おわる ことごとく
匪賊(ひぞく) 匪(あら)ず	甲斐性(かいしょう)		誹(そし)る	轡(くつわ)	枇杷(びわ)				畢生(ひっせい) 畢(お)わる

688	689	690	691	692	693	694	695	696
弼	逼	彪	謬	豹	瓢	廟	鋲	錨
	逼		謬	豹	瓢	※	国	
ヒツ たすける たすけ	ヒツ ヒョク せまる	ヒュウ ヒョウ あや まだら	ビュウ あやまる	ヒョウ	ヒョウ ふくべ ひさご	ビョウ たまや みたまや おもてごてん やしろ	ビョウ	ビョウ いかり
輔弼(ほひつ) 弼(たす)ける	逼迫(ひっぱく)	彪蔚(ひょう(ひゅう)うつ)	錯謬(さくびゅう) 謬(あやま)る	君子豹変(くんしひょうへん)	一瓢(いっぴょう) 瓢(ふくべ(ひさご))	廟堂(びょうどう)		投錨(とうびょう)

フ

番号	漢字	許容字体	読み	用例
697	牝		ヒン / めす / め	牝牡(ひんぼ)
698	彬		ヒン / あきらか / そなわる	文質彬彬(ぶんしつひんぴん)
699	斌		ヒン / うるわしい	斌斌(ひんぴん)
700	瀕	瀕	ヒン / みぎわ / せまる / そう	瀕死(ひんし)
701	芙		フ / はす	芙蓉(ふよう)
702	斧		フ / おの	鬼斧神工(きふしんこう)
703	埠		フ / つか / はとば	埠頭(ふとう)
704	鮒		フ / ふな	轍鮒(てっぷ) / 鮒(ふな)
705	撫		ブ / フ / なでる	慰撫(いぶ) / 撫(な)ずる
706	輔		ホ / フ / たすける / すけ	輔佐(ほさ) / 輔(たす)ける
707	蕪		ブ / ム / あれる / しげる / みだれる / かぶら	蕪雑(ぶざつ) / 蕪(あ)れる
708	鵡		ブ / ム	鸚鵡(おうむ)
709	楓		フウ / かえで	
710	鳳		ブウ / ホウ / おおとり	臥竜鳳雛(がりょうほうすう)
711	弗		フツ / ホツ / ドル / …ず(訓)	弗弗(ふつふつ)
712	吻		フン / くちさき / くちびる	吻合(ふんごう)
713	焚		フン / やく / たく	焚刑(ふんけい) / 焚口(たきぐち)
714	糞		フン / くそ / けがれ / はらう / つちかう	鶏糞(けいふん) / 糞(くそ)

ヘ

番号	漢字	許容字体	読み	用例
715	箆	篦	ヘイ / へら / すきぐし / かんざし / の	箆(へら)
716	碧		ヘキ / みどり / あお	紺碧(こんぺき)
717	僻		ヘキ / ヘイ / かたよる / ひがむ / ひめがき	僻地(へきち) / 僻(ひが)む
718	瞥	瞥	ベツ / みる	瞥見(べっけん) / 瞥(み)る
719	篇	※	ヘン / ふだ / ふみ / まき	千篇一律(せんぺんいちりつ)
720	鞭		ヘン / ベン / むち / むちうつ	長鞭馬腹(ちょうべんばふく) / 鞭(むちう)って
721	娩	娩	ベン / うむ / うつくしい	分娩(ぶんべん)
722	緬		ベン / メン / はるか / とおい	縮緬(ちりめん)

番号	漢字	異体	読み	用例
723	圃		ホ はた はたけ	薬圃(やくほ)
724	舗		ホ しく みせ	舗装(ほそう)
725	甫		ホ フ はじめ おおきい	
726	葡		ホ ブ	
727	蒲		ホ ブ フ がま かわやなぎ むしろ	蒲柳(ほりゅう) 蒲(がま)
728	菩		ホ ボ	菩提樹(ぼだいじゅ)
729	莫		ボ バク マク モ くれ ない なかれ さびしい	莫大(ばくだい)
730	戊		ボ ボウ つちのえ	戊夜(ぼや)

番号	漢字	異体	読み	用例
731	牡		ボ ボウ お おす	牡丹餅(ぼたもち)
732	姥		ボ モ うば ばば	
733	庖	庖	ホウ くりや	庖厨(ほうちゅう)
734	朋		ホウ とも なかま	朋輩(ほうばい)
735	峯		ホウ みね やま	
736	捧		ホウ ささげる かかえる	捧腹絶倒(ほうふくぜっとう) 捧げる(ささげる)
737	烹		ホウ にる	烹煎(ほうせん) 烹る(にる)
738	逢	逢	ホウ あう むかえる おおきい ゆたか	逢着(ほうちゃく)
739	蓬	蓬	ホウ よもぎ	蓬莱(ほうらい)

番号	漢字	異体	読み	用例
740	鞄	鞄	ホウ かばん なめしがわ	鞄(かばん)
741	鋒		ホウ ほこさき きっさき ほこ さきがけ	急先鋒(きゅうせんぽう)
742	鴇		ホウ のがん とき	鴇色(ときいろ)
743	鵬		ホウ おおとり	鵬程万里(ほうていばんり)
744	蔀		ホウ ブ しとみ おおい	蔀(しとみ)
745	呆		ホウ ボウ タイ あきれる おろか	呆気(あっけ) 呆れた(あきれた)
746	卯		ボウ う	卯酉(ぼうゆう) 卯の花(うのはな)
747	茅		ボウ かや ち ちがや	茅茨(ぼうし) 茅葺き(かやぶき)

748	749	750	751	752	753	754
萌	牟	鉾	虻	蒙	卜	穆
萠			蝱※			
ボウ ホウ めばえ めぐむ きざす もえる もやし たみ	ボウ ム なく むさぼる かぶと	ボウ ム ほこ きっさき	ボウ モウ あぶ	ボウ モウ おおう こうむる くらい おさない	ホク ボク うらなう うらない	ボク モク やわらぐ
萌芽(ほうが) 萌む(めぐむ) 萌して(きざして)		蒲鉾(かまぼこ)	蚊虻走牛(ぶんぼうそうぎゅう) 虻蜂(あぶはち)	啓蒙(けいもう) 蒙りたる(こうむりたる) 蒙い(くらい)	占卜(せんぼく)	清穆(せいぼく)

マ				ミ	メ		モ	
755	756	757	758	759	760	761	762	763
柾	俣	沫	麿	粍	棉	麪	摸	孟
[国]	[国]		[国]	[国]		麵（麺の旧字体）の異体字		
まさ まさき	また	マツ あわ しぶき よだれ	まろ	ミリメートル (訓)	メン わた		モ バク ボ さぐる うつす	モウ ボウ マン はじめ
柾(まさき)	俣(また)	泡沫(ほうまつ) 沫雪(あわゆき)	麿(まろ)					孟母断機(もうぼだんき)

						ヤ		
764	765	766	767	768	769	770	771	772
杢	勿	籾	椛	悶	匁	也	耶	埜
[国]		籾[国]	[国]		[国]			野の異体字
もく	モチ ブツ なかれ	もみ	もみじ	モン もだえる	もんめ め	ヤ なり や か また	ヤ か	
杢(もく)	勿論(もちろん) 事勿れ(ことなかれ)	籾殻(もみがら)	椛(もみじ)	煩悶(はんもん) 悶えて(もだえて)	匁(もんめ)			

ヤ

番号	漢字	許容字体	読み	用例
773	爺		ヤ、じじ、おやじ	老爺(ろうや)
774	鑓	鑓 国	やり	鑓(やり)

ユ

番号	漢字	許容字体	読み	用例
775	愈	愈	ユ、いよいよ、いえる、いやす	愈(いよいよ)
776	柚		ユ、ユウ、ゆず	柚子(ゆず)、柚(ゆず)
777	尤		ユウ、とがめる、もっとも、すぐれる	尤物(ゆうぶつ)、尤(とが)めて
778	酉		ユウ、とり、ひよみのとり	辛酉(しんゆう)
779	宥		ユウ、ゆるす、なだめる	宥恕(ゆうじょ)、宥(なだ)める
780	祐		ユウ、たすけ、たすける	天祐神助(てんゆうしんじょ)
781	猷	猷	ユウ、はかる、はかりごと、みち	嘉猷(かゆう)、猷(はか)りて
782	邑		ユウ、オウ、むら、みやこ、くに、うれえる	都邑(とゆう)
783	揖		ユウ、シュウ、ゆずる、へりくだる、あつまる	一揖(いちゆう)

ヨ

番号	漢字	許容字体	読み	用例
784	輿		ヨ、こし、くるま、のせる、おおい、めしつかい、はじめ	輿望(よぼう)、神輿(みこし)、輿(おお)い
785	遥		ヨウ、さまよう、はるか、とおい、ながい	遥遥(はるばる)
786	傭		ヨウ、やとう	傭役(ようえき)
787	楊		ヨウ、やなぎ	楊枝(ようじ)
788	蓉		ヨウ	芙蓉(ふよう)
789	熔	鎔	ヨウ、いがた、とかす、とける、いる	熔冶(ようや)
790	蝿	蝿 蠅	ヨウ、はえ	落筆点蝿(らくひってんよう)、蝿(はえ)
791	耀	燿	ヨウ、かがやく	栄耀(えいよう)、耀(かがや)く
792	鷹		ヨウ、オウ、たか	鷹揚(おうよう)、鷹匠(たかじょう)
793	涌		ヨウ、ユウ、わく	涌出(ゆうしゅつ)
794	慾		ヨク、ほっする	

ラ

番号	漢字	許容字体	読み	用例
795	螺		ラ、つぶ、にし、にな、ほらがい	法螺(ほら)

リ

796	797	798	799	800	801	802	803	804	805
萊	洛	蘭	李	哩	浬	狸	裡	鯉	葎
莱									
ライ あかざ あれち	ラク みやこ つらなる	ラン ふじばかま あららぎ	リ すもも おさめる	リ マイル(訓)	リ かいり ノット(訓)	リ たぬき ねこ	リ うら うち	リ こい てがみ	リツ むぐら
老萊斑衣（ろうらいはんい）	河図洛書（かとらくしょ） 洛（みやこ）	芝蘭玉樹（しらんぎょくじゅ）	張三李四（ちょうさんりし）			狐狸妖怪（こりようかい）		鯉（こい）	八重葎（やえむぐら）

806	807	808	809	810	811	812
栗	掠	笠	溜	劉	琉	亮
リツ リ くり おののく きびしい	リャク リョウ かすめる かする かすれる さらう むちうつ	リュウ かさ	リュウ したたる たまる ためる ため	リュウ ころす つらねる	リュウ ル	リョウ あきらか すけ
栗（くり）	奪掠（だつりゃく） 掠（かす）めて 掠（かす）れて	蓑笠（さりゅう（みのかさ））	蒸溜（じょうりゅう） 溜（た）め	劉覧（りゅうらん）	琉璃（るり）	亮然（りょうぜん）

813	814	815	816	817	818	819	820	821
凌	梁	菱	椋	諒	遼	綾	嶺	稜
リョウ しのぐ	リョウ はり うつばり はし やな	リョウ ひし	リョウ むく	リョウ まこと おもいやる さとる	リョウ はるか	リョウ リン あや	リョウ レイ みね	リョウ ロウ かど いきおい
凌駕（りょうが） 凌（しの）ぐ	屋梁落月（おくりょうらくげつ）	菱形（ひしがた）	椋（むく）	諒察（りょうさつ） 諒（まこと）に	前途遼遠（ぜんとりょうえん）	綾羅錦繍（りょうらきんしゅう）	分水嶺（ぶんすいれい）	稜線（りょうせん）

リ・ル・レ

番号	漢字	異体	読み	用例
822	淋		リン / そそぐ / したたる / さびしい / りんびょう	
823	琳		リン	
824	燐	※	リン	
825	鱗	※	リン / うろこ	鱗次櫛比（りんじしっぴ）
826	麟	※	リン / きりん	麒麟（きりん）
827	屢	屡	ル / しばしば	屢述（るじゅつ）、屢（しばしば）
828	婁		ル / ロウ / つなぐ / つながれる	
829	伶		レイ / さかしい / わざおぎ	
830	怜		レイ / さとい	

番号	漢字	異体	読み	用例
831	玲		レイ	
832	礪	砺	レイ / あらと / とぐ / みがく	磨礪（まれい）、礪く（みがく）
833	蠣	蛎	レイ / かき	
834	苓		レイ / リョウ / みみなぐさ	
835	煉	煉	レン / ねる	煉瓦（れんが）
836	蓮		レン / はす / はちす	一蓮托生（いちれんたくしょう）、蓮（はちす）
837	漣	漣	レン / さざなみ	細漣（さいれん）
838	憐	※	レン / あわれむ / あわれみ	憐察（れんさつ）
839	聯	聯	レン / つらなる / つらねる	頸聯（けいれん）
840	簾	簾	レン / す / すだれ	暖簾（のれん）、御簾（みす）

ロ

番号	漢字	異体	読み	用例
841	魯		ロ / おろか	魯魚章草（ろぎょしょうそう）、魯か（おろか）
842	蕗		ロ / ふき	蕗（ふき）
843	櫓		ロ / おおだて / やぐら	櫓（やぐら）
844	鷺		ロ / さぎ	烏鷺（うろ）、鷺（さぎ）
845	牢		ロウ / いけにえ / ごちそう / ひとや / かたい / さびしい	堅牢（けんろう）
846	狼		ロウ / おおかみ / みだれる	周章狼狽（しゅうしょうろうばい）
847	篭	籠の異体字		
848	蠟	蝋	ロウ	蠟燭（ろうそく）
849	聾		ロウ	聾する（ろうする）

番号	漢字	異体字	読み	用例
850	肋		ロク あばら	肋間(ろっかん)
851	禄		ロク さいわい ふち	余禄(よろく)
852	漉		ロク こす したたらせる すく	漉(こ)し 手漉(てす)き

ワ

番号	漢字	異体字	読み	用例
853	窪		ワ ア くぼ くぼむ	窪(くぼ)み
854	歪		ワイ ゆがむ いがむ ひずむ いびつ	歪曲(わいきょく) 歪(ゆが)みました 歪(いびつ)
855	隈		ワイ くま すみ	界隈(かいわい)
856	或		ワク ある あるいは	或問(わくもん)
857	椀		ワン はち	金椀(かなわん)
858	碗	盌	ワン こばち	

覚えておきたい表外読み

370字

●覚えておきたい常用漢字の表外読みを一覧にしました。音読みをカタカナで、訓読みを平仮名で、送りがなを細字で表しています。
●「❖」印の読みは1級のものになります。
●頻出漢字には がついています。

亜 ◀漢字
つぐ ◀読み
亜(つ)いで ◀用例

亜　つぐ
亜(つ)いで

愛　いとしい　かなしい　おしむ　めでる　まな　❖うい
愛(め)でたからぬ　愛娘(まなむすめ)

悪　にくむ　あし　いずくんぞ
悪(にく)む

扱　キュウ　ソウ　こく　しごく
扱(しご)かれて

宛　エン　あたかも　さながら　あてる　ずつ
宛然(えんぜん)　宛(あたか)も　宛(さなが)ら

嵐　ラン　もや
晴嵐(せいらん)

衣　エ　きぬ　きる
濡(ぬ)れ衣(ぎぬ)

委　まかせる　くわしい　おく　すてる
委(くわ)しい

尉　じょう
尉(じょう)

異　あやしい
異(あや)しい

萎　しぼむ　しおれる　しなびる　つかれる
萎(しぼ)んで　萎(しお)れ　萎(しな)びて

違　たがう　たがえる　❖さる　❖よこしま　❖かい
違(たが)わざり

逸　イチ　はしる　うしなう　それる　そらす　❖はぐれる　はやる　すぐれる
逸物(いちもつ)　逸(はや)る

茨　シ　くさぶき
茅茨(ぼうし)

因　ちなむ　❖ちなみ　よすが
因(ちな)む　因(ちなみ)に

咽　エツ　エン　のど　むせぶ　のむ
哀咽(あいえつ)　咽下(えんか(げ))　咽(むせ)ぶ

淫　ふける　あふれる　ほしいまま　みだら　みだす　おおきい　ながあめ
淫(みだ)ら

漢字	表外読み	用例
唄	バイ	歌唄(かばい)
畝	ホ ボウ せ	畝(せ)
浦	ホ	長汀曲浦(ちょうていきょくほ)
運	めぐる ❖さだめ	運(めぐ)らして
衛	エ まもる	衛(まも)る
閲	けみする へる	閲(けみ)する
円	まどか つぶらか ❖まろやか	円(まど)か
延	ひく のべ ❖はえ	延(ひ)いて
艶	なまめかしい あでやか うらやむ	艶(なまめ)かしい 艶姿(あですがた)
凹	へこむ へこます くぼむ	凹(くぼ)み
旺	さかん	旺(さか)ん
岡	コウ	岡阜(こうふ)

漢字	表外読み	用例
臆	おしはかる おくする	臆(おしはか)る
虞	グ	虞犯(ぐはん)
苛	きびしい むごい さいなむ いじめる わずらわしい いらだつ からい	苛(さいな)んで 苛(いじ)められて 苛(いら)だつ
科	とが しな しぐさ	科(とが)
過	とが よぎる	過(よぎ)った
蚊	ブン	蚊虻(ぶんぼう)
雅	みやび みやびやか つね	雅(みやび)やかな
怪	ケ	怪我(けが)
拐	かたる かどわかす	拐(かどわか)されて
階	はしご きざはし しな	階(きざはし)

漢字	表外読み	用例
解	さとる わかる ほどく ほどける ほぐれる ❖ほつれる	解(ほぐ)れる
潰	ついえる みだれる つぶし	潰(つい)える
壊	エ やぶる やぶれる	不壊(ふえ)
懐	いだく おもう	懐(いだ)き
蓋	コウ おおう おおい けだし かさ	蓋(おお)う 蓋(けだ)し
概	カイ おおむね	概(おおむ)ね
革	あらためる あらたまる	革(あらた)まった
郭	くるわ	郭詞(くるわことば)
額	ぬかずく	額(ぬか)ずく
潟	セキ	潟湖(せきこ)

括　くくる　くびる　くびれる　括(くび)れに

釜　フ　釜中(ふちゅう)

鎌　レン　鎌刃(れんじん)

刈　カイ　ガイ　刈穫(がいかく)

干　おかす　もとめる　かかわる　たて　干(おか)す

巻　ケン　巻土重来(けんどちょうらい)

乾　ケン　ほす　❖ひ　いぬい　乾坤(けんこん)

患　❖ゲン　うれえる　うれい　患(うれ)える

堪　タン　こらえる　こたえる　❖たまる　堪能(たんのう)　堪(こた)える

寛　くつろぐ　ひろい　ゆるやか　寛(くつろ)いだ　寛(ひろ)い

憾　うらむ　憾(うら)んだ

還　ゲン　かえす　かえる　❖また　還俗(げんぞく)

韓　から　韓紅(からくれない)

頑　かたくな　頑(かたくな)に

企　たくらむ　企(たくら)んで

希　ケ　まれ　こいねがう　希有(けう)

奇　くし　めずらしい　あやしい　奇(く)しくも

軌　わだち　軌(わだち)

規　のり　ただす　規(ただ)す

幾　きざし　こいねがう　ほとんど　幾(ほとん)ど

揮　ふるう　揮(ふる)う

擬　なぞらえる　❖にる　はかる　まがい　もどき　擬(もどき)

詰　なじる　詰(なじ)る

却　しりぞく　しりぞける　かえって　却(かえ)って

逆　ゲキ　むかえる　あらかじめ　逆鱗(げきりん)

求　グ　欣求浄土(ごんぐじょうど)

急　せく　急(せ)く

糾　ただす　あざなう　糾(ただ)して　糾(あざな)える

巨　コ　おおきい　おおい　巨細(こさい)

挙　こぞる　こぞって　挙(こぞ)って

許　コ　ばかり　もと　許(ばか)り

御　おさめる　お　み　御簾(みす)

漁　すなどる　あさる　いさり　漁(あさ)った

享　うける　❖あたる　享(う)ける

漢字	表外読み	例
況	いわんや / ありさま	況(いわ)んや
強	つとめる / こわい / したたか	強(したた)かに
凝	しこり / ❖こごる	凝(しこ)り
曲	かね / くせ / くま / ❖まが	曲者(くせもの)
均	ひとしい / ととのえる / ならす	均(なら)す
勤	いそしむ	勤(いそ)しんで
具	つぶさに / そなえる / そなわる / ❖そろい / ❖つま	具(つぶさ)に
偶	たぐい / たまたま / ひとがた	偶(たまたま)
熊	ユウ	熊掌(ゆうしょう)
勲	いさお / いさおし	勲(いさお(いさおし))
薫	かおりぐさ / たく	薫(た)いて

漢字	表外読み	例
形	なり	形(なり)
啓	ひらく / もうす	啓(もう)して
傾	かたげる / かしぐ / くつがえる	傾(かし)いだ
稽	とどめる / とどこおる / かんがえる	稽(かんが)う
桁	コウ	衣桁(いこう)
件	くだん / くだり / ことがら	件(くだん) 件(くだり)
見	ゲン / まみえる / あらわれる	見(まみ)える
賢	さかしい / まさる	賢(さか)しい
謙	へりくだる / ❖うやうやしくする	謙(へりくだ)った
験	しるし / あかし / ためす	験(ため)された
現	うつつ	現(うつつ)
舷	ふなばた / ふなべり	舷(ふなばた(ふなべり))

漢字	表外読み	例
固	もとより	固(もと)より
故	ことさらに / ふるい / もと	故(ことさら)に
午	ひる / うま	丙午(ひのえうま)
勾	まがる / とらえる	勾玉(まがたま)
孔	ク / あな / はなはだ	孔雀(くじゃく)
甲	かぶと / よろい / きのえ / つめ	甲子(きのえね)
交	こもごも	交(こもごも)
好	よい / よしみ	好(よしみ)
攻	おさめる / みがく	攻(おさ)めた
効	ならう / いたす / ❖かい	効(なら)って
拘	とどめる / とらえる / かかわる / こだわる	拘(かか)わらず

肯
がえんじる
うなずく
うべなう
あえて

肯う(うべなう)　肯えて(あえて)

紅
グ
❖あかい
❖もみ

紅蓮(ぐれん)

荒
すさむ
すさぶ

荒んだ(すさんだ)

校
キョウ
かせ
かんがえる
くらべる
あぜ

校べる(くらべる)

降
ゴウ
くだる
くだす

降魔(ごうま)　降す(くだす)

項
うなじ

項(うなじ)

購
あがなう

購う(あがなう)

号
さけぶ
よびな

号び(さけび)

克
かつ
よく

克く(よく)

谷
❖ロク
きわまる
や

谷まった(きわまった)

頃
ケイ
キョウ
しばらく
かたあし

頃(けい(きょう))刻(こく)　頃く(しばらく)

墾
ひらく

墾いた(ひらいた)

差
シ
たがう
つかわす

参差錯落(しんしさくらく)

挫
くじく
くじける

挫ける(くじける)

彩
あや

彩(あや)

済
セイ
わたる
わたす
すくう
なす

済う(すくう)

細
ささやか
くわしい

細やかな(ささやかな)

最
も

最早(もはや)

柵
やらい
しがらみ
とりで

柵(しがらみ)

殺
そぐ
そげる
けずる

殺がれる(そがれる)

参
シン
まじわる

参差(しんし)

散
ばら

散(ばら)

賛
たすける
たたえる
ほめる

賛け(たすけ)

残
そこなう

残なう(そこなう)

暫
❖しばらく
しばし

暫く(しばらく)

子
み
おとこ
ね

甲子(きのえね)

支
つかえる
かう

支えて(つかえて)

仕
つかまつる

仕ります(つかまつります)

詞
ことば

郭詞(くるわことば)

歯
よわい

歯(よわい)

事
つかえる

事えた(つかえた)

鹿
ロク

逐鹿(ちくろく)

識
シ
ショク
しる
しるす

識す(しるす)

質
シ
もと
たち
ただす

質す(ただす)

芝
シ

芝眉(しび)

斜 はす 斜（はす）

邪 シャ ヤ よこしま 邪（よこしま）

寿 ス ことほぐ ひさしい とし 寿（ことほ）いだ

呪 シュウ のろい まじなう まじない 呪（まじな）い

秋 とき 秋（とき）

集 すだく たかる 集（すだ）く 集（たか）って

縦 ショウ はなつ ゆるす ゆるめる ほしいまま ❖よしんば 縦容（しょうよう） 縦（ほしいまま）に

淑 よい しとやか 淑（しと）やかに

熟 にる にえる うむ なれる ❖つらつら ❖つくづく こなす こなれる 熟（つらつら） 熟（こな）れて

殉 したがう 殉（したが）う

循 めぐる したがう 循（したが）いて

遵 シュン したがう 遵（したが）って

緒 いとぐち 緒（いとぐち）

諸 もろ もろもろ 諸諸（もろもろ） 諸（もろもろ）

序 はしがき ついで まなびや 序（つい）で

徐 おもむろ 徐（おもむろ）に

少 しばらく ❖まれ わかい 少（わか）く

抄 ソウ かすめる うつす すく すくう 手抄（てす）き

肖 にる かたどる あやかる 肖（あやか）りたい

尚 くわえる とうとぶ たっとぶ なお 尚（とうと（たっと））び

称 ❖はかる となえる ❖あげる たたえる ❖かなう 称（とな）えて

渉 わたる かかわる 渉（わた）る

紹 つぐ 紹（つ）ぎ

掌 たなごころ ❖てのひら つかさどる になう 掌（つかさど）る

焦 やく じれる じらす 焦（じ）れて

象 かたち かたどる 象（かたど）り

詳 つまびらか 詳（つまび）らか

衝 つく 衝（つ）く

城 セイ き 一顧傾城（いっこけいせい）

剰 あまる あます あまつさえ 剰（あま）す 剰（あまつさ）え

食 ❖シ ❖はむ 箪食瓢飲（たんしひょういん）

辱 ニク はじ はずかしめ かたじけない 辱（かたじけな）く

申 かさねる さる　申年（さるどし）

審 つまびらか　審（つまび）らかに

尽 ことごとく ❖すがれる　尽（ことごと）く

尋 つね ひろ　千尋（ちひろ）

須 シュ まつ もちいる もとめる しばらく すべからく…べし　須（ま）つ 須（もち）いず

垂 ❖しだれる ❖しで なんなんとする　垂（なんなん）とする

炊 かしぐ　炊（かし）いだ

帥 ソツ ひきいる　帥先（そっせん）

随 したがう　随（したが）って

崇 ❖シュウ たかい たっとぶ とうとぶ あがめる おわる　崇（あが）め

杉 サン　老杉（ろうさん）

裾 キョ　馬牛襟裾（ばぎゅうきんきょ）

瀬 ライ　迅瀬（じんらい）

斉 サイ ととのえる ひとしい ものいみ おごそか　斉（ととの）える 斉（ひと）しく

凄 すごむ すごい すさまじい さむい　凄（すご）き 凄（すさ）まじい

清 シン さやか すむ　清（さや）かに

精 しらげる くわしい もののけ　精（くわ）しく

請 ショウ　請来（しょうらい）

斥 しりぞける うかがう　斥（しりぞ）ける 斥（うかが）って

脊 せせ せい　脊筋（せすじ）

戚 みうち いたむ うれえる　戚（いた）む 戚（うれ）え

設 セチ しつらえる　設（しつら）える

宣 のべる のたまう　宣（のたま）いて

扇 あおぐ おだてる　扇（おだ）て

戦 おののく そよぐ　戦（おのの）かない 戦（そよ）がせながら

薦 こも ❖しく しきりに　薦被（こもかぶ）り

漸 ザン ようやく すすむ やや　漸（ようや）く

措 おく はからう　措（お）く

粗 ほぼ あら　粗（ほぼ）

疎 ショ おろそか とおる とおす ❖まばら ❖おろか ❖うろ ❖おろ　疎（おろそ）かに

壮 さかん　壮（さか）んに

早
さ
- 早蕨（さわらび）

荘
ショウ　しもやしき　おごそか
- 荘（おごそ）かな

曽
ソ　ゾウ　かさなる　ます　かつて　すなわち
- 曽（かつ）て

創
はじめる　きず
- 創（きず）

即
ショク　すなわち　つく
- 即（つ）く

則
のり　のっとる　すなわち
- 則（のっと）り

族
やから
- 族（やから）

存
たもつ　ある　ながらえる　とう
- 存（なが）らえて

遜
のがれる　ゆずる　へりくだる　おとる
- 遜（へりくだ）った

打
チョウ　テイ　ぶつ　ダース
- 打打（ちょうちょう）

駄
タ　のせる
- 雪駄（せった）

太
ダイ　はなはだ
- 太（はなは）だ

堆
ツイ　うずたかい
- 堆朱（つい（たい）しゅ）
- 堆（うずたか）く

袋
テイ
- 布袋（ほてい）

態
テイ　さま　わざと
- 態（わざ）と

戴
いただく
- 戴（いただ）く

託
ことづかる　かこつける　かこつ
- 託（ことづ）かる
- 託（かこつ）けて

諾
うべなう
- 諾（うべな）う

誰
スイ　たれ　た
- 誰何（すいか）

丹
に　あか　まごころ
- 丹塗（にぬ）り

暖
ノン
- 暖簾（のれん）

著
チャク　ジャク　つく　きる
- 逢著（ほうちゃく）

長
ジョウ　おさ　たける
- 長（た）けて

直
チ　すぐ　ひた　あたい　じか
- 直向（ひたむ）き

捗
はかどる
- 捗（はかど）る

坪
ヘイ
- 建坪率（けんぺいりつ）

爪
ソウ
- 爪牙（そうが）

鶴
カク　しろい
- 閑雲野鶴（かんうんやかく）

貞
ジョウ　ただしい
- 貞（ただ）しさ

訂
ただす　さだめる
- 訂（ただ）す

提
ダイ　チョウ　ひっさげる　❖ひさげ
- 菩提（ぼだい）
- 提灯（ちょうちん）

泥
なずむ
- 泥（なず）み

適
セキ　ゆく　かなう　たまたま
- 適（かな）った
- 適（たまたま）

敵
あだ　かなう
- 敵（かな）う

迭
たがいに
かわる
迭わる

店
たな
店晒し

点
とぼる
ともる
❖つける
たてる
点てた

展
つらねる
のべる
❖ひろげる
展ぶ

転
まろぶ
❖こける
うたた
うつる
❖くるり
転た

塡
ふさぐ
ふさがる
うずめる
うずまる
はめる
塡む

伝
つて
伝て

殿
しんがり
殿

徒
ズ
かち
いたずらに
ともがら
あだ
❖ただ
❖むだ
徒

都
すべて
都て

塗
どろ
まみれる
❖まぶす
みち
塗れて

賭
かけ
賭

奴
ヌ
やつ
やっこ
奴凧

努
ゆめ
努努

怒
ヌ
憤怒

灯
チョウ
テイ
ドン
チン
ともしび
❖あかし
❖あかり
ともす
とぼす
とぼし
ともし
提灯

凍
いてる
しみる
凍て

頭
ジュウ
こうべ
❖かぶり
ほとり
頭

動
トウ
ややもすれば
動もすれば

匿
ジョク
かくれる
かくまう
匿って

屯
チュン
なやむ
たむろ
屯して

頓
トツ
ぬかずく
とどまる
つまずく
とみに
くるしむ
つかれる
ひたぶる
頓に

鈍
トン
なまる
にび
❖のろい
鈍った
鈍色

奈
ダイ
ナイ
なんぞ
いかん
いかんぞ
奈とも

梨
リ
梨花

妊
ジン
はらむ
みごもる
妊った

認
ジン
したためる
認めた

寧
デイ
ニョウ
やすい
ねんごろ
むしろ
いずくんぞ
なんぞ
寧ろ

念
おもう
念わぬ

納	いれる	納(い)れて
能	ドウ / あたう / よく / よくする / はたらき / わざ	能(あた)わず
濃	ジョウ / こまやか	濃(こま)やかな
破	われる	破(わ)れ鐘(がね)
馬	メ / マ	駿馬(しゅんめ)
白	あきらか / もうす / せりふ	白(もう)した
剝	ホク / むく / とる	剝(む)いた
薄	せまる / すすき	薄(すすき)
箸	チョ	象箸(ぞうちょ)
肌	❖キ / ❖はだえ	氷肌玉骨(ひょうきぎょっこつ)
汎	フウ / ホウ / ひろい / あふれる / うかぶ	汎(ひろ)い

斑	まだら / ふ / ぶち	斑入(ふい)り / 斑(ぶち)
煩	うるさい	煩(うるさ)い
番	ハ / ハン / つがい / つがう / つがえる	蝶番(ちょうつがい) / 番(つが)える
比	ならぶ / ころ / たぐい	比(なら)ぶ / 日比(ひごろ)
碑	いしぶみ	碑(いしぶみ)
罷	やめる / つかれる / まかる	罷(や)めた / 罷(まか)り
微	ミ / かすか	微(かす)かな
膝	シツ	膝下(しっか)
姫	キ	姫妾(きしょう)
標	こずえ / しるし / ❖しるす / ❖しるべ / しめ	標(しめ)
頻	ビン / しきりに / ❖しきる	頻(しき)りに

敏	さとい / とし	敏(さと)い
瓶	ヘイ / かめ	瓶酒(へいしゅ)
布	ホ / しく	布(し)く
普	あまねく	普(あまね)からず
賦	みつぎ / わかつ	賦(みつぎ)
副	フウ / そう	副(そ)う
文	あや / かざる	文(かざ)らず
丙	ひのえ	丙午(ひのえうま)
併	ならぶ / しかし	併(しか)し
柄	つか / いきおい	杵柄(きねづか)
陛	きざはし	陛(きざはし)
蔽	おおう / おおい / さだめる / くらい	蔽(おお)う

蔑
ないがしろ
なみする
ちいさい
くらい

蔑ろ（ないがしろ）

偏
ひとえに

偏に（ひとえ）

弁
わける
わきまえる
とく
かたる
はなびら

弁えて（わきま）

慕
しのぶ

慕ばれる（しの）

方
かく
ただしい
まさに

方に（まさ）

放
ほしいまま
まかす
ゆるす
ひる
◇こく
◇さく

放る（ひ）

法
のり
のっとる
フラン

法って（のっと）

某
それがし
なにがし

某（なにがし）

傍
ホウ
そば
◇はた
◇わき
そう

傍輩（ほうばい）

謀
はかりごと

謀（はかりごと）

頬
キョウ

緩頬（かんきょう）

睦
モク
むつぶ
むつむ
むつまじい

睦まじい（むつ）

撲
ホク
うつ
なぐる
◇はる

撲つ（う）

没
モツ
もぐる
しずむ
おぼれる
しぬ
ない

没義道（もぎどう）

凡
すべて
およそ
なみ

凡て（すべ）
凡そ（およ）

味
バイ
くらい

味い（くら）

埋
うずもれる
うずまる
いける

埋ける（い）

枕
シン
チン

枕頭（ちんとう）

末
うら

末枯れ（うらが）

万
よろず

万（よろず）

慢
バン
おこたる
おごる
あなどる

慢り（おこた（あなど））

漫
バン
みなぎる
みだりに
そぞろに

漫りに（みだ）
漫ろに（そぞ）

矛
ボウ

矛戟（ぼうげき）

娘
ジョウ
ニョウ
◇こ

娘子（じょうし）

妄
みだりに

妄りに（みだ）

猛
たけし

猛猛しい（たけだけ）

冶
いる
とける
なまめかしい

冶る（い）

弥
ビ
ミ
おさめる
ひさしい
わたる
あまねし
いよいよ
いや
つくろう

弥縫策（びほうさく）
弥が上にも（いや・うえ）

約
ちかう
つづめる
つづまやか
◇つつましい

約める（つづ）
約やか（つづま）

闇
アン
くらい

暁闇（ぎょうあん）

猶 なお／なお…ごとし　猶(なお)

遊 すさび／すさぶ　遊(すさ)び

誘 いざなう／おびく　誘(おび)き

与 くみする／あずかる　与(くみ)しない　与(あずか)って

予 かねて／あらかじめ　予(かね)て　予(あらかじ)め

幼 ユウ／いとけない　幼(いとけな)い

妖 なまめかしい／わざわい　妖(なまめ)かしく

抑 ふさぐ／そもそも　抑(そもそも)

乱 ロン／みだりに　胡乱(うろん)

利 よい／するどい／とし　利鎌(とがま)(かま)

理 すじ／ことわり／おさめる　理(おさ)め

略 おさめる／はかる／はかりごと／ほぼ／はぶく／おかす　略(ほぼ)

慮 おもんぱかる　慮(おもんぱか)る

領 うなじ／えり／おさめる／うける／かしら／かなめ　領(えり)

累 しばる／かさなる／かさねる／しきりに／わずらわす　累(かさ)ね

類 たぐい／たぐえる／❖にる　類(たぐ)え

戻 もとる／いたる　戻(もと)る

零 おちる／ふる／あまり／ちいさい／こぼれる／ゼロ　零(こぼ)す

歴 リャク／へる　歴(へ)て

烈 はげしい　烈(はげ)しい

廉 しらべる／いさぎよい／やすい／かど　一廉(ひとかど)(いっかど)

賂 まいなう／まいない　賂(まいな)う

露 あらわれる／あらわ　露(あらわ)るる

労 はたらく／つかれる／ねぎらう／いたわる　労(ねぎら)い

弄 いじくる／いじる／いらう／たわむれる／あなどる　弄(いじ)る

論 あげつらう／とく　論(あげつら)う

和 カ／あえる／なぐ　和(な)いで

脇 キョウ／かたわら　脇息(きょうそく)

覚えておきたい四字熟語 256語

●覚えておきたい四字熟語を一覧にしました。
●類は類義語です。補足は四字熟語だけでは意味をつかみにくいものに補足説明としていれています。

ア

哀鴻遍野（あいこうへんや）
▼様様な場所に難民などがいるさま。類哀鴻遍地（あいこうへんち）補足「鴻」は大雁の意味で、悲しそうに鳴く大雁が野原のあちこちに見られるという意から。

相碁井目（あいごせいもく）
▼何事にも力の差はあるということ。

阿鼻叫喚（あびきょうかん）
▼甚だしく悲惨で、むごいさま。

阿附（阿付）迎合（あふげいごう）
▼人に気に入られようとこびること。

イ

意気軒昂（いきけんこう）
▼大いに張り切るさま。

一目瞭然（了然）（いちもくりょうぜん）
▼ちょっと見ただけでよく分かること。

一蓮托生（託生）（いちれんたくしょう）
▼行動や運命をともにすること。

一虚一盈（いっきょいちえい）
▼①空虚な時もあれば満ちる時もある。②常に変化し、測ることの難しいたとえ。

一顧傾城（いっこけいせい）
▼①絶世の美人のこと。②日本で、遊女。

一張一弛（いっちょういっし）
▼厳しくしたり寛容であったりし、人をほどよく扱うことのたとえ。※一弛一張とも。

一碧万頃（いっぺきばんけい）
▼青い水面が限りなく広がっているさま。補足「頃」は面積の単位のこと。

意馬心猿（いばしんえん）
▼煩悩などで心が落ち着かないことのたとえ。※心猿意馬とも。

因循姑息（いんじゅんこそく）
▼①旧習にこだわり一時しのぎをすること。②決断できずに、ぐずぐずするさま。

ウ

有象無象（うぞうむぞう）
▼①全てのもの。②数が多いだけのつまらないものなど。

烏飛兎走（うひとそう）
▼年月がせわしく過ぎゆくこと。※兎走烏飛とも。類烏兎匆匆（うとそうそう）

雲集霧散（うんしゅうむさん）
▼雲のように群がったり、霧のように離れたりすること。

運否天賦（うんぷ(ぴ)てんぷ）
▼①人の運は天が決めるということ。②運を天にまかせる。

エ

雲竜井蛙（うんりょう(りゅう)せいあ）
▼地位や賢愚などに大きな差があること。

掩耳盗鐘（えんじとうしょう）
▼①浅知恵で自分を欺くこと。②自分の良心をだまして悪行をはたらくこと。
類 掩耳盗鈴（えんじとうりん）、掩目捕雀（えんもくほじゃく）
補足 鐘を盗む時、音が鳴って見つかるのを恐れ、自分の耳をふさいでもどうにもならないことから。

鳶飛魚躍（えんぴぎょやく）
▼①本性に従い楽しみを得ることのたとえ。②その作用。③君主の徳化が遍く影響すること。

円木警枕（えんぼくけいちん）
▼苦労し、懸命に勉学に励むこと。
補足 宋の司馬光（しばこう）が、眠りすぎた時に転がって目が覚めるようにと枕を丸木にし、勉学に励んだという故事から。

オ

横説竪説（おうせつじゅせつ）
▼思いのままに考えを述べること。

屋梁落月（おくりょうらくげつ）
▼友人を思う情が切実なこと。※落月屋梁とも。
類 空梁月落（くうりょうげつらく）
補足 杜甫（とほ）の友人である李白（りはく）が江南に流され「夜空の落ちかかった月が屋根を照らし、そこに君の顔が照らし出されているようだ」と詠んだという故事から。

カ

温柔敦厚（惇厚）（おんじゅうとんこう）
▼①穏やかで人情深いこと。②孔子が『詩経』について、人を教化する力があると評した言葉。

鎧袖一触（がいしゅういっしょく）
▼相手を簡単に負かしてしまうこと。

街談巷語（がいだんこうご）
▼世間のいいかげんな噂。
類 街談巷説（がいだんこうせつ）、道聴塗説（どうちょうとせつ）

街談巷説（がいだんこうせつ）
▼世間のいいかげんな噂。
類 街談巷語（がいだんこうご）、道聴塗説（どうちょうとせつ）

鶴髪童顔（かくはつどうがん）
▼老人ではあるがとても若若しいこと。

河山帯礪（帯厲）（かざんたいれい）
▼①永遠に続く誓いのこと。②永遠に続く国家の繁栄のこと。※礪山帯河、山礪河帯とも。
類 帯厲之誓（たいれいのちかい）

加持祈祷（かじきとう）
▼災いを除くため、神仏に祈ること。

禾黍油油（かしょゆうゆう）
▼物が勢いよく立派に生長するさま。

臥薪嘗胆（がしんしょうたん）
▼目的の達成のため苦労に耐えること。
類 坐薪懸胆（ざしんけんたん）

嘉辰令月（かしんれいげつ）
▼よい日にち、月のこと。

確乎（確固）不抜（かっこふばつ）
▼意志が固く、動じないさま。
類 確乎不動（かっこふどう）

活剝生呑（かっぱくせいどん）
▼①他人の文章などをそっくり盗用すること。②融通のきかないこと。

河図洛書（かとらくしょ）
▼めったに入手できない本のこと。
補足 「河図」は黄河から現れた竜馬の背中の旋毛を描いたもので、「洛書」は洛水から現れた神亀の背中の文字を書いたもののこと。

カ

瓦釜雷鳴（がふらいめい）
▼①小人物が用いられることのたとえ。②能力のない者が偉そうに威張り、わめくこと。
補足 粗悪な釜が煮立つと大きな音をたてることから。

臥竜鳳雛（がりょう（りゅう）ほうすう）
▼①才能を発揮する機会のない逸材のこと。②将来性のある若者のたとえ。
類 伏竜鳳雛、孔明臥竜、猛虎伏草

含飴弄孫（がんいろうそん）
▼気楽な老後生活を送ること。

閑雲（間雲）野鶴（かんうんやかく）
▼俗世を離れた心境のたとえ。何にも縛られず、のんびりした生活を送ること。

眼高手低（がんこうしゅてい）
▼①理想は高いが、技量が伴わないこと。②うまい批評はできるが創作する力のないこと。

玩物喪志（がんぶつそうし）
▼不用なものに熱中し本業を蔑ろにすること。

キ

冠履顚倒（かんりてんとう）
▼上と下の順序が逆になること。

規矩準縄（きくじゅんじょう）
▼物事の基準や手本となるもの。
類 規矩縄墨
補足「規」は円を描く道具、「矩」は方形を描く道具、「準」は水平を測る道具、「縄」は直線を引く道具のこと。

気息奄奄（淹淹）（きそくえんえん）
▼①今にも死んでしまいそうなさま。②物事の滅びそうなさま。
類 残息奄奄

吉日良辰（きち（きつ）じつ（にち）りょうしん）
▼縁起の良い日柄。

鬼斧神工（きふしんこう）
▼人間業とは思えないすぐれた作品のこと。
※神工鬼斧とも。

泣血漣如（きゅうけつれんじょ）
▼とても悲しく、涙がとまらないさま。

鳩首凝議（きゅうしゅぎょうぎ）
▼額を集めて熱心に相談すること。
類 鳩首協議、鳩首密議

窮鼠嚙猫（きゅうそごうびょう）
▼弱者も土壇場では強者を攻撃する。
類 窮鼠嚙狸、禽困覆車

九鼎大呂（きゅうていたいりょ）
▼貴重なもの、重い地位、名望のたとえ。
類 一言九鼎
補足「九鼎」は九州（中国全土）から献上させた銅で作った鼎、「大呂」は周王朝にある大きな鐘のこと。

旧套墨守（きゅうとうぼくしゅ）
▼①古い慣習を固く守ること。②古い慣習を守り融通がきかないこと。
類 守株待兎
補足「墨守」は墨子という中国戦国時代の思想家が何度も城を守ったことから、固く守ることの意。

行住坐臥（座臥）（ぎょうじゅうざが）
▼日常の立ち居振る舞いのこと。
類 常住坐臥、坐作進退、挙措進退

彊食（強食）自愛（きょうしょくじあい）
▼食事を欠かさず体をいたわること。

堯風舜雨（ぎょうふうしゅんう）
▼①中国の伝説上の聖天子である堯、舜の恩恵を風雨にたとえた言葉。②平和な世の中のこと。
類 堯雨舜風（ぎょううしゅんぷう）、堯年舜日（ぎょうねんしゅんじつ）、堯天舜日（ぎょうてんしゅんじつ）、舜日堯年（しゅんじつぎょうねん）

曲学阿世（きょくがくあせい）
▼①真理を曲げ、時流などに迎合すること。②そのような人のこと。※阿世曲学とも。

玉砕瓦全（ぎょくさいがぜん）
▼①名誉の為の死と、無為に生きること。②立派な人は無為に生きるより名誉の為の死を選ぶということ。

旭日昇天（きょくじつしょうてん）
▼勢いが非常に盛んなこと。
類 旭日東天（きょくじつとうてん）

虚心坦懐（きょしんたんかい）
▼心が晴れやかで素直なこと。

挙措進退（きょそしんたい）
▼日常における立ち居振る舞いのこと。
類 常住坐臥（じょうじゅうざが）、行住坐臥（ぎょうじゅうざが）（座臥）

魚網鴻離（ぎょもうこうり）
▼求める物とは別の物が得られるたとえ。
補足 ここでの「離」は網にかかること。

魚目燕石（ぎょもくえんせき）
▼①本物とよく似ている偽物のこと。②偽物が本物の価値をなくしてしまうこと。

金烏玉兎（きんうぎょくと）
▼①日、月のこと。②年月がまたたくまに過ぎ去ること。

欣喜雀躍（きんきじゃくやく）
▼非常に喜ぶこと。
類 歓喜雀躍（かんきじゃくやく）、歓欣鼓舞（かんきんこぶ）、欣喜踊躍（きんきようやく）、驚喜雀躍（きょうきじゃくやく）

勤倹力行（きんけんりっ（りき・りょっ・りょく）こう）
▼よく働き、節約し、精一杯頑張ること。

禽困覆車（きんこんふくしゃ）
▼弱者も土壇場で大きな力を発揮する。
類 窮鼠嚙猫（きゅうそごうびょう）、窮鼠嚙狸（きゅうそごうり）

錦心繡口（きんしんしゅうこう）
▼詩や文のすぐれた才能をもっていること。
類 錦心繡腸（きんしんしゅうちょう）、錦繡之腸（きんしゅうのはらわた）、錦繡心肝（きんしゅうしんかん）

ク

狗馬之心（くばのこころ）
▼主への忠義の気持ちのこと。

君子豹変（くんしひょうへん）
▼①君子は時の変化に応じて自己を改め、変化すること。②節度なく態度や考えを急に変えること。

ケ

卿相雲客（けいしょううんかく）
▼公卿と殿上人のこと。身分の高い人のこと。
類 月卿雲客（げっけいうんかく）

経世済民（けいせいさいみん）
▼世の中を治め、人人を助けること。
補足 「経済」のもととなった言葉。

繫風捕影（けいふうほえい）
▼とりとめがなく、あてにできないというたとえ。※繫影捕風とも

鶏鳴狗盗（けいめいく（こう）とう）
▼①下らない技能しかもたない人のたとえ。②つまらない人も何かに役立つことがあることのたとえ。

月卿雲客（げっけいうんかく）
▼公卿と殿上人のこと。身分の高い人のこと。
類 卿相雲客（けいしょううんかく）

牽衣頓足（けんいとんそく）
▼別れを惜しむさま。

犬牙相制（けんがそうせい）
▼国境が複雑に入り組んだ国同士が、互いに牽制しあっていること。

牽強附会（付会・傅会）（けんきょうふかい）
▼自分に都合よく理屈をこじつけること。
類 牽強附合（けんきょうふごう）

捲土（巻土）重来（けんどちょう（じゅう）らい）
▼一旦衰えた勢力が戻り巻き返すこと。

膏火自煎（こうかじせん）
▼才能が災いを招くことのたとえ。
補足 「膏」はあぶらのこと。

剛毅（豪毅）果断（ごうきかだん）
▼意志が強くて思い切りがよいこと。
類 剛毅果敢（ごうきかかん）、剛毅勇敢（ごうきゆうかん）

綱挙網疏（こうきょもうそ）
▼①大綱を挙げ、目をあらくすること。②根本を追求し末節に固執しないこと。③巨悪を挙げるため、小さな悪を見逃すこと。

光彩（光采）陸離（こうさいりくり）
▼美しい光がまばゆく輝くさま。

鉤縄規矩（こうじょうきく）
▼①曲線や直線などを書いたりはかったりするための道具。②物事の基準や手本となるもの。
類 規矩準縄（きくじゅんじょう）

宏大（広大・洪大）無辺（こうだいむへん）
▼果てしなく広いこと。

荒唐無稽（こうとうむけい）
▼言説に根拠がなく、でたらめなこと。
※無稽荒唐とも。

紅毛碧眼（こうもうへきがん）
▼西洋人のこと。
※碧眼紅毛とも。

衡陽雁断（こうようがんだん）
▼音信不通になること。
類 衡陽帰雁（こうようきがん）
補足 衡山（こうざん）の南にある峰を雁が越えられなかったと言われることから。

甲論乙駁（乙駮）（こうろんおつばく）
▼主張しあい議論がまとまらないこと。

五穀豊穣（ごこくほうじょう）
▼農作物がよく実ること。

狐死首丘（こししゅきゅう）
▼①故郷を忘れないことのたとえ。②物事の本質を忘れないことのたとえ。
類 胡馬北風（こばほくふう）、池魚故淵（ちぎょこえん）
補足 狐が死ぬ際、住んでいた丘に頭を向けると言われたことから。

古色蒼然（こしょくそうぜん）
▼いかにも古く趣のあるさま。

克己復礼（こっきふくれい）
▼私欲を抑え社会の規範に従うこと。

胡馬北風（こばほくふう）
▼故郷をなつかしむことのたとえ。
類 狐死首丘（こししゅきゅう）、池魚故淵（ちぎょこえん）
補足 「胡」は中国北部のこと。胡の馬は北風が吹くと故郷を懐かしむと言われることから。

鼓腹撃壌（こふくげきじょう）
▼良い政治が行われ、人人が平和な生活を楽しむこと。※撃壌鼓腹とも。

枯木寒巌（こぼくかんがん）
▼①無心の境地であることのたとえ。②人間味がなく近寄りがたいさま。※寒巌枯木とも。

狐狸妖怪（こりようかい）
▼①人に悪さをする生き物や化け物のこと。②隠れて悪行を働く者のたとえ。

欣求浄土（ごんぐじょうど）
▼極楽往生できるよう心から願うこと。

金剛不壊（こんごうふえ）
▼①とても強固で壊れないこと。②志を固く守りぬくこと。※不壊金剛とも。

サ

才子佳人（さいしかじん）
▼とてもすぐれた男女のこと。理想の男女。※佳人才子とも。

山河襟帯（さんがきんたい）
▼山や川がめぐる自然の要害のこと。

三者鼎談（さんしゃていだん）
▼三者が向かい合い話すこと。

斬新奇抜（ざんしんきばつ）
▼発想が独特できわめて新しいこと。

シ

自家撞着（撞著）（じかどうちゃく（じゃく））
▼同じ人の言動が前後で食い違うこと。
類 自己撞着（じこどうちゃく）、矛盾撞着（むじゅんどうちゃく）

紫幹翠葉（しかんすいよう）
▼山の木木が美しいさま。

師資相承（ししそうしょう）
▼①師の教えを受け継いでいくこと。②師から学問などを受け継いでいくこと。

獅子奮迅（ししふんじん）
▼物凄い勢いで活動すること。

自然淘汰（しぜんとうた）
▼環境に適するものだけが生き残ること。

疾風怒濤（しっぷうどとう）
▼時代の変化が激しいことのたとえ。

紫電一閃（しでんいっせん）
▼①刀剣がきらりと光るさま。②きわめて短い時間のたとえ。

四面楚歌（しめんそか）
▼周りの全員から非難されるたとえ。周囲が全て敵で孤立していること。

釈根灌枝（しゃくこんかんし）
▼①末節に気を取られ根本を忘れること。②結果を問題視し、根源を見極めないこと。本末転倒になること。
補足 「釈」は捨てる、「灌」は水をやるという意味で、根ではなく枝に水をやるという意から。

杓子定規（しゃくしじょうぎ）
▼一形式にとらわれ融通がきかないこと。

寂滅為楽（じゃくめついらく）
▼一切の煩悩を捨てた悟りの境地に、本当の安楽があるということ。

シ

周章狼狽（しゅうしょうろうばい）
▼おおいにあわてふためくこと。

衆酔独醒（しゅうすいどくせい）
▼自分だけが周りと違い正しいということ。

熟読玩味（翫味）（じゅくどくがんみ）
▼文章の意味を深く考えて読み、味わうこと。

首鼠両端（しゅそりょうたん）
▼迷って決心がつかない曖昧な態度。

出処進退（しゅっしょしんたい）
▼現職にとどまるか辞めるかということ。
※進退出処とも。

春蛙秋蟬（しゅんあしゅうぜん）
▼うるさいだけの無用の言論。

舜日尭年（しゅんじつぎょうねん）
▼天下泰平の世の中。※尭年舜日（ぎょうねんしゅんじつ）とも。
類 尭天舜日（ぎょうてんしゅんじつ）、尭風舜雨（ぎょうふうしゅんう）、尭雨舜風（ぎょううしゅんぷう）

純情可憐（じゅんじょうかれん）
▼邪念がなく清純で愛らしい。
類 純真可憐（じゅんしんかれん）、純真無垢（じゅんしんむく）、純粋無垢（じゅんすいむく）

純真無垢（じゅんしんむく）
▼心にけがれがないこと。
類 純粋無垢（じゅんすいむく）、純真可憐（じゅんしんかれん）、純情可憐（じゅんじょうかれん）

醇風（淳風）美俗（じゅんぷうびぞく）
▼人情の厚いよい慣習のこと。

城狐社鼠（じょうこしゃそ）
▼権力者の陰に隠れ悪行を働く者。

情緒纏綿（じょうしょ（ちょ）てんめん）
▼感情がからみついて離れないさま。

笑面夜叉（しょうめんやしゃ）
▼笑顔であっても心に企みがあること。

芝蘭玉樹（しらんぎょくじゅ）
▼①すぐれた人材や弟子。②そのような人を輩出すること。

参差錯落（しんしさくらく）
▼ふぞろいな物がまじり合うさま。
類 参差不斉（しんしふせい）

ス

趨炎附熱（付熱）（すうえんふねつ）
▼その時代の権力者に従うこと。
類 趨炎附勢（すうえんふせい）、趨炎奉勢（すうえんほうせい）

杜撰脱漏（ずさんだつろう）
▼つくりが雑で間違いが多いこと。

セ

清濁併呑（せいだくへいどん）
▼善悪の差別なく何事も受け入れること。

赤手空拳（せきしゅくうけん）
▼助けを借りず自力で物事を行うこと。

尺短寸長（せきたんすんちょう）
▼どんな人にも欠点や美点があること。

折衝禦侮（せっしょうぎょぶ）
▼①武力で敵を挫き侮られるのを防ぐこと。②つけ入るすきを与えないこと。

旋乾転坤（せんけんてんこん）
▼国の政治を一新すること。

前途遼遠（ぜんとりょうえん）
▼目的地までの道程がとても長いこと。

千篇（千編）一律（せんぺんいちりつ）
▼似たような物が多くてつまらないこと。
類 千篇一体（せんぺんいったい）

ソ

甑塵釜魚（そうじんふぎょ）
▼非常に貧乏であることのたとえ。

タ

象箸玉杯（ぞうちょぎょくはい）
▼ぜいたくな暮らしをすること。

啐啄同時（そったくどうじ）
▼①逃すことのできないよい機会。②好機に悟りに導くこと。

泰山（太山）鴻毛（たいざんこうもう）
▼①差が甚だしいことのたとえ。②とても重いものと、とても軽いもの。
類 鴻毛山岳（こうもうさんがく）

断崖絶壁（だんがいぜっぺき）
▼①切り立った険しい崖。②物事が切迫して危険なことのたとえ。

断簡零墨（だんかんれいぼく）
▼切れ切れの書き物やその切れはし。
類 断篇零墨（だんぺんれいぼく）、片簡零墨（へんかんれいぼく）

箪食瓢飲（たんしひょういん）
▼①清貧に安んじることのたとえ。②簡素な食事のたとえ。
類 顔回箪瓢（がんかいたんぴょう）

チ

竹頭木屑（ちくとうぼくせつ）
▼①役立たないもののこと。②つまらないものも役立つ時があるため、ぞんざいにしないこと。
類 鶏鳴狗盗（けいめいくとう）

朝盈夕虚（ちょうえいせききょ）
▼人生のはかなさのたとえ。

張三李四（ちょうさんりし）
▼どこにでもいる凡人のたとえ。
類 張甲李乙（ちょうこうりいつ）

長身痩軀（ちょうしんそうく）
▼背が高くて、痩せていること。※痩軀長身、痩身長軀とも。

朝穿暮塞（ちょうせんぼそく）
▼建築などが頻繁に行われることのたとえ。

打打（丁丁）発止（発矢）（ちょうちょうはっし）
▼①激しく議論するさま。②激しく打ち合うさま。

長汀曲浦（ちょうていきょくほ）
▼①長く続いている海岸線。②長く続く水際と曲がりくねった浦のこと。

長鞭馬腹（ちょうべんばふく）
▼①身近なところでも強い力の及ばないことがあるということ。②度合いが大き過ぎて役立たないこと。

朝蠅暮蚊（ちょうようぼぶん）
▼小人物がはびこることのたとえ。

猪突猛進（ちょとつもうしん）
▼目標に向かい、しゃにむに進むこと。

治乱興亡（ちらんこうぼう）
▼世の中が治まることと乱れ滅びること。

沈魚落雁（ちんぎょらくがん）
▼華やかな美人のたとえ。※落雁沈魚とも。

テ

剃髪落飾（ていはつらくしょく）
▼髪を剃り、出家すること。

鉄網珊瑚（てつもうさんご）
▼優秀な人物や珍物を探し求めること。
補足 鉄の網を海に沈め、そこに珊瑚を生長させて採ったことから。

甜言蜜語（てんげんみつご）
▼聞いていて甘く快い言葉。相手の喜ぶ薄っぺらなお世辞。
類 甜言美語（てんげんびご）、甜語花言（てんごかげん）、甘言蜜語（かんげんみつご）

テ

天香桂花（てんこうけいか）
▼月にあるという桂の花のこと。

天壌無窮（てんじょうむきゅう）
▼天と地とともに永久に続くこと。

天神地祇（てんしん（じん）ちぎ）
▼全ての神神のこと。

天網恢恢（てんもうかいかい）
▼天は悪事を見逃さないということ。

天佑（天祐）神助（てんゆうしんじょ）
▼天や神の助け。※天佑天助とも。

ト

東窺西望（とうきせいぼう）
▼あっちこっちをちらちらと見ること。落ち着きがないさま。

陶犬瓦鶏（とうけんがけい）
▼形ばかりで役立たずなもののたとえ。
※瓦鶏陶犬とも。

道聴塗説（途説）（どうちょうとせつ）
▼①曖昧な知識を知ったふりして話すこと。②しっかり身についていない受け売りの学問のこと。

堂塔伽藍（どうとうがらん）
▼寺院の建築物の総称のこと。

投桃報李（とうとうほうり）
▼①良い行いに良い行いで応えること。②自分が徳を施せば、他人もこれを手本とするたとえ。

稲麻竹葦（とうまちくい）
▼①多くあることのたとえ。人や物が群って入り乱れるさま。②何重にも周りを囲んでいるさま。

兎角亀毛（とかくきもう）
▼この世に存在しないもののたとえ。

菟糸燕麦（としえんばく）
▼①有名無実であることのたとえ。役立たない物のたとえ。
類 兎葵燕麦（ときえんばく）

徒手空拳（としゅくうけん）
▼自分の力の他に頼るもののないこと。

土崩瓦解（どほうがかい）
▼根底から崩れ修復不能な状態のこと。

頓首再拝（とんしゅさいはい）
▼頭を下げて礼儀正しく礼をすること。

敦篤虚静（とんとくきょせい）
▼人情に厚く、心が静かなこと。
類 温柔敦厚（おんじゅうとんこう）、敦厚周慎（とんこうしゅうしん）

ハ

梅妻鶴子（ばいさいかくし）
▼高尚で雅やかな隠居生活を送ること。
補足 結婚せず、鶴や梅を愛でる生活の意。

馬牛襟裾（ばぎゅうきんきょ）
▼①見識や教養のない者のこと。②礼儀知らずな者のこと。

白虹貫日（はくこうかんじつ）
▼①誠意が天に通じること。②戦乱になり危機に瀕する兆しのこと。

麦秀黍離（ばくしゅうしょり）
▼故国の滅亡を嘆く。
類 黍離之歎（しょりのたん）

拍手喝采（喝彩）（はくしゅかっさい）
▼手をたたいて称賛すること。

幕天席地（ばくてんせきち）
▼①小事にこだわらないこと。②志が大きいこと。

抜山蓋世（ばつざんがいせい）
▼①威勢が強いこと。②勇壮盛んなこと。

ヒ

抜本塞源（ばっぽんそくげん）
▼災いの根本を取り除くこと。

破釜沈船（はふちんせん）
▼死を覚悟し、戦地に赴くこと。

万頃瑠璃（琉璃）（ばんけいるり）
▼青く広大なさま。

盤根（槃根）錯節（ばんこんさくせつ）
▼物事が複雑で解決が難しいこと。

筆耕硯田（ひっこうけんでん）
▼文筆を生業とすること。

飛兎竜文（ひとりょう（りゅう）ぶん）
▼秀でた子どもをたとえた言葉。

眉目秀麗（びもくしゅうれい）
▼容貌がすぐれて美しいこと。

百尺竿頭（ひゃくせき（しゃく）かんとう）
▼①到達できる頂点のこと。②向上できる最高地点のこと。

百歩穿楊（ひゃっぽせんよう）
▼すばらしい射撃の技術をもっていること。

フ

氷肌（冰肌）玉骨（ひょうきぎょっこつ）
▼①美女のこと。②厳しい寒さの中で咲くことから梅の花のこと。

氷壺（冰壺）秋月（ひょうこしゅうげつ）
▼心がすんでいることのたとえ。

飛鷹走狗（ひようそうく）
▼狩りをすること。

風餐露宿（ふうさんろしゅく）
▼野外で寝て夜を過ごすこと。
類 風餐雨臥（ふうさんうが）

浮花浪蕊（ふかろうずい）
▼長所のない平凡なさまのたとえ。

不倶戴天（ふぐたいてん）
▼①同じ空の下で生きたくないと思うほど、恨みや憎しみがとても深いこと。②そのような間柄のこと。

伏竜鳳雛（ふくりょう（りゅう）ほうすう）
▼①才能を活かす機会のない逸材のこと。②将来性のある若者のたとえ。
類 臥竜鳳雛（がりょうほうすう）、孔明臥竜（こうめいがりょう）、猛虎伏草（もうこふくそう）

不失正鵠（ふしっせいこく）
▼物事の要点をきちんととらえること。

不惜身命（ふしゃくしんみょう）
▼自分の身や命をかえりみないこと。

焚琴煮鶴（ふんきんしゃかく）
▼①殺風景なさま。②風流のないことのたとえ。
類 背山起楼（はいざんきろう）

文質彬彬（ぶんしつひんぴん）
▼外見の美と実質が調和していること。風流だが飾り気のないさま。

焚書坑儒（ふんしょこうじゅ）
▼思想や言論などを弾圧すること。

蚊虻走牛（ぶんぼうそうぎゅう）
▼①小さなものが大きなものを制すること。②些細なことが大事や厄災を引き起こすこと。

ヘ

並駕斉駆（へいがせいく）
▼実力や能力に差がないこと。※並駆斉駕、斉駆並駕とも。
類 方駕斉駆（ほうがせいく）

平談俗語（へいだんぞくご）
▼日常の会話で使われる言葉。

ヘ

碧落一洗（へきらくいっせん）
▼空が晴れわたること。

片言隻句（へんげんせっく）
▼すこしの言葉。
類 片言隻語（へんげんせきご）、片言隻言（へんげんせきげん）、片言隻辞（へんげんせきじ）

ホ

報怨以徳（ほうえんいとく）
▼恨みをもたれていても恩恵をもって接すること。

方底円蓋（ほうていえんがい）
▼物事が一致しないこと。

鵬程万里（ほうていばんり）
▼①とても遠い道のりのたとえ。②海が広大なことのたとえ。※万里鵬程とも。

蓬頭垢面（ほうとうこう（く）めん）
▼外見を気にしない、だらしないさま。
類 蓬髪垢面（ほうはつこうめん）、蓬頭乱髪（ほうとうらんぱつ）、蓬頭赤脚（ほうとうせききゃく）

捧腹（抱腹）絶倒（ほうふくぜっとう）
▼おなかをかかえて笑うこと。

泡沫夢幻（ほうまつむげん）
▼人生がはかないことのたとえ。
類 夢幻泡影（むげんほうよう）

亡羊補牢（ぼうようほろう）
▼①失敗した後で改めることのたとえ。あとのまつり。②失敗しても改めることができれば、過ちを大きくしないですむことのたとえ。

暮色蒼然（ぼしょくそうぜん）
▼夕方、辺りが薄暗くなっているさま。※蒼然暮色とも。

マ

磨穿鉄硯（ませんてっけん）
▼猛烈に勉学に励むこと。※鉄硯磨穿とも。

満腔春意（まんこうしゅんい）
▼体中に穏やかでやわらかい気が満ちているさま。
補足 人を祝う時に使う言葉。

ミ

名詮自性（自称）（みょうせんじしょう）
▼本質を名前が表しているということ。

ム

夢幻泡影（むげんほうよう）
▼人生のはかなさのたとえ。
類 泡沫夢幻（ほうまつむげん）

矛盾撞着（撞著）（むじゅんどうちゃく）
▼前後が食い違って筋が通らないこと。
類 自家撞着（じかどうちゃく）、自己撞着（じこどうちゃく）

メ

鳴蟬潔飢（めいせんけっき）
▼高尚な者はどんな時も節義を守ること。
補足 高潔な性格の蟬は飢えに苦しんでいても汚いものは食べないと言われたことから。

明哲保身（めいてつほしん）
▼①賢い人は危険を避け、自分の安全を守るということ。②状況に賢く対応し、身分や立場を守ること。悪い意味で、自分の安全、地位などを守ることのみ考えること。

名誉挽回（めいよばんかい）
▼落ちた信用を取り戻すこと。

モ

盲亀浮木（もうきふぼく）
▼①巡りあうことがきわめて難しいこと。②そうそう起こりえないこと。

孟母三遷（もうぼさんせん）
▼子どもの教育には環境が重要であること。
類 孟母三居（もうぼさんきょ）
補足 「孟母」は孟子の母のこと。

孟母断機（もうぼだんき）
▼物事を途中でやめるな、という教え。

百舌勘定（もずかんじょう）
▼巧みな言葉で自分だけ得な勘定をすること。
補足 鳥の百舌が鳩と鳴と買い物をした時に、巧みな言葉で自分は払わず、他の二羽に支払いをさせたという話から。

門前雀羅（もんぜんじゃくら）
▼訪ねてくる人もいないさびれたさま。

問鼎軽重（もんていけいちょう）
▼①人の実力などを疑うこと。②主の椅子をねらう野望をもつこと。
補足 荘王が周の皇帝の宝物である「鼎」の重さを尋ねたが、これは君主の譲位を狙ったものだった、という故事から。

ヤ

夜郎自大（やろうじだい）
▼自分の力量を知らず威張るたとえ。
類 用管窺天（ようかんきてん）
補足 「夜郎」とは国の名前で、漢の使者に漢の大きさを知らず、自国と漢とどちらが大きいかを聞いたという故事から。

ユ

邑犬群吠（ゆうけんぐんばい）
▼小者が集まり、あれこれ騒ぐこと。

融通無碍（無礙）（ゆうずうむげ）
▼行動や考えがのびのびしていること。

ヨ

妖怪変化（ようかいへんげ）
▼人間には理解し難い不思議な化け物のこと。

用管窺天（ようかんきてん）
▼識見や視野が狭いことのたとえ。
類 以管窺天（いかんきてん）、管中窺豹（かんちゅうきひょう）、管窺之見（かんきのけん）、夜郎自大（やろうじだい）

妖言惑衆（ようげんわくしゅう）
▼あやしい噂を流して人を惑わすこと。

羊質虎皮（ようしつこひ）
▼外見は立派だが実質が伴わないこと。
※虎皮羊質（こひようしつ）とも。
類 羊頭狗肉（ようとうくにく）

鷹視狼歩（ようしろうほ）
▼①残忍な者のたとえ。②勇ましい豪傑のたとえ。

羊頭狗肉（ようとうくにく）
▼外見は立派でも中身が伴わないこと。見かけだおしであること。
類 羊質虎皮（ようしつこひ）

揚眉吐気（ようびとき）
▼①すべきことを終え喜ぶさま。気持ちが放たれて喜ぶさま。②怒るさま。

容貌魁偉（ようぼうかいい）
▼顔つきや体つきが力強く立派なさま。

抑揚頓挫（よくようとんざ）
▼途中で勢いがなえてしまうこと。

ラ

雷轟電転（らいごうでんてん）
▼町中がはなはだしく騒がしいことのたとえ。

落雁沈魚（らくがんちんぎょ）
▼華やかな美人のたとえ。※沈魚落雁とも。

落筆点蝿（らくひつてんよう）
▼過ちを巧みにとりつくろうこと。

蘭桂騰芳（らんけいとうほう）
▼①蘭や桂が香ること。②子孫が栄えること。

リ

綾羅錦繍（りょうらきんしゅう）
▼①目がさめるほど美しいもの。②美しい衣服を身につけ飾ること。

リ

臨淵羨魚（りんえんせんぎょ）
▼むだにむなしい望みを抱くことのたとえ。

鱗次櫛比（りんじしっぴ）
▼鱗や櫛のようにびっしり並ぶこと。

輪廻転生（りんねてんしょう）
▼人が生死をとどまることなく繰りかえすこと。※転生輪廻とも。
類 流転輪廻（るてんりんね）

ロ

老莱斑衣（ろうらいはんい）
▼親孝行することのたとえ。孝養を尽くすことのたとえ。
類 斑衣之戯（はんいのたわむれ）
補足 「斑衣」はここでは子どもが着る派手な服のこと。楚の老莱子（ろうらいし）が親に年を忘れさせようと、七十歳になっても親の前で子どもの服を着たという故事から。

魯魚章草（ろぎょしょうそう）
▼似た文字を書き誤ること。
類 魯魚之謬（ろぎょのあやまり）、魯魚陶陰（ろぎょとういん）、魯魚帝虎（ろぎょていこ）

六根清浄（ろっこんしょうじょう）
▼煩悩を脱し、心もからだも清らかになること。

論功行賞（ろんこうこうしょう）
▼功績を論じて相応の賞を与えること。

ワ

和光同塵（わこうどうじん）
▼①自らの才能や徳などを隠して世俗にまじりあうこと。②仏教で、仏や菩薩が本来の姿を隠し俗世に現れること。

覚えておきたい故事・成語・諺

236語

●覚えておきたい故事・成語・諺を一覧にしました。
●類は類義語、対は対義語です。

ア

愛屋烏に及ぶ

▼愛する人に関係する全てのものに愛を感じることのたとえ。嫌われ者の烏も愛する人の家の屋根に止まっていると可愛く思えるという意から。

匕首に鍔(鐔)を打ったよう

▼不釣り合いなことのたとえ。「匕首」は鍔のない短刀のこと。匕首に鍔をつけると不釣り合いになるという意から。

挨拶は時の氏神

▼争い事に仲裁人が出てきたら、その助言に従ったほうがよい。「挨拶」は仲裁の意味。「時の氏神」はちょうどいい時に出てきて仲裁してくれる有り難い人。争いごとの仲裁人は氏神様のようなものであるという意から。

開いた口へ牡丹餅

▼思い掛けない幸運が転がり込んでくることのたとえ。棚の下で寝転がっていたら牡丹餅が運よく開いた口に入るという意から。類 棚から牡丹餅

朝に紅顔ありて夕べに白骨となる

▼無常の世では、人の生死を予測することなどできない。朝、血色が良かった若者が、夕方には死んでしまったという意から。

痘痕もえくぼ

▼惚れてしまえば、相手の欠点でも長所に見える。
類 惚れた欲目・面面の楊貴妃

虻蜂取らず鷹の餌食

▼欲張りすぎて失敗してしまうことのたとえ。虻と蜂を両方捕まえようとして失敗するという意から。

網呑舟の魚を漏らす

▼大悪人を法で捕らえることができず逃してしまうこと。網の目が粗く、舟を飲み込むほどの大魚も逃がしてしまうという意から。

飴と鞭

▼譲歩する一方で、厳しく押さえつける指導の方法。もとはプロイセン宰相ビスマルクの政策を評した言葉。

危うきこと累卵の如し

▼きわめて危険な状態のこと。「累卵」は積み重なった卵のこと。

蟻の思いも天に届く

▼弱小な者でも懸命に願えば、望みは叶えられる。
類 蚤の息も天に上がる

慌てる蟹は穴へ這入れぬ

▼慌てたり焦ったりすると失敗することのたとえ。

イ

家貧しくして孝子顕れ、世乱れて忠臣を識る

▼逆境の時にこそ、真価を発揮する人が現れる。貧しいと子どもは親の苦労を知るので、孝行な子ができるという意から。

戦を見て矢を矧ぐ

▼事が起こってから、慌てて準備することのたとえ。「矧ぐ」は竹の棒に羽根をつけたりして矢を作ること。

類 泥棒を捕らえて縄を綯う

石臼を箸に刺す

▼無理難題を言うこと。

磯際で舟を破る

▼物事が達成する寸前で失敗してしまうことのたとえ。「破る」は壊れるという意。

磯のあわびの片思い

▼相手にその気がない片思いをしゃれて使う言葉。あわびは巻貝ではあるが、殻が二枚貝の片方だけに見えることから。

一富士二鷹三茄子（茄）

▼初夢に見ると縁起がよいとされるものを順に並べた言葉。駿河国（静岡県）の名物を並べた言葉という一説がある。

逸物の鷹も放さねば捕らず

▼いくら有能なものでも、実際に使わなければ何の役にも立たない。

逸物の猫は爪を隠す

▼有能な人はむやみにそれをひけらかさないものだというたとえ。

一家は遠のく、蚤は近寄る

▼親戚は疎遠になり、蚤には食われる。貧窮に陥るさまをいう。

一斑を見て全豹を卜す

▼物事の一部を見て、全体を推し量ったり、批評したりする。豹の一つの斑模様を見て豹全体を評すという意から。

類 全豹一斑

犬骨折って鷹の餌食

▼苦労して得たものを他人に横取りされることのたとえ。犬が主人の方に追い出した獲物を鷹に取られるという意から。

命長ければ蓬莱に会う

▼長生きをすれば、意外な幸運に巡り合うことがある。「蓬莱」は蓬莱山のことをいい、不老不死の地で仙人が住み中国にあると言われる霊山のこと。

衣鉢を継ぐ

▼弟子が師から奥義を受け継ぐ。「衣」は袈裟、「鉢」は食器のことで、仏教において師が弟子に法を伝えた証として袈裟と托鉢に使う鉢を与えていたことから。

未だ覚めず池塘春草の夢、階前の梧葉已に秋声

▼池の堤の春草の上で見た夢がまだ覚めないうちに、庭先の青桐にはすでに秋が訪れている。「少年老い易く学成り難し 一寸の光陰軽んず可からず（若い時の時間は無駄にせず勉学に励むべきである）」に続く詩。

ウ

鰯（鰮）の頭も信心から

▼信仰すると、つまらないものでも有り難いものに思えること。節分に鰯の頭を柊の枝にさし、門口に置くと、鰯の臭いと柊のとげを嫌う鬼を追い払うという風習から。

魚の釜中に遊ぶが如し

▼危険が迫っているのも知らずに、のんきにしていること。魚が煮られる状況にあるのに、釜の中で悠悠と泳いでいることから。

エ

有卦に入る

▼運が向いてきて、する事なす事うまくいく。「有卦」とは、陰陽道において幸運が七年間続く年回りのこと。

独活の大木

▼体ばかり大きくて、役に立たないもののたとえ。「独活」とはウコギ科の多年草で、茎が木のように長くなるが、柔らかいため用材として使えないことから。

膿の出る目に気遣いなし

▼膿の出る眼病は、毒が体外に排出されるので心配は無用。

瓜の蔓に茄子はならぬ

▼①平凡な親からは非凡な子は生まれない。②子どもは親に似るものだ。

類 茄子の蔓には胡瓜はならぬ・燕雀鳳を生まず

対 鳶が鷹を生む

烏鷺の争い

▼囲碁を打つこと。黒い鳥と白い鷺を碁石に見立てた言葉。

嬰児の貝を以て巨海を測る

▼とうていできないことなどのたとえ。

オ

得手に帆を揚げる

▼自信があることを発揮する機会が到来して勇んで行うこと。

類 追い風に帆を揚げる

鴛鴦の契り

▼夫婦仲がきわめてよいことのたとえ。「鴛鴦」はおしどりのことで、雄の「鴛」と雌の「鴦」はいつも一緒にいることから。

燕雀安んぞ鴻鵠の志を知らんや

▼小人物には、大人物の大志は理解できない。「燕」「雀」の小さな鳥を小人物に、「鴻」はおおとり、「鵠」は白鳥で、大きな鳥を大人物にたとえて使った言葉。

遠慮なければ近憂あり

▼先先のことを考えずにいると、程なく必ず心配事が起こる。「遠慮」は遠い先のことを思慮するということ。

鸚鵡は能く言えども飛鳥を離れず

▼口先ばかり達者で、行動が伴わないなら鳥獣と同じだということ。

カ

鬼の女房に夜叉がなる

▼鬼のような男にはそれに合う心の邪悪な女が妻になる。

尾鰭が付く

▼ある事ない事が付加されて、話が大袈裟になること。魚の尾や鰭がいろいろな形で付け加えられるという意から。

親の欲目と他人の僻目

▼親は我が子を贔屓目に見がち、他人は見誤りがち。

会稽の恥を雪ぐ

▼戦いに敗れた屈辱や、以前受けた積年の恨みを晴らす。中国春秋時代の越王勾践が呉王夫差に会稽山で敗れ、恥辱を受けたが、それを忘れることなく後年に呉を討ち恨みを晴らしたという故事から。

類 臥薪嘗胆

骸骨を乞う

▼辞職を願い出る。中国の斉の晏嬰が斉公に、主君に差し出したからだの骸骨だけでもお返しくださいと言って辞職を願い出たという故事から。

海中より盃中に溺死する者多し

▼飲みすぎを戒める言葉。海で水死するよりも、酒で身を滅ぼす者のほうが多いことから。

買うは貰うに勝る

▼ただで物をいただくと義理が生じるので、買う方が気楽である。

類 只より高い物はない

嘉（佳）肴有りといえども食らわずんばその旨きを知らず

▼聖人の道も学ばなければ、その価値はわからない。「嘉肴」はおいしい料理。

傘と提（挑）灯は戻らぬつもりで貸せ

▼一時だけ必要な物は、貸しても戻らないと思っていた方がよい。

苛政は虎よりも猛し

▼人民を虐げる統治は、人食い虎よりも酷い。虎に家族を食い殺され、墓の前で泣く女性に孔子が、どうしてこのような危ない土地を離れないのか、と問うと、女性はこの土地の政治はひどくないからです、と答えたという故事から。

風が吹けば桶屋が儲かる

▼①ある物事が巡り巡って意外なところに影響を及ぼすことのたとえ。②あてにならない期待をすることのたとえ。風が吹き舞い上がった砂埃が目に入り、目の不自由な人が増える。その人たちは三味線で生計をたてようとし、三味線に使う猫の皮が必要になる。猫が多く捕えられ、そのせいで鼠が増える。鼠は桶をかじるので、桶がよく売れるという意から。

片手で錐（鑽）はもめぬ

▼物事を為すには、人と力を合わせることが大切であるということ。

火中の栗を拾う

▼他人のために危険を冒すこと。猿におだてられた猫が炉の栗を拾おうとし大やけどを負うという『イソップ物語』の寓話から。

渇しても盗泉の水を飲まず

▼どんなに困っていても、不正には手を出さないことのたとえ。孔子が「盗泉」という泉の名前を嫌って、その水を飲まなかったという故事から。

類 鷹は飢えても穂を摘まず

河童の寒稽古

▼一見苦痛のように見えるものが、本人にはなんでもないことのたとえ。

瓜田に履を納れず

▼人から疑われるような紛らわしい行為は避けるのがよいという意。

鼎の軽重を問う

▼①権力者の実力を疑うこと。②その地位を奪おうとすることのたとえ。周が衰えたころ、楚の荘王が王位の象徴である「鼎」の大小や軽重を尋ねたという故事から。

金槌（鎚）の川流れ

▼①他人に頭の上がらないこと。②出世の見込みのないことのたとえ。金槌は頭の部分が沈み、柄の部分が浮きながら川に流れていくことの意から。

鐘も撞木の当たりがら

▼連れ添う相手次第で、よくも悪くもなる。鐘の音は、撞木の当たり具合で決まるという意から。

鉦や太鼓で探す

▼大勢で大騒ぎをしながら、あちこち探し回る。昔、迷子を太鼓などを鳴らしながら捜したことから。

禍福は糾(糺)える縄の如し

▼幸福と禍災は交互にやって来るものだ。

画餅 飢えを充たさず

▼実際の役に立たないもののたとえ。「画餅」とは絵に描いた餅のこと。

亀の年を鶴が羨む

▼欲には限りがないことのたとえ。

鴨が葱を背負って来る

▼好都合が重なって、ますますおあつらえ向きになることのたとえ。鴨鍋がすぐにでもできるという意から。

枯れ木も山の賑(殷)わい

▼つまらないものでも、ないよりはあるほうがましだ。枯れ木も山の風情となるという意から。

眼光紙背に徹す

▼書物の表面上の意味だけでなく、その深意をも読み取る。

歓楽極まりて哀情多し

▼楽しみが頂点に達すると、かえって悲しみが生じる。

冠履を貴んで頭足を忘る

▼根本を軽視し、枝葉末節を重視することのたとえ。「履」は靴のこと。頭や足を忘れて冠や靴を大切にしているという意から。

キ

奇貨居くべし

▼貴重な好機は、逃さず大いに利用すべきである。「奇貨」は珍しい物のこと。珍しい物はあとで価値がでて儲かるため買っておくべきという意から。

帰心矢の如し

▼故郷や家へ一刻も早く戻りたい気持ちをいう言葉。

貴賤の分かつところは行いの善悪にあり

▼人が尊いか、賤しいかは、地位ではなく行いの善悪で決まる。

伽羅の仏に箔を置く

▼よいものを、さらによくすること。

窮鼠猫を嚙む

▼弱者も土壇場では強者を攻撃することがあるというたとえ。

胸襟を開く

▼心の中に思っていることを、ありのまま打ち明ける。

喬木は風に折らる

▼地位の高い者やとび抜けてすぐれた者は風当たりが強く、災厄を受けやすいというたとえ。

錦上に花を添える

▼美しく立派なものに、さらに美しく立派なものを加えること。

金箔がはげる

▼上辺を繕っていたものがとれて、隠れていた本性が現れる。

金蘭の契り

▼友との間柄がきわめて親密なことのたとえ。金を切断するほど堅く、香り高い蘭の花のように美しい交わりという意から。

ク

薬の灸は身に熱く、毒な酒は甘い

▼忠言は聞き辛いが、甘言は快く感じられるたとえ。「灸」は漢方医療の一つ。

轡(銜・勒)の音にも目を覚ます

▼①ちょっとしたことにも敏感に反応するさま。②特に職業柄身に付いた鋭い感覚などにいう。

ク

国に諫める臣あれば その国必ず安し

▼君主の権力を恐れず諫める臣下がいる国は安泰である。

類 家に諫子なければその家必ず滅ぶ

窪(凹)き所に水溜まる

▼①物事は集まるべきところに自然と集まってくる。②低い地位や苦境にある者のところには種種の苦難が集まる。

ケ

鶏群の一鶴

▼多くの凡人の中にいる、一人だけ際立ってすぐれた人物のたとえ。

怪我の功名

▼①失敗が、思い掛けなくよい結果をもたらすこと。②何気なくしたことがよい結果をもたらすこと。

袈裟と衣は心に着よ

▼形だけ僧衣を纏っても、信仰しているとはいえないということ。

芥子(罌粟)の中に須弥山あり

▼微小なものの中に思いのほか巨大なものが含まれているたとえ。「須弥山」は仏教で世界の中心にあるという高い山のこと。

外面似菩薩、内心如夜叉

▼外見は柔和だが、その中身は険悪である。仏教で女性が修行の妨げになることをいった言葉。

喧嘩(諠譁)両成敗

▼争った者同士を、理非に拘わらず同じように処罰すること。

コ

鯉の滝登り

▼立身出世すること。中国の黄河にある竜門の滝を登ることができた鯉は竜になるという伝説から。

紅旗征戎 吾が事に非ず

▼戦争で世の中が騒然としていても、自分には関係のないことだ。藤原定家が日記の『明月記』に書いた言葉で、「紅旗征戎」は朝廷の赤い旗を掲げ、敵を征伐する、という意味。

巧詐は拙誠に如かず

▼巧妙な小細工は、つたなくても誠実であることには及ばない。

香餌の下 必ず死魚有り

▼①利益のためには身を滅ぼすこともいとわないというたとえ。②利益のかげには危険が必ず潜んでいるというたとえ。

好事魔多し

▼うまくいきそうなことには、邪魔が入りやすい。

類 月に叢雲、花に風

浩然の気を養う

▼たくましく、物事にとらわれないのびのびとした気を培う。

黄泉の路上老少無し

▼死は老若に関係なく訪れるということ。「黄泉」は死後の世界のこと。

紺屋の白袴

▼他人のことで忙しく、自分のことは疎かになることのたとえ。「紺屋」は染物屋のこと。

虚仮の後思案

▼愚者は必要な時に知恵が出ず、事が終わった後に思いつくものである。「虚仮」は愚かな人のこと。

胡(蝴)蝶の夢の百年目

▼人生を振り返ってみて、夢であったかのようだと驚くこと。

言葉に鞘がある

▼言葉にどこか真実を語っていないようなところがある。

サ

子供の喧嘩（諠譁）に親が出る
▼①小事に関わるたとえ。②子ども同士の争いに親が介入すること。

采（採）薪の憂え有りて朝に造る能わず
▼病気で、朝廷に参上することはできない。「采」は「採」のことで、薪を採りにいけないほど弱っているという意。

鷺は洗わねどもその色白し
▼人の運命は生まれた時から定まっているものだということ。

鷺を烏と言いくるめる
▼理を非だと、また非を理だと言いくるめる。
類 這っても黒豆

酒は天の美禄
▼酒の素晴らしさを誉める言葉。

三軍も帥を奪うべし、匹夫も志を奪うべからず
▼大軍が堅守しても大将を討つことは可能だが、一人の凡人の固い志を変えさせることは不可能だ。「三軍」は大軍のこと。

秋刀魚が出ると按（案）摩が引っ込む
▼旬の食材が体によいことのたとえ。
類 蜜柑が黄色くなると医者が青くなる

シ

自家薬籠中の物
▼いつでも自分の思い通りに扱える物や人のたとえ。「薬籠」は薬箱のこと。

敷居を跨げば七人の敵あり
▼社会に出ると、多くの敵がいるということ。

地獄の沙汰も金次第
▼金さえあれば、世の中のことはどうにでもなる。「沙汰」は裁判のこと。
類 金の光は阿弥陀ほど

死屍に鞭打つ
▼亡くなった人の生前の行いを非難する。中国の楚の伍子胥が肉親を殺した平王の墓をあばき、その死体を鞭で打ち復讐したという故事から。

死は或いは泰山より重く、或いは鴻毛より軽し
▼人には、命を惜しむべき時と、潔く捨てるべき時とがある。

自慢の糞は犬も食わぬ
▼自慢ばかりする者は周りから相手にされなくなる。

釈迦に宗旨なし
▼仏教はみな釈迦の教えなので、宗派の争いが無意味なことにいう。

喋（喃）る者は半人足
▼話をしながら仕事をする者は、半人前の役にしか立たない。

修身斉家治国平天下
▼自己修養から順を経て天下の平和に至るべきという儒教の政治観。

重箱の隅を楊枝（子）でほじくる
▼些細なことまでほじくり出して口うるさく言うことのたとえ。

戎馬を殺して狐狸を求む
▼小さな利益を得るために、大きな犠牲を払うことのたとえ。

竪（孺）子ともに謀るに足らず
▼浅はかな者とは、重大なことについて相談しても仕方ない。「竪子」は子ども、または未熟な相手を軽蔑していう言葉。

シ

出藍の誉れ

▼弟子が師よりもまさるという名誉。

駿馬痴漢を乗せて走る

▼①美人が、愚かなつまらない男と結婚することのたとえ。②世の中の不釣り合いのたとえ。「痴漢」は愚かな男のこと。

正直貧乏　横着栄耀(曜・燿)

▼①正直者は貧しく、悪賢い者は栄えるという、世の矛盾をいった言葉。

猩猩は血を惜しむ、犀は角を惜しむ、日本の武士は名を惜しむ

▼どんなものにも守るべき大切なものがあるということ。「猩猩」とは中国の想像上の生きもので、その血は染色に使われたと言われる（猩猩緋）。

小智は菩提の妨げ

▼小智ある者は、それがかえって邪魔になり、悟りを開けない。

知らぬ神より馴染(昵)みの鬼

▼どんな人だとしても、疎遠な人よりは身近な人の方がよい。

ス

尋常の溝には呑舟の魚なし

▼狭く小さな社会からは大人物は生まれない。「尋」は八尺、「常」はその倍の一丈六尺の長さで、「尋常」は普通ということ。

人生　字を識るは憂患の始め

▼学問で知恵がつくと、苦悩や心配などをするようになり、学のない方が気楽だということ。

身体髪膚之を父母に受く

▼体は全て親から受けたものだから、大切に扱うべきである。

頭巾と見せて頬かぶり

▼表面は立派に見せかけているが、実際はそうでないこと。

セ

井蛙は以て海を語る可からず

▼見聞の狭い者には、物事を大局的に語ることはできない。

類 天水桶の孑孑

正鵠を射る

▼物事の核心を衝く。「正鵠」は急所や要点のこと。

積善の家には必ず余慶あり

▼善行を積めば必ずその報いとして子孫に幸福が訪れる。

ソ

雪駄の裏に灸

▼長尻の客が早く帰るというおまじない。

※「草履に灸」とも。

栴檀は双葉より芳し

▼大成する人は幼少の頃からすぐれている。「栴檀」は白檀のことで、白檀は発芽の時より芳香を放つという意から。

創業は易く守成は難し

▼創業はたやすいが、それを維持してゆくのは難しい。唐の太宗による「創業と守成のどちらが難しいか」の問いに、魏徴が「守成」と答えたという故事から。

糟糠の妻は堂より下さず

▼貧しい時から連れ添ってきた妻を、出世しても見捨てない。

類 貧賤の知は忘るべからず

素(索)麺で首くくる

▼できるはずのないことのたとえ。

蕎麦の花見て蜜をとれ

▼好機を見計らって、事を行え。蕎麦の花が咲いた後が蜂蜜を採るよい時期であることから。

損せぬ人に儲けなし

▼多少の損を覚悟しないと、大きな利益はあげられない。

タ

大姦(奸)は忠に似たり

▼大悪人は巧みに主君に仕えるので、忠臣のように見える。「大姦」は大悪人のこと。

大道廃れて仁義有り

▼世の中が乱れて道理が失われると、道徳などを説く必要が生じてしまう。

鷹匠の子は鳩を馴らす

▼子どもは親の仕事を見て、似たようなことをするものだ。鷹匠の子どもが親の見よう見まねで鳩を飼うという意から。

棚から牡丹餅

▼思い掛けない幸運が転がり込んでくることのたとえ。

類 開いた口へ牡丹餅

玉の輿(輦)に乗る

▼身分の低い女性が、富貴な人の妻になること。「輿」は貴族の乗り物のこと。玉のように美しい輿に乗るという意から。

断じて行えば鬼神も之を避く

▼決心して断行すれば、妨げられることはないということ。

チ

知者は未だ萌(兆)さざるに見る

▼知者は、物事の前ぶれが現れる前にそれを見抜く。「愚者は盛事に昧く」の後に続く言葉。

類 智者は未萌に見る

蜘蛛が網を張りて鳳凰を待つ

▼弱小な者が自分の力を顧みず、強大な者に立ち向かうこと。

中流に舟を失えば一瓢も千金

▼時と場合によっては、つまらない物も価値を生じるというたとえ。川の真ん中で舟を失った者にとっては浮き袋として瓢も大きな価値をもつという意から。

※「中流に舟を失えば一壺も千金」とも。

朝菌は晦朔を知らず

▼短命で、はかないことのたとえ。「朝菌」は朝生えて夜には枯れるキノコのこと。

頂門の一針

▼急所を突いた痛切な戒め。「頂門」は頭の頂のこと。

直諫は一番槍より難し

▼目上の地位を恐れず諫めることの難しさをたとえていう言葉。

ツ

付け焼き刃は鈍りやすい

▼にわか仕込みは、すぐにぼろが出る。切れ味の悪い刀に鋼の焼き刃をつけた「付け焼き刃」は、見た目はよいがすぐに切れなくなることから。

※「付け焼き刃は剝げやすい」とも。

爪の垢を煎じて飲む

▼すぐれた人に少しでもあやかろうとすることのたとえ。

テ

泥中の蓮

▼汚れた環境にいても、それに影響されず清く生きることのたとえ。

轍鮒の急

▼差し迫った危機のたとえ。車の車輪の跡にできた水たまりにいる鮒が、水がなくなり死にそうな状態であるという意から。

天機洩漏すべからず

▼重大な秘密は、何があっても漏らしてはならない。「天機」は天地自然の秘密のこと。

テ

天地は万物の逆旅、光陰は百代の過客

▼この世は全て、はかないものだということ。「逆旅」は宿のこと。天地は全てを送り、迎える宿のようなもので、月日は永遠にそこを通る旅人のようなものだという意から。

点滴岩を穿つ（鑽・鑿・鐫）つ

▼絶え間なく努力を続ければ、いつか成功するというたとえ。

類 雨垂れ石を穿つ

天は尊く地は卑しくして乾坤定まる

▼自然の天と地の形に則って、易の乾の卦と坤の卦が定まった。そのため、易は人間が勝手に作ったものではないということ。

天網恢恢（々）疎にして漏らさず

▼悪事を犯した者には、必ず天罰が下るということ。「恢恢」は広い、「疎」は粗いという意味で、一見粗い目のようでも、天の網から悪人を漏らすことはないという意から。

ト

豆腐にかすがい、糠（粳）に釘

▼手応えや効果がまったくないことのたとえ。「かすがい」は材木をつなぐコの字型の釘のこと。

歳寒くして松柏の凋むに後るるを知る

▼人の真価は、困難に直面し初めて知られるということ。寒い時期に他の植物が枯れても、松や柏は緑を保っているという意から。

類 歳寒の松柏

塗炭の苦しみ

▼泥水に溺れ、火に焼かれるような、きわめて激しい苦しみ。

鳶（鴟・鵄）が鷹を生む

▼平凡な親がすぐれた子を生むことのたとえ。

虎に翼、獅子に鰭

▼もともと威力のある者が、一層強くなってしまうことのたとえ。

鳶に油揚げをさらわれる

▼手に入るはずのものを不意に横取りされて呆然とするさま。

ナ

茄子（茄）の花と親の意見は千に一つも仇はない

▼茄子の花は全て実をつけ無駄がないように、親が子にする忠告には、一切無駄がない。「仇」は「徒」とも書き、実をつけない「徒花」のこと。茄子の花が全てに実をつけるように、親の意見にも全てに無駄がないという意から。

七皿食うて鮫臭い

▼さんざん食べた後で、まずいとけちを付けること。

難波の葦は伊勢の浜荻

▼ものの名や風俗習慣は、土地によって異なることのたとえ。大阪では葦だが三重県では浜荻と呼ばれていることから。

ニ

人間万事塞翁が馬

▼人生の吉凶禍福は予測し難いということ。塞の近くに住んでいた翁の馬が逃げてしまったが、のちに駿馬を連れて戻ってきた。また、翁の孫がその馬から落ちて足を折ったが、そのおかげで兵役を免れ命拾いをしたという故事から。

ヌ

盗人猛猛(々)しい（ぬすっと(びと)たけだけしい）
▼悪事をとがめられて、逆に開き直る態度を罵っていう言葉。

塗り箸で素(索)麺を食う（ぬりばしでそうめんをくう）
▼物事がまどろっこくてやりにくいことのたとえ。

濡れ手で粟（ぬれてであわ）
▼何の苦労もしないで、利益を得ることのたとえ。

ノ

能事畢われり（のうじおわれり）
▼やるべきことは残らずやり終えた。「能事」はやるべきこと。

嚢中の錐（のうちゅうのきり）
▼すぐれた才能を持つ者は、無名でも必ず世に現れることのたとえ。袋の中の錐が袋を破いて先が外に出てしまうことから。

蚤の息も天に上がる（のみのいきもてんにあがる）
▼弱小な者でも、懸命に努力すれば望みが叶えられる。
類蟻の思いも天に届く

暖簾に腕押し（のれんにうでおし）
▼手応えがなく、張り合いのないことのたとえ。
類豆腐にかすがい、糠に釘

ハ

破鏡再び照らさず（はきょうふたたびてらさず）
▼いったん壊れた関係は、元通りにはならないことのたとえ。

莫逆の友（ばくぎゃくのとも）
▼無二の親友。「莫逆」は「逆らうこと莫し」ということ。息がぴったり合う友人の意。

裸で柚(柚子)の木に登る（はだかでゆずのきにのぼる）
▼①無鉄砲な勇気のたとえ。②最大の苦痛。柚子の木の枝には鋭いとげがあることから。

白駒の隙(郤)を過ぐるが若し（はっくのげきをすぐるがごとし）
▼月日や時間の経過するのが、きわめて早く感じられることのたとえ。走り去る白馬をせまい隙間から一瞬見るという意から。

花は三月菖蒲は五月（はなはさんがつしょうぶはごがつ）
▼「花」は桜のことで、花の時季をいった言葉。

万緑叢中紅一点（ばんりょくそうちゅうこういってん）
▼①男性ばかりの中に、女性が一人だけいることのたとえ。②多くの中に一つだけすぐれたものがあることのたとえ。「叢中」は草むらのこと。

ヒ

菱蔓ほど子ができる（ひしづるほどこができる）
▼多くの子を持ち、栄えること。

肘(肱・臂)鉄砲を食わす（ひじでっ(てっ)ぽうをくわす）
▼申し出や誘いをはねつける。「肘鉄砲」は肘で強く突くこと。

飛鳥尽きて良弓蔵る（ひちょうつきてりょうきゅうかくる）
▼用済みになったら、捨てられてしまうことのたとえ。飛んでいる鳥がいなくなれば、良い弓でも蔵にしまわれるということから。

羊を亡いて牢を補う（ひつじをうしないてろうをおぎなう）
▼失敗してしまった後で、それを改めることのたとえ。
類亡羊補牢

人を呪(詛)わば穴二つ（ひとをのろわばあなふたつ）
▼人に害を与えようとすれば、自分も悪い報いを受けるという戒め。人を呪い殺すと、その怨念により自分も死ぬこととなり、墓が二つ必要であるという意から。

百尺竿頭に一歩を進む（ひゃくせき(しゃく)かんとうにいっぽをすすむ）
▼工夫を尽くした上にさらに工夫を加えて、向上をはかる。百尺もある竿の頂点に達しても、さらにその上を目指すという意から。

ヒ

氷炭相容れず（ひょうたんあいいれず）

▼性質が反対で、互いに調和せず、一致しないことのたとえ。

瓢箪から駒が出る（ひょうたんからこまがでる）

▼意外なことが実際に起こることのたとえ。「駒」は本物の馬のこと。

蛭に塩（ひるにしお）

▼①忌むものに出会って恐れ入り、縮み上がることのたとえ。②弱って足がすくむこと。

貧賤も移す能わず（ひんせんもうつすあたわず）

▼意志が強く立派な人は、困窮にあっても節操を守る。

フ

富貴にして故郷に帰らざるは、繡を衣て夜行くがごとし（ふうきにしてこきょうにかえらざるは、しゅう（ぬいとり）をきてよるいくがごとし）

▼成功しても誰にも知られないことのたとえ。

河豚好きで灸嫌い（ふぐずきできゅうぎらい）

▼不摂生は好んでするが、摂生に努めることを嫌がるという人は救いようがないというたとえ。

覆轍を踏む（ふくてつをふむ）

▼前人の失敗を繰り返す。

武士は食わねど高楊枝（子）（ぶしはくわねどたかようじ）

▼武士が清貧に甘んじ気位を高くもつことにいう。

類 鷹は飢えても穂を摘まず

文章は経国の大業にして不朽の盛事なり（ぶんしょうはけいこくのたいぎょうにしてふきゅうのせいじなり）

▼すぐれた文章を作ることは治国に匹敵する大事業で、不朽の偉業である。

蚊虻牛羊を走らす（ぶんぼうぎゅうようをはしらす）

▼①小さなものが大きなものを制すること。②些細なことが大事や厄災を引き起こすこと。

ヘ

下手な按（案）摩と仲裁は初めより悪くなる（へたなあんまとちゅうさいははじめよりわるくなる）

▼なまじ手を出して、かえってこじらせてしまうことのたとえ。

下手な鍛冶屋も一度は名剣（へたなかじやもいちどはめいけん）

▼下手でも数を多くこなせば、うまくいくことがある。

ホ

鳳凰群鶏と食を争わず（ほうおうぐんけいとしょくをあらそわず）

▼超然としていることのたとえ。

牡丹に唐獅子、竹に虎（ぼたんにからじし、たけにとら）

▼絵になる、組み合わせのよいものの例。「唐獅子」とは獅子を猪や鹿（かのしし）と間違えないために使う言葉。

類 梅に鶯

骨折り損の草臥れ儲け（ほねおりぞんのくたびれもうけ）

▼苦労の甲斐もなく、ただ疲れただけ。骨を折って損をし、疲れだけが残るという意から。

洞が峠をきめこむ（ほらがとうげをきめこむ）

▼有利な方につこうと、成り行きをうかがう。一五八二年の山崎の合戦で、筒井順慶（つついじゅんけい）が京都と大阪の境にある洞ヶ峠で、秀吉軍と明智軍の戦況を眺めていたという故事から。

煩悩の犬は追えども去らず（ぼんのうのいぬはおえどもさらず）

▼心身を悩ませ苦しめるなどの作用が人につきまとって離れないことを、犬にたとえた言葉。

マ

負け相撲の痩せ四股（まけずもうのやせしこ）

▼負けてから強がっても脅威を感じないこと。

鞠（毬）と手と歌は公家の業（まりとてとうたはくげのわざ）

▼蹴鞠、書道、和歌は、公家にとって当然のたしなみである。

ミ

身から出た錆(銹)

▼自分が犯した悪行の報いとして、自分自身が苦しむこと。「身」は刀身のこと。刀の錆が刀身から出るという意から。

味噌漉(濾)しで水を掬う

▼いくら苦労をしても、効果がないことのたとえ。

類 籠で水を汲む

蓑(簑)笠を着て人の家に入らぬもの

▼蓑笠を脱いでから、人の家に上がるのが礼儀である。スサノオノミコトが天上界及び葦原中国から追放されて、青草を背負い、蓑笠をつけて神神に宿を乞うたとき、神神が拒絶したという神話から。

蓑(簑)になり笠になる

▼あれこれ庇う。雨が降ると蓑になり、日が強いと笠になるという意から。

ム

昔とった杵柄

▼かつて鍛えた腕前や技。

モ

勿(物)怪の幸い

▼思い掛けなく転がり込んできた幸運。「勿怪」は意外なことという意味。

元の鞘に収まる

▼いったん仲違いして別れた者同士が、また元の関係に戻ること。

貰う物は夏も小袖

▼ただでいただけるものなら、時季外れでも不用品でも何でもよい。「小袖」は絹の綿入れのことで、夏の時期には不要のもの。

門前雀羅を張る

▼訪ねてくる人もいない、さびれたさま。「雀羅」は雀を捕えるための網のこと。門前に網を張れそうなほど人が訪れないという意から。

ヤ

野に遺賢無し

▼有能な人材が登用されて正しい政治が行われているさま。「野」は民間で、「遺賢」はすぐれた者のこと。すぐれた者が民間に残らず、全員が官に就けばよい政治が行われるという意から。

闇夜に烏、雪に鷺

▼はっきり見分けがつかないことのたとえ。

ユ

幽明境を異にする

▼死に別れる。「幽明」は死後の世界と現世のこと。

湯の辞儀(宜)は水になる

▼遠慮も時と場合によるというたとえ。「湯」は風呂、「辞儀」は挨拶や遠慮のこと。風呂を互いに遠慮していると湯が冷めてしまうということから。

ヨ

欲の熊鷹股裂くる

▼欲張りすぎると、ひどい目に遭うことのたとえ。「熊鷹」は大きな鷲のこと。熊鷹が二頭の猪を捕えたが、左右に逃げようとする猪を放さなかったため股が裂けたという話から。

葦(蘆・葭)の髄から天を覗く

▼狭い見識に基づいて、物事を勝手に判断するたとえ。

類 管を以て天を窺う

ラ

洛陽の紙価を高める

▼著書が好評で、飛ぶように売れること。晋の左思が「三都の賦」を作ったところ、洛陽で多くの人人がこぞって書き写したため、紙の値段が上がったという故事から。

リ

梨花一枝春雨を帯ぶ

▼美人が涙ぐむさまをたとえた言葉。唐の玄宗皇帝と死に別れ、仙界に住む楊貴妃が思慕の念から涙を流すさまを、ひと枝に咲く梨の花が春の雨に濡れている、と歌った詩から。

李下に冠を正さず

▼人から疑われるような紛らわしい行為は避けるのがよいという意。スモモの木の下で冠をかぶり直そうと手を伸ばすと、実を盗んでいるのではないかと疑われるという意から。

類 瓜田に履を納れず

六親和せずして孝慈あり

▼一族が不和になると、子が親を、親が子を愛する気持ちが必要になってくる。「六親」は親族のこと。

理屈と膏薬はどこにでもつく

▼つけようと思えば、理屈はどうにでもつけられる。

立錐の余地も無い

▼人や物が密集しているさま。錐の先を立てるほどの土地すらないという意から。

ル

瑠(琉)璃の光も磨きがら

▼素質があっても、それを錬磨しなければ大成しないというたとえ。磨くから瑠璃は美しいのだという意から。

レ

礼儀は富足に生じ、盗窃は貧窮に起こる

▼生活が豊かでないと、人は礼儀をわきまえる余裕などない。国民の生活の安定をはかることが政治家の務めだということ。

良禽は木を択ぶ

▼賢い人は君主をよく選んで仕えるというたとえ。

梁上の君子

▼①泥棒のこと。②鼠のこと。後漢の陳寔が梁の上にいる泥棒を見つけ、悪い習慣が身についてしまうと、あの梁上の君子のようになってしまうと子弟たちを戒めたという故事から。

両天秤を掛ける

▼対立する二つのどちらを選んでもよいように関係をつけておく。

ロ

魯魚の誤り

▼似た文字を間違えること。「魯」と「魚」の字形が似ているため間違えることが多いということから。

ワ

賄賂には誓紙を忘る

▼いくら固い約束をしても、利欲の誘惑には勝てないということ。

山葵(山葵)と浄瑠璃は泣いて誉める

▼ワサビも浄瑠璃も人を泣かせるものほど上質でうまいということ。

破れ鍋に綴じ蓋

▼①どんな人にもそれ相応の相手があるということ。②配偶者には自分につり合う人がよいということ。

部首索引

●準1級対象漢字を部首の順番に並べました。数字は2ページ～35ページの漢字表に対応してあります。

桐	梅	桂	桔	桓	柾	栂	柚	柏	柁	柊	柘	柴	柑	杷	枇	杵	杭	杢	李
628	470	197	147	110	755	630	776	659	513	350	336	292	108	643	683	380	244	764	799
楚	楯	楢	楳	椛	椙	椀	椋	棉	棲	梁	梶	桶	梯	梢	梓	梱	梧	栖	栗
483	378	362	654	767	453	857	816	760	455	814	685	613	525	396	319	279	238	294	806
橡	樵	橘	樫	樋	樗	樟	槻	榊	樺	槙	槌	槍	榛	榎	椴	楊	楓	楠	椿
405	418	146	102	618	558	403	129	297	68	439	578	496	436	67	544	787	709	640	577
殆	歹(かばねへん)(いちたへん)(がつへん)		歪	此	止(とめる)(とめへん)	歎	欽	欣	欠(あくび)(かける)	欝	櫓	櫛	檮	檀	檎	橿	檜	楕	樽
520			854	313		541	180	183		29	843	334	621	545	182	168	82	516	509
渚	淳	淵	涌	浬	浩	洛	洲	洩	沫	沌	汲	汐	汝	汀	水(みず) 氵(さんずい) 氺(したみず)	毘	比(ならびひ)(くらべる)	毅	殳(るまた)(ほこづくり)
381	376	43	793	801	250	797	351	38	757	634	149	460	390	580		684		130	
濡	濠	澱	潑	潤	漉	漣	漕	漑	溯	溜	溢	湛	湊	湘	渠	渥	淋	淘	淀
349	272	602	665	118	852	837	497	87	484	809	20	546	492	398	156	6	822	614	601
燕	熔	煽	煉	煤	焚	焰	烹	烏	灼	灸	火(ひ)(ひへん) 灬(れんが)(れっか)		灘	灌	瀞	瀕	瀦	瀆	濤
46	789	474	835	655	713	44	737	27	339	150			547	116	425	700	560	632	620
狗	狐	犬(いぬ) 犭(けものへん)	犀	牽	牢	牡	牟	牝	牛(うし)(うしへん)	牒	牌	片(かた)(かたへん)	爾	爻(まじわる)	爺	父(ちち)	燭	燦	燐
189	225		295	213	845	731	749	697		572	650		330		773		429	306	824
琳	琶	琵	瑛	琢	琉	珪	玲	珊	珂	玖	玉(たま) 王(おう)(おうへん)(たまへん)		獅	猷	猪	狽	狼	狸	狛
823	644	686	34	531	811	198	831	303	63	154			322	781	557	653	846	802	656
	畷	畢	畦	畠	田(た)(たへん)	甫	用(もちいる)	甥	生(うまれる)	甜	甘(かん)(あまい)	甑	瓦(かわら)	瓢	瓜	瓜瓜(うり)	瑳	瑞	瑚
	594	687	199	663		725		413		597		500		693	61		285	449	232
砥	砦	石(いし)(いしへん)	矩	矧	矢(や)(やへん)	瞥	目(め)(めへん)	盈	盃	皿(さら)	皐	白(しろ)	癌	痔	疹	疒(やまいだれ)	疏	疋	疋(ひき)(ひきへん)
316	293		184	432		718		33	649		252		121	328	434		388	389	
禦	禎	禄	祐	祇	祁	示 礻(しめす)(しめすへん)	礦	礪	磯	磐	碩	碧	碗	碇	碓	碍	硲	硯	砧
159	583	851	780	138	125		264	832	133	669	461	716	858	582	521	94	662	219	576
窄	穿	穴(あな)(あなかんむり)	穐	穰	穆	穎	稜	稗	稔	稀	秦	秤	禿	禾	禾(のぎ)(のぎへん)	禽	禸(じゅう)	禰	禱
299	468		359	424	754	36	821	651	445	136	435	419	631	60		181		590	622
箭	箔	箕	筏	筑	筈	笹	笠	笥	笈	竿	竺	竹(たけ)(たけかんむり)	靖	竣	竪	立(たつ)(たつへん)	竈	窺	窪
476	658	127	667	550	103	300	808	325	151	109	633		457	370	346		504	131	853
糞	糟	糠	糎	糊	粟	粥	粕	粍	籾	粂	粁	米(こめ)(こめへん)	篭	簾	簸	箪	篠	篦	篇
714	501	261	481	231	430	368	657	759	766	192	177		847	840	646	542	407	715	719
		纏	纂	繍	繋	縞	緬	綾	緋	綴	綜	綬	絢	紬	絃	紐	紗	紘	糸(いと)(いとへん)
		599	307	357	202	259	722	819	680	589	498	347	215	553	221	366	288	251	
肴	肋	肉 月(にく)(にくづき)	肇	聿(ふでづくり)	聾	聯	聡	耽	耳(みみ)(みみへん)	而	而(しかして)(しこうして)	耀	翰	翫	翠	羽(はね)	罫	网 罒(あみがしら)(あみめ)(よこめ)	
245	850		566		849	839	499	539		327		791	113	120	446		200		
艮	艮(ねづくり)(こんづくり)	舵	舟(ふね)(ふねへん)	舜	舛	舛(まいあし)	舘	舌(した)	臥	臣(しん)	臆	腿	膏	脹	腔	脆	胡	胤	肱
280		514		371	466		114		74		629	522	257	564	191	459	234	24	246

荻	莞	茜	荏	茸	荊	苓	茅	苧	苔	苒	苫	茄	苑	芙	芭	芹	芥	苅	艸艹(くさかんむり)(そうこう)
591	111	469	444	422	196	834	747	556	519	480	467	62	49	701	647	178	89	91	
葎	葡	董	葱	葺	萩	韮	萱	葵	葦	萄	菱	萊	萌	菩	菟	菖	菰	菅	莫
805	726	615	493	354	353	152	117	126	13	626	815	796	748	728	606	397	228	112	729
蕉	蕨	蕎	蔀	蓬	蔓	蔦	蔣	蔚	蔭	蓮	蓉	蒙	蒲	蒼	蒐	蒔	蒜	蓑	蓋
404	209	166	744	739	675	567	400	30	25	836	788	752	727	495	355	324	304	286	93
蛤	蛙	蛋	蚤	虻	虫(むし)(むしへん)	蘭	蘇	藷	藪	藁	薯	薩	薗	蕗	薙	蕪	蕩	蕃	蕊
255	4	540	490	751		798	487	384	503	260	387	301	48	842	587	707	619	674	450
袷	袈	衿	衣(ころも)衤(ころもへん)	蠟	蠣	蠅	蟻	蟹	蟬	螺	蝶	蝕	蝦	蜘	蛸	蛾	蜎	蛛	蛭
253	194	179		848	833	790	140	83	479	795	568	428	70	549	399	77	216	551	335
諺	諫	謂	諒	誹	諏	誼	詫	註	詑	訣	訊	言(げん)(ごんべん)	覗	見(みる)	襖	裳	裟	裡	袴
222	115	15	817	681	344	139	512	554	511	208	438		321		55	401	284	803	226
軀	身(み)(みへん)	蹟	蹄	跨	足(あし)(あしへん)	趨	走(はしる)(そうにょう)	赫	赤(あか)	贋	賤	賑	貰	貝(かい)(こがい)(かいへん)	豹	豸(むじなへん)	讃	謬	諜
186		462	585	229		452		97		122	478	437	456		692		308	691	569
逢	逗	這	迺	迦	辿	迄	迂	辻	辵辶⻌(しんにょう)(しんにゅう)		辰	辰(しんのたつ)	轡	轟	轍	輯	輿	輔	車(くるま)(くるまへん)
738	624	337	529	64	596	145	26	579			431		682	274	595	356	784	706	
釘	金(かね)(かねへん)	醱	醬	醐	醍	醇	酋	酉	酉(ひよみのとり)(こよみのとり)(とりへん)		鄭	耶	郁	邑	邑⻏(おおざと)	遼	遥	逼	遁
573		666	409	233	527	373	352	778			426	771	19	782		818	785	689	637
鍾	鍬	鍔	錫	錆	錐	錘	鋸	鋲	鋒	鋤	鋪	銚	鉾	銑	鉦	鉤	鈷	釧	釦
408	410	100	340	414	448	447	158	695	741	386	724	575	750	475	458	190	230	472	254
隼	隹(ふるとり)	隙	隈	陀	阿	阜⻖(こざとへん)	閤	閏	閃	門(もん)(もんがまえ)	鑓	鐸	鐙	鏑	鎚	鎗	鎧	錨	鍍
372		207	855	517	1		258	377	471		774	532	623	592	524	417	88	696	608
頸	頗	頁	頁(おおがい)	韃	鞭	鞠	鞘	鞍	鞄	靱	革(かくのかわ)(つくりがわ)(かわへん)		霞	雫	雨(あめ)(あめかんむり)(あまかんむり)		雛	雁	雀
201	645	210		536	720	142	406	10	740	440			69	515			451	119	342
魁	鬼(おに)(きにょう)	髭	髟(かみがしら)(かみかんむり)		驒	駿	駕	駈	駁	馳	馴	馬(うま)(うまへん)	馨	香(か)(かおり)	饗	餐	飴	食(しょく)𩙿飠(しょくへん)	顚
81		323			543	375	76	185	660	329	374		171		169	305	14		598
鱒	鱈	鰻	鰺	鰹	鰯	鰭	鰐	鰍	鯛	鯖	鯉	鮫	鮭	鮪	鮒	鮎	魯	魚(うお)(うおへん)(さかなへん)	
510	464	676	505	217	21	135	101	358	574	415	804	262	204	17	704	604	841		
鷺	鷹	鷲	鷗	鶯	鵬	鵡	鵜	鵠	鴻	鴫	鴦	鴨	鴛	鴇	鳳	鳶	鳩	鳥(とり)(とりへん)	鱗
844	792	360	57	56	743	708	586	269	263	331	54	53	47	742	710	45	155		825
	鼠	鼠(ねずみ)(ねずみへん)	鼎	鼎(かなえ)	黛	黑黒(くろ)	黍	黍(きび)	麿	麻麻(あさ)(あさかんむり)	麵	麴	麥麦(ばくにょう)	麟	麒	鹿(しか)	鹼	鹵(しお)	鸚
	486		584		523		382		758		761	143		826	134		218		58

メモ

メモ

Obunsha